启航教育　云图　·小鱼讲会计·

小鱼大作　轻巧通关2

初级会计实务之只做考题

刘晓瑜◎主编

北京理工大学出版社
BEIJING INSTITUTE OF TECHNOLOGY PRESS

版权专有 侵权必究

图书在版编目（CIP）数据

小鱼大作轻巧通关.2.初级会计实务之只做考题/刘晓瑜主编.—北京：北京理工大学出版社，2021.3（2023.1重印）

ISBN 978-7-5682-9625-0

Ⅰ.①小… Ⅱ.①刘… Ⅲ.①会计实务–资格考试–习题集 Ⅳ.①F23-44

中国版本图书馆CIP数据核字(2021)第044061号

出版发行 / 北京理工大学出版社有限责任公司	
社　　址 / 北京市海淀区中关村南大街5号	
邮　　编 / 100081	
电　　话 /（010）68914775（总编室）	
（010）82562903（教材售后服务热线）	
（010）68944723（其他图书服务热线）	
网　　址 / http://www.bitpress.com.cn	
经　　销 / 全国各地新华书店	
印　　刷 / 三河市文阁印刷有限公司	
开　　本 / 787毫米 × 1092毫米　1/16	
印　　张 / 17	责任编辑 / 王晓莉
字　　数 / 424千字	文案编辑 / 王晓莉
版　　次 / 2021年3月第1版　2023年1月第4次印刷	责任校对 / 周瑞红
定　　价 / 58.80元	责任印制 / 李志强

图书出现印装质量问题，请拨打售后服务热线，本社负责调换

前言

当你拿到这本书的时候，离 2023 年初级会计专业技术资格考试只剩下不到三个月的时间了。参加 2023 年考试的你，有没有感觉压力倍增？初级会计考试大纲在 2022 年做了比较大的调整，增加了较多中级会计考试的考点内容，好在今年的考试大纲在去年的基础上没有做大的改动，难度趋于稳定。

如果你现在已经把初级会计的基础内容系统复习过一遍，那么这本习题书就会让你如虎添翼。只要你按照要求把每天的做题任务完成，那么 2023 年你就是拿到初级会计职称证书的幸运儿。

如果你是一只"懒鸟"，现在还没有开始学习，那你就需要在剩下的不到三个月的时间里，增加学习时间，提高学习效率啦！

初级会计专业技术资格考试的教科书，那叫一个"看不懂"，主要原因是写书的人只是按照会计准则的要求，把会计处理的正确做法列示出来，很多会计业务中的原理并没有涉及。如果你是会计小白，拿到书后一脸懵是正常现象。

看不懂书，并不代表没有办法通过初级会计专业技术资格考试。因为和书相比，初级会计专业技术资格考试题目考查的内容非常固定，也非常浅显，通过有技巧的"刷题"是可以通过考试的。同时，本书还附送全程直播的课程，如果你能全程参加，就算是小白也能很轻松地通过考试。

到这个节骨眼上了，无论是什么导致你之前没有好好学习，从现在开始，都不要再给自己找借口。剩下几个月，拼过了，你就能手握证书；拼不过，明年还得重来一轮。而和你一起考试的小伙伴可能都去考中级会计和注册会计师了，只有你一年又一年，还在苦哈哈地备战初级会计考试。

失败的原因只有一个，那就是半途而废。请从今天开始你的冲刺之旅吧！

不积蓄足够的力量,怎么推动命运的齿轮

我是飞飞,一位三十多岁的宝妈。大学学的是万金油专业,之前从来没有想过要有一技之长,随着年龄和见识的增长,我逐渐认识到技能才是安身立命的根本。我之前接触过一点点出纳的工作,但完全不懂借贷记账法。经过深思熟虑,我决定在财务这个行业干下去,于是打算考个初级会计证书。

非常幸运的是,我在2020年10月遇到了小鱼老师。我听了老师的试听课程,非常喜欢她幽默风趣的讲课风格。跟着老师学习一段时间后,我发现老师会在课上讲很多她自己的人生感悟,每次都能引人思考。我在想,学生时代不吃学习的苦,毕业后就要吃生活的苦。一个人如果没有真材实料的技能傍身,就会被时代淘汰。

从2020年11月到2021年过年,总共3个多月的时间,我把小鱼老师的课听了三遍,又复习了两遍自己做的笔记,真的是从完全懵到完全懂。其间我也有过放弃的念头,但小鱼老师说的"当你想要放弃的时候,想想为什么开始"这句话一直警醒着我。考试之前,我一直在害怕自己抽到不会的题,但是我告诉自己,既然已经掌握了95%的内容,如果偏偏抽到准备不充分的5%,那就认命。看到考题的那一刻,我其实很激动,真的有一种努力可以换来幸运的感觉,觉得自己的努力没有白费。

考取初级会计证书之后,我去了一家企业当财务人员。由于经济环境不好,我任职的企业面临着倒闭的风险,我也不得不面临随时失业的危险,居家的我最终决定用3个月的时间学完小鱼老师的CPA课程,一年拼过中级。我最终收获了满意的结果,"越努力越幸运"并不是一句空话。我想赶在35岁之前,上岸事业编。我努力学习、做题,顺利通过了笔试。面试的时候,我用初级会计双科高于九十分和中级会计三科合格的成绩以及这段经历,告诉面试老师,虽然我是年纪最大的候选人,但我有持续学习的能力和永不放弃的精神。最后,我成功上岸事业编!

人生有很多转身的机会,可转身也是需要力气的,不积蓄足够的力量,怎么推动命运的齿轮。如果没有小鱼老师,我可能会一直在既定的人生轨道上前行,每天稀里糊涂地混日子,走到哪算哪。而现在的我,更加坚定了未来的方向,也深知命运掌握在自己手里,用几年的努力换未来几十年的美好,太值了。

财政部会计财务评价中心
（全国会计资格评价网）

2021 年度全国会计专业技术资格考试成绩查询（初级）

姓名：冯飞飞　　证件号码：1102241988　　　　准考证号：2111

科目名称	成绩
经济法基础	95
初级会计实务	93

财政部会计财务评价中心
（全国会计资格评价网）

2021 年度全国会计专业技术资格考试成绩查询（中级）

姓名：冯飞飞　　证件号码：1102241988　　　　准考证号：1114

科目名称	成绩
财务管理	81
经济法	72
中级会计实务	80

小鱼带你做考题

DAY1	概述	003
DAY2	会计基础	008
DAY3	流动资产（1）	014
DAY4	流动资产（2）	019
DAY5	非流动资产（1）	031
DAY6	非流动资产（2）	042
DAY7	负债	052
DAY8	所有者权益	062
DAY9	收入、费用和利润	074
DAY10	财务报告	087

2020年初级会计资格考试试题（新大纲修订版） 094
2021年初级会计资格考试试题（新大纲修订版） 103
2022年初级会计资格考试试题（新大纲修订版） 111

小鱼带你看解析

| DAY1 | 参考答案速查 | 123 |
| DAY2 | 参考答案速查 | 128 |

DAY3	参考答案速查	137
DAY4	参考答案速查	143
DAY5	参考答案速查	157
DAY6	参考答案速查	171
DAY7	参考答案速查	182
DAY8	参考答案速查	195
DAY9	参考答案速查	211
DAY10	参考答案速查	226
2020 年	参考答案速查	235
2021 年	参考答案速查	246
2022 年	参考答案速查	255

小鱼带你做考题

DAY1 概述

小鱼指导：

本日所做考题涉及的知识点是初级会计实务第一章概述的内容，这部分内容属于会计课程的入门知识，非常基础，也不难理解。在考试中，占试卷分值的比例约为5%。本日考试的题型是单项选择题、多项选择题和判断题。

任务难度：🐟🐟🐟 任务时间：60 分钟

题型及总分：单项选择题　多项选择题　判断题　共计 55 分

分数标准：
- ☐ 48~55 分（47分以上冲击状元）
- ☐ 41~47 分（学习过关拿证不愁）
- ☐ 33~40 分（查漏补缺再加把劲）
- ☐ 33 分以下（重新学习，要努力了）

单项选择题

本题共 16 小题，每小题 2 分，共 32 分。每小题的备选答案中，只有一个符合题意的正确答案。错选、不选均不得分。

1. 下列各项中，不属于管理会计要素的是（　　）。(2019)
   A. 应用环境　　B. 信息与报告　　C. 工具方法　　D. 风险管理

2. 企业对可能承担的环保责任确认预计负债，体现的会计信息质量要求是（　　）。(2019)
   A. 谨慎性　　B. 可比性　　C. 重要性　　D. 相关性

3. 下列各项中，对企业会计核算资料的真实性、合法性和合理性进行审查的会计职能是（　　）。(2019)
   A. 参与经济决策职能　　　　　　B. 评价经营业绩职能
   C. 监督职能　　　　　　　　　　D. 预测经济前景职能

4. 下列各项中，按照当前市场条件重新取得同样一项资产所需支付的金额进行计量的会计计量属性是（　　）。(2018)
   A. 公允价值　　B. 历史成本　　C. 现值　　D. 重置成本

5. 根据会计法律制度的规定，下列各项中，不属于会计核算内容的是（　　）。(2020)
   A. 递延税款的余额调整
   B. 货物买卖合同的审核
   C. 有价证券溢价的摊销
   D. 资本公积的增减变动

6. 下列各项中，企业以实际发生的经济业务为依据，如实进行会计确认和计量，这体现的会计信息质量要求是（　　）。(2021)
   A. 重要性　　　　B. 可靠性　　　　C. 可比性　　　　D. 及时性

7. 下列关于会计目标的说法中，正确的是（　　）。(2021)
   A. 会计目标是将财务报告给投资者内部使用
   B. 会计目标是要求会计工作完成的任务或达到的标准
   C. 会计目标是按照更有利于吸引投资者的方向篡改数据
   D. 会计目标反映企业投资者受托责任的履行情况

8. 下列各项中，体现了谨慎性原则的是（　　）。(2021)
   A. 直线平均计提固定资产折旧
   B. 预计负债
   C. 高估资产
   D. 低估负债

9. 下列关于会计法律制度的说法中，错误的是（　　）。
   A. 会计法律制度依靠国家强制力保证其贯彻执行
   B. 会计法律侧重于调整会计人员的外在行为和结果的合法化，具有较强的客观性
   C. 会计法律制度的表现形式是具体的、明确的、正式形成文字的成文规定
   D. 会计法律制度只以行业行政管理规范和道德评价为标准

10. 会计人员充分发挥会计在企业经营管理中的职能作用，努力钻研相关业务，体现了会计职业道德的（　　）。
    A. 廉洁自律　　　B. 客观公正　　　C. 强化服务　　　D. 参与管理

11. 下列各项中，关于内部控制的目标说法错误的是（　　）。
    A. 内部控制的目标是建立健全并实施内部控制应实现的目的和要求
    B. 企业财务报告及相关信息在范围上包括企业内部的财务报告和各种相关的信息
    C. 企业应合理恰当地处理效率和效果的关系，强调经济效果的重要性
    D. 企业应建立健全与内控制度协调一致的企业内部的其他各项管理规章制度

12. 下列各项中，不属于内部控制的作用的是（　　）。
    A. 有利于提高会计信息质量
    B. 有利于合理保证企业合法合规经营管理
    C. 有助于提高企业生产经营效率和经济效益
    D. 有助于提高会计从业人员的职业道德

13. 下列各项中，（　　）是实施内部控制的重要环节，也是实施控制的对象内容。
    A. 风险评估　　　　B. 内部环境　　　　C. 信息与沟通　　　　D. 内部监督

14. （　　）是指影响、制约企业内部控制建立与执行的各种内部因素的总称，是实施内部控制的基础。
    A. 风险评估　　　　B. 内部环境　　　　C. 控制活动　　　　D. 内部监督

15. 下列各项中，关于内部控制的要素说法错误的是（　　）。
    A. 内部控制缺陷按缺陷的影响程度分为严重缺陷、一般缺陷和微小缺陷
    B. 内部监督分为持续性的日常监督和专项监督
    C. 控制活动是实施内部控制的具体方式方法和手段
    D. 内部控制要素共同构成实现内部控制目标的体制机制和方式方法的完整体系

16. 下列关于会计职业道德与会计法律制度的说法中，错误的是（　　）。
    A. 会计法律制度通过国家行政权力强制执行
    B. 会计职业道德的作用范围比会计法律制度更加广泛
    C. 会计法律制度是会计职业道德的重要补充
    D. 会计职业道德以行业行政管理规范和道德为评价标准

多项选择题

本题共 9 小题，每小题 2 分，共 18 分。每小题的备选答案中，有两个或两个以上符合题意的正确答案。请至少选择两个答案，全部选对得满分，少选得相应分值，多选、错选、不选均不得分。

1. 以下哪些属于会计的基本职能？（　　）（2020）
   A. 会计核算　　　　B. 会计监督　　　　C. 加强管理　　　　D. 提高效益

2. 下列各项中，关于会计职能的表述正确的有（　　）。（2018）
   A. 核算职能是监督职能的基础
   B. 核算与监督是基本职能
   C. 监督职能是核算职能的保障
   D. 预测经济前景、参与经济决策和评价经营业绩是拓展职能

3. 下列各项中，可确认为会计主体的有（　　）。（2020）
   A. 子公司　　　　B. 销售部门　　　　C. 集团公司　　　　D. 母公司

4. 下列各项中，属于会计职业道德管理措施的有（　　）。
   A. 增强会计人员诚信管理
   B. 建设会计人员信用档案
   C. 会计职业道德管理的组织实施
   D. 建立健全会计职业联合惩戒机制

5. 下列各项中，属于内部控制的实施者的有（　　）。
   A. 董事长　　　　B. 监事会　　　　C. 经理层　　　　D. 员工代表

6. 下列各项中，属于控制的过程涵盖范围的有（　　）。

　　A. 企业生产经营管理活动全过程

　　B. 企业风险控制目标设定、风险识别、风险分析和风险应对等各环节

　　C. 信息收集、整理、传递的全过程

　　D. 信息运用的全过程

7. 货币计量是指会计主体在（　　）时主要以货币作为计量单位，来反映会计主体的生产经营活动过程及其结果。

　　A. 确认　　　　　　B. 计量　　　　　　C. 记录　　　　　　D. 报告

8. 下列关于会计目标的说法，正确的有（　　）。

　　A. 会计目标是向经营者提供企业经营成果和现金流量等有关的会计资料和信息

　　B. 会计的基本目标有助于财务报告使用者作出经济决策

　　C. 会计的基本目标反映企业管理层受托责任履行情况

　　D. 会计目标是要求会计工作完成的任务或达到的标准

9. 下列关于会计职业道德与会计法律制度的说法中，正确的有（　　）。

　　A. 会计法律制度是会计职业道德的重要补充

　　B. 会计法律制度通过国家行政权力强制执行

　　C. 会计职业道德以行业行政管理规范和道德评价为标准

　　D. 会计职业道德的作用范围比会计法律制度更加广泛

判断题

本题共 5 小题，每小题 1 分，共 5 分。请判断每小题的表述是否正确。每小题答题正确的得 1 分，错答、不答均不得分，也不扣分。

1. 当企业利益相关者与社会公众发生利益冲突时，企业会计人员应当维护企业的利益。（　　）

2. 内部控制的实施主体由企业董事会、监事会、高级管理人员全体员工所构成。（　　）

3. 内部环境作为五要素之首，是整个内部控制体系的基础和环境条件。（　　）

4. 会计的基本特征表现为以人民币为主要计量单位和准确完整性、连续系统性两个方面。（　　）

5. 会计的核算职能，是指会计以货币为主要计量单位，对特定主体的经济活动进行确认、计量、记录和报告。（　　）

微信扫码，听基础课程

DAY2 会计基础

小鱼指导：

第二章的内容是我们学习会计实务的基础，从来没有接触过会计的同学要引起重视，其中，会计要素、会计计量属性、会计科目和借贷记账法是初级会计实务的核心内容。另外 2023 年在本章中提高了成本与管理会计这部分内容的比重。在考试中，占试卷分值的比例为 5%-10%。本日考试的题型是单项选择题、多项选择题和判断题。

任务难度：🐟🐟🐟　　　　　　任务时间：90 分钟

题型及总分：单项选择题　多项选择题　判断题　共计 80 分

分数标准：
- ☐ 70~80 分（69 分以上冲击状元）
- ☐ 59~69 分（学习过关拿证不愁）
- ☐ 48~58 分（查漏补缺再加把劲）
- ☐ 48 分以下（重新学习，要努力了）

单项选择题

本题共 17 小题，每小题 2 分，共 34 分。每小题的备选答案中，只有一个符合题意的正确答案。错选、不选均不得分。

1. 某事业单位本月财政拨款收入 50 万元，事业收入 100 万元，业务活动费用 25 万元，单位管理费用 20 万元，期末本期盈余的金额是（　　）万元。（2019）
   A. 150　　　　B. 105　　　　C. 125　　　　D. 55

2. 企业在现金清查中发现现金短缺，无法查明原因，经批准后应计入（　　）。（2016）
   A. 营业外支出　　　　　　　　B. 财务费用
   C. 管理费用　　　　　　　　　D. 其他业务成本

3. 下列各项中，关于以银行存款偿还所欠贷款业务对会计要素影响的表述正确的是（　　）。（2019）
   A. 一项负债增加，另一项负债等额减少
   B. 一项资产与一项负债等额减少
   C. 一项资产增加，另一项资产等额减少
   D. 一项资产与一项负债等额增加

4. 下列各项中，关于企业销售产品货款尚未收到的业务，应编制的记账凭证是（　　）。（2019）
   A. 汇总凭证　　B. 转账凭证　　C. 付款凭证　　D. 收款凭证

5. 下列选项中，会导致试算不平衡的因素是（ ）。（2018）
   A. 漏记某项经济业务 B. 重记某项经济业务
   C. 借贷科目用错 D. 借方多记金额

6. 财产清查的对象一般不包括（ ）。（2018）
   A. 财产物资 B. 货币资金 C. 债权、债务 D. 无形资产

7. 根据经济内容，下列各项中，属于成本类科目的是（ ）。（2018）
   A. 管理费用 B. 主营业务成本 C. 制造费用 D. 其他业务成本

8. 下列各项中，关于记账凭证填制基本要求的表述正确的是（ ）。
   A. 可以将不同内容和类别的原始凭证汇总填制在一张记账凭证上
   B. 填制记账凭证时若发生错误，可以填制红字凭证
   C. 记账凭证填制完成经济业务事项后，如有空行，应当自金额栏最后一笔金额数字下的空行处至合计数上的空行处划线注销
   D. 所有的记账凭证都必须附原始凭证，除转账和更正错账

9. 单位仅以电子形式保存会计档案的，原则上应从（ ）开始执行。
   A. 具体业务开始时间 B. 一个完整会计年度的年初
   C. 一个完整会计年度的年末 D. 会计年度每个季度的开始

10. 下列各项中，关于产品成本计算品种法的表述正确的是（ ）。（2017）
    A. 广泛适用小批或单件生产的企业 B. 成本计算期与财务报告期不一致
    C. 以产品品种作为成本计算对象 D. 以产品批别作为成本计算对象

11. 甲公司有供电和供水两个辅助生产车间，2022年1月供电车间供电80 000度，费用120 000元，供水车间供水5 000吨，费用36 000元，供电车间耗用水200吨，供水车间耗用电600度，甲公司采用直接分配法进行核算，2022年1月供水车间分配率是（ ）。
    A. 7.375 B. 7.625 C. 7.2 D. 7.5

12. 关于政府会计核算模式，下列各项中表述错误的是（ ）。（2021）
    A. 政府会计由预算会计和财务会计构成
    B. 预算会计实行收付实现制，国务院另有规定的，从其规定；财务会计实行权责发生制
    C. 政府会计主体应当编制决算报告和财务报告
    D. 政府会计主体应当编制预算报告和财务报告

13. 下列各种产品成本核算方法，适用于单步骤、大量生产的是（ ）。
    A. 品种法 B. 分批法 C. 逐步结转分步法 D. 平行结转分步法

14. 下列关于分批法的描述中，不正确的是（ ）。
    A. 适用于单件、小批生产的企业 B. 成本计算期与财务报告期基本一致
    C. 产品成本计算是不定期的 D. 成本计算期与产品的生产周期基本一致

15. 下列各项中，不属于管理会计要素的是（　　）。
    A. 管理会计应用环境   B. 管理会计活动
    C. 管理会计工具方法   D. 管理会计应用指引

16. 下列生产企业适用于品种法核算的是（　　）。
    A. 精密仪器制造企业   B. 造船企业   C. 供电企业   D. 纺织企业

17. 《政府会计准则——基本准则》确立了"双功能""双基础""双报告"的政府会计核算体系，其中"双报告"指的是（　　）。
    A. 预算报告和财务报告   B. 财务报告和绩效报告
    C. 决算报告和财务报告   D. 绩效报告和决算报告

多项选择题

本题共17小题，每小题2分，共34分。每小题的备选答案中，有两个或两个以上符合题意的正确答案。请至少选择两个答案，全部选对得满分，少选得相应分值，多选、错选、不选均不得分。

1. 下列各项中，可应用于预算管理领域的管理会计工具方法有（　　）。（2019）
    A. 零基预算   B. 作业预算
    C. 滚动预算   D. 弹性预算

2. 下列适合用品种法核算的企业有（　　）。（2019）
    A. 发电企业   B. 供水企业
    C. 纺织企业   D. 采掘企业

3. 下列各项中，应编制转账凭证进行会计处理的有（　　）。（2018）
    A. 将现金送存银行   B. 结转售出商品销售成本
    C. 以银行存款购入设备   D. 计提固定资产折旧

4. 采用发函询证进行财产清查的有（　　）。（2017）
    A. 存货   B. 应收账款   C. 预付账款   D. 银行存款

5. 下列各项中，制造费用分配方法包括（　　）。
    A. 生产工时比例法   B. 生产工资比例法
    C. 机器工时比例法   D. 按年度计划分配率分配法

6. 根据会计法律制度的规定，下列关于登记会计账簿基本要求的表述中，不正确的有（　　）。（2020）
    A. 在不设借贷等栏的多栏式账页中可用红墨水登记减少数
    B. 会计账簿按页次顺序连续登记。发生跳行、隔页的，应在空页、空行处划对角线注销，或注明"此页空白"或"此行空白"，并由记账人员或会计机构负责人在更正处签章
    C. 登记账簿可以使用蓝黑墨水或圆珠笔写，不得使用铅笔书写
    D. 按照红字冲账的记账凭证，冲销错误记录时，可以用红色墨水记账

7. 下列关于财产清查的方法表述中,正确的有( )。(2020)

   A. 库存现金采用实地盘点法,盘点结束后,应填制"库存现金盘点报告表",作为重要原始凭证

   B. 银行存款的清查采用与开户银行对账的方法进行

   C. 实物资产通常采用实地盘点法和技术推算法,如实登记盘存单

   D. 往来款项一般采用发函询证的方法进行核对,并填制"往来款项对账单"

8. 下列适用分批法核算的企业有( )。(2019)

   A. 重型机械制造企业　　B. 精密仪器制造企业　　C. 造船企业　　D. 采掘企业

9. 下列关于企业会计信息系统数据服务器部署在境外的说法,正确的有( )。

   A. 应当在境内保存会计资料备份　　　　B. 不需要在境内保存会计资料备份

   C. 备份频率不得低于每月一次　　　　　D. 备份频率不得低于每周一次

10. 下列各项中,属于政府预算会计要素的有( )。(2020)

    A. 净资产　　　　B. 预算结余　　　　C. 预算收入　　　　D. 预算支出

11. 下列属于政府负债计量属性的有( )。(2020)

    A. 历史成本　　　　B. 现值　　　　C. 公允价值　　　　D. 名义金额

12. 下列各项中,属于政府会计非流动资产的有( )。(2021)

    A. 保障性住房　　　B. 自然资源资产　　　C. 文物文化资产　　　D. 公共基础设施

13. 汇总记账凭证账务处理程序的特点主要表现在( )。

    A. 适用于规模较小、经济业务量较少的单位

    B. 定期将全部记账凭证按收款凭证、付款凭证和转账凭证分别归类编制成汇总记账凭证

    C. 根据汇总记账凭证登记总账

    D. 总分类账可以较详细地反映经济业务的发生情况

14. 下列会计账簿中,属于按用途进行的分类有( )。

    A. 分类账簿　　　　B. 序时账簿　　　　C. 订本式账簿　　　　D. 数量金额式账簿

15. 下列账簿中,一般采用数量金额式的有( )。

    A. 原材料明细账　　B. 库存商品明细账　　C. 应收账款明细账　　D. 应付账款明细账

16. 2021年12月31日,某水利局财政直接支付指标数与当年财政直接支付实际支出数之间的差额为500 000元。2022年初,财政部门恢复了该单位的财政直接支付额度。2022年1月8日,该水利局以财政直接支付方式购买一台固定资产(属于上年预算指标数),支付给供应商50 000元价款。假定不考虑相关税费,该事业单位2022年初使用上年预算指标购买固定资产的会计分录表述正确的有( )。

    A. 借：固定资产　　　　　　　　　　　　　　　　　　500 000

    　　贷：财政应返还额度——财政直接支付　　　　　　　　　　　500 000

B. 借：事业支出　　　　　　　　　　　　　　　500 000
　　　　　贷：资金结存——财政应返还额度　　　　　　　　500 000
　　C. 借：固定资产　　　　　　　　　　　　　　　500 000
　　　　　贷：财政拨款收入　　　　　　　　　　　　　　500 000
　　D. 借：事业支出　　　　　　　　　　　　　　　500 000
　　　　　贷：财政拨款预算收入　　　　　　　　　　　　500 000

17. 下列选项中，属于分批法核算特点的有（　　）。
　　A. 成本核算对象是产品的批别
　　B. 成本计算期与产品生产周期基本一致，但与财务报告期不一致
　　C. 由于成本计算期与产品的生产周期基本一致，因此在计算月末在产品成本时，一般不存在于完工产品和在产品之间分配成本的问题
　　D. 成本计算期与产品生产周期基本一致，与财务报告期也一致

判断题

本题共12小题，每小题1分，共12分。请判断每小题的表述是否正确。每小题答题正确的得1分，错答、不答均不得分，也不扣分。

1. 科学事业单位按照规定从科研项目预算收入中提取项目管理费时，只需要进行财务会计核算，不用进行预算会计核算。（　　）（2019）

2. 记账凭证应连续编号，为便于监督，反映付款业务的会计凭证不得由出纳人员编号。（　　）（2019）

3. 集中核算型财务共享中心，能够实时生成各分、子公司财务信息，极大提高企业总部财务管控的效率，增强企业风险防范能力。（　　）

4. 企业生产车间多次使用一张限额领料单，该凭证为累计原始凭证。（　　）（2019）

5. 原始凭证是确定会计分录，用以记录经济业务所涉及的会计科目与金额的凭据。（　　）（2018）

6. 记账后金额少记，可以采用补充登记法。（　　）（2018）

7. 在采用分批法核算产品成本的企业，应按批别设置制造费用明细账。（　　）（2017）

8. 变动成本法将生产过程中消耗的变动生产成本作为产品成本的构成内容，而将固定生产成本和非生产成本作为期间成本。（　　）（2019）

9. 平行结转分步法下，各步骤的产品成本伴随着半成品实物的转移而结转。（　　）（2017）

10. 复式记账的会计分录能反映经济业务的来龙去脉，所以会计在填制记账凭证时"摘要"一栏可以不填写。（　　）

11. 属于无法查明的其他原因造成的现金短缺，应计入营业外支出。（　　）

12. 盘盈的固定资产，在报经批准处理前，应先按重置成本记入"待处理财产损溢"科目。（　　）

微信扫码，听基础课程

今日做题报告

做题时间： 月　日　　　　　　　复盘时间： 月　日

单项选择题做题数量：	准确率：
多项选择题做题数量：	准确率：
判断题做题数量：	准确率：
总做题数量：	准确率：

需要温习的知识内容：

本日学习心得：

小鱼指导：

第三章的内容多而难，是我们通过初级会计职称考试的第一个"拦路虎"，占考试分值的 15%~20%，是历年考试考查的重点，是我们通过考试的"基石"，因此同学们要打起百倍的精神，逐一突破这部分的知识难点。为了让同学们逐步适应这个难度，小鱼老师将本章分成了两部分，分别安排了练习。本日所做考题涉及的内容为第三章的货币资金、应收账款和预付账款，其中应收账款减值的账务处理是难点。这部分考试的题型是单项选择题、多项选择题、判断题和不定项选择题。

任务难度：🐟🐟🐟　　　　　　　　任务时间：50 分钟

题型及总分：单项选择题　多项选择题　判断题　不定项选择题　　共计 47 分

分数标准：　☐ 41~47 分（40 分以上冲击状元）　　☐ 35~40 分（学习过关拿证不愁）

　　　　　　☐ 28~34 分（查漏补缺再加把劲）　　　☐ 28 分以下（重新学习，要努力了）

单项选择题

本题共 11 小题，每小题 2 分，共 22 分。每小题的备选答案中，只有一个符合题意的正确答案。错选、不选均不得分。

1. 银行承兑汇票到期无力支付时，企业应转入的会计科目是（　　）。（2020）
   A. 应付账款　　　　　　　　　　B. 短期借款
   C. 预收账款　　　　　　　　　　D. 其他应付款

2. 下列各项中，企业确认应收账款减值损失应记入的会计科目是（　　）。（2020）
   A. 营业外支出　　　　　　　　　B. 管理费用
   C. 信用减值损失　　　　　　　　D. 资产减值损失

3. 下列各项中，企业销售商品收到银行汇票存入银行应借记的会计科目是（　　）。（2019）
   A. 银行存款　　　　　　　　　　B. 应收票据
   C. 其他货币资金　　　　　　　　D. 应收账款

4. 下列各项中，企业应通过"其他货币资金"科目核算的经济业务是（　　）。(2019)
   A. 销售商品收到银行承兑汇票　　　　B. 委托银行代为支付电话费
   C. 开出转账支票支付办公设备款　　　D. 开出银行汇票支付材料款

5. 某企业采用备抵法核算坏账损失，按应收账款余额的5%计提坏账准备。本期期初坏账准备余额为200万元，本期确认坏账235万元，期末应收账款余额为8 000万元。该企业本期应当计提的坏账准备的金额为（　　）万元。(2017)
   A. 200　　　　B. 235　　　　C. 400　　　　D. 435

6. 2014年11月30日，某企业"坏账准备——应收账款"科目贷方余额为30万元，12月31日，相关应收账款所属明细科目借方余额为500万元，经减值测试，该应收账款预计未来现金流量现值为410万元。不考虑其他因素，该企业2014年12月31日应确认的信用减值损失为（　　）万元。(2015)
   A. 120　　　　B. 30　　　　C. 60　　　　D. 90

7. 企业支付的应收票据的贴现息，应计入（　　）。(2017)
   A. 银行存款　　　B. 管理费用　　　C. 财务费用　　　D. 应付票据

8. 如果企业预付款项业务不多且未设置"预付账款"科目，企业预付给供应商的采购款项，应记入（　　）。(2016)
   A. "应收账款"科目的借方　　　　B. "应付账款"科目的贷方
   C. "应收账款"科目的贷方　　　　D. "应付账款"科目的借方

9. 下列各项中，企业不能使用现金进行结算的是（　　）。(2022)
   A. 向科技人员颁发现金限额以内的奖金　　B. 向外单位支付设备货款
   C. 向职工发放现金限额以内的福利　　　　D. 向个人支付收购农品产品价款

10. 甲公司2021年4月份发生如下应收事项：进行存货盘点发现存货盘亏，应收取保险公司赔款4万元，应收取管理人员赔款1.5万元；销售商品一批，应收取价款50万元，增值税税额6.5万元；租入包装物一批，以银行存款支付押金2万元。则甲公司本月应记入"其他应收款"科目的金额为（　　）万元。
    A. 5.5　　　　B. 7.5　　　　C. 56.5　　　　D. 64

11. 下列各项中，应记入"坏账准备"账户借方的是（　　）。
    A. 发生坏账
    B. 收回过去已确认并转销的坏账
    C. 期末"坏账准备"账户余额为贷方，且大于计提前的坏账准备余额
    D. 企业对当期增加的某项应收账款计提坏账准备

多项选择题

本题共6小题，每小题2分，共12分。每小题的备选答案中，有两个或两个以上符合题意的正确答案。请至少选择两个答案，全部选对得满分，少选得相应分值，多选、错选、不选均不得分。

1. 甲、乙企业均为增值税一般纳税人，2019年5月，甲企业委托乙企业加工一批应税消费品，加工收回后继续用于生产其他应税消费品。甲企业发出材料的实际成本为2 000 000元，以银行存款支付加工费400 000元，增值税52 000元，乙企业代收代缴的消费税为800 000元，下列各项中，甲企业委托加工应税消费品的相关会计科目处理正确的有（　　）。(2019)

   A. 支付消费税，借记"应交税费——应交消费税"科目800 000元

   B. 支付消费税，借记"委托加工物资"科目800 000元

   C. 支付增值税，借记"应交税费——应交增值税（进项税额）"科目52 000元

   D. 支付加工费，借记"委托加工物资"科目400 000元

2. 下列各项中，关于企业存货减值的相关会计处理表述正确的有（　　）。(2019)

   A. 企业结转存货销售成本时，对于其已计提的存货跌价准备，应当一并结转

   B. 资产负债表日，当存货期末账面价值低于其可变现净值时，企业应当按账面价值计量

   C. 资产负债表日，期末存货应当按照成本与可变现净值孰低计量

   D. 资产负债表日，当存货期末账面价值高于其可变现净值时，企业应当按可变现净值计量

3. 下列各项中，企业应确认为其他货币资金的有（　　）。(2015)

   A. 向银行申请银行本票划转的资金

   B. 为开信用证而存入银行的专户资金

   C. 汇向外地开立临时采购专户的资金

   D. 为购买股票向证券公司划出的资金

4. 按现行会计准则规定，不能用"应收票据"科目及"应付票据"科目核算的票据包括（　　）。

   A. 银行汇票存款　　　　　　　　　B. 银行本票存款

   C. 银行承兑汇票　　　　　　　　　D. 商业承兑汇票

5. 下列各项中，企业可以用现金支付的有（　　）。

   A. 职工津贴

   B. 个人劳务报酬

   C. 结算起点（1 000元）以下的零星支出

   D. 出差人员必须随身携带的差旅费

6. 下列各项中，应通过"其他应收款"科目核算的有（　　）。

   A. 应收的出租包装物租金　　　　　B. 应收保险公司的赔款

   C. 代购货单位垫付的运杂费　　　　D. 应向职工收取的各种垫付款

判断题

本题共 3 小题，每小题 1 分，共 3 分。请判断每小题的表述是否正确。每小题答题正确的得 1 分，错答、不答均不得分，也不扣分。

1. 企业采用计划成本法进行材料日常核算时，发出材料分摊材料成本差异时，超支差异记入"材料成本差异"科目的贷方，节约差异记入"材料成本差异"科目的借方。（　　）（2021）

2. 某企业赊销商品时知晓客户财务困难，不能确定能否收回货款，为了维持与客户的长期合作关系仍将商品发出并开具销售发票，对于该赊销，不需要进行相关的会计处理。（　　）（2019）

3. 企业应付银行承兑汇票到期无力支付时，应将应付票据的账面余额转入"应付账款"科目。（　　）

不定项选择题

本题共 5 小题，每小题 2 分，共 10 分。每小题的备选答案中，有一个或一个以上符合题意的正确答案。每小题全部选对得满分，少选得相应分值，多选、错选、不选均不得分。

某企业采用备抵法核算应收账款减值。2021 年初，"应收账款"科目借方余额为 600 万元，"坏账准备"科目贷方余额为 30 万元，2021 年度发生与应收账款相关的经济业务如下：

（1）3 月 31 日，甲客户因长期经营不善破产，经批准后，将甲客户所欠货款 5 万元作为坏账转销。

（2）8 月 2 日，收回 2020 年已作坏账转销的应收乙客户货款 10 万元存入银行。

（3）12 月 31 日，确定应收账款的坏账准备余额为 20 万元。

要求：根据上述资料，不考虑其他因素，分析回答下列问题。（2022）

1. 根据资料（1），关于采用备抵法核算应收账款减值的表述正确的是（　　）。

   A. 确认应收账款预期信用减值损失会导致营业利润减少
   B. 对应收账款确认预期信用减值损失符合谨慎性会计信息质量要求
   C. 将无法收回的应收账款作为坏账转销不影响坏账转销时的应收账款账面价值
   D. 已计提的坏账准备在以后期间不得转回

2. 根据资料（1），转销坏账相关会计科目的处理结果正确的是（　　）。

   A. "坏账准备"科目减少 5 万元　　　　B. "信用减值损失"科目增加 5 万元
   C. "坏账准备"科目增加 5 万元　　　　D. "应收账款"科目减少 5 万元

3. 根据资料（2），下列各项中，收回已确认并转销的应收账款的会计处理正确的是（　　）。

   A. 借：应收账款 10　贷：坏账准备 10　　B. 借：银行存款 10　贷：应收账款 10
   C. 借：坏账准备 10　贷：信用减值损失 10　D. 借：应收账款 10　贷：信用减值损失 10

4. 根据期初资料和资料（1）至资料（3），该企业 12 月 31 日计提坏账准备对"坏账准备"科目的影响表述正确的是（　　）。

   A. 增加 20 万元　　B. 冲减 10 万元　　C. 增加 55 万元　　D. 冲减 15 万元

5. 根据资料（1）至资料（3），2021 年 12 月 31 日，该企业资产负债表中"应收账款"项目"期末余额"栏应填列的金额是（　　）万元。

   A. 585　　　　B. 575　　　　C. 595　　　　D. 0

微信扫码,听基础课程

今日做题报告

做题时间: 月 日	复盘时间: 月 日
单项选择题做题数量:	准确率:
多项选择题做题数量:	准确率:
判断题做题数量:	准确率:
不定项选择题做题数量:	准确率:
总做题数量:	准确率:

需要温习的知识内容:

本日学习心得:

DAY4 流动资产（2）

小鱼指导：

本日所做考题的内容是初级会计实务第三章的交易性金融资产、存货，属于会计实务较难的部分。学习交易性金融资产时，要注重对其概念的理解，重点掌握交易性金融资产入账价值的确定和后续计量的账务处理。存货的内容非常繁杂，学习起来有一定的难度，考试中多以不定项选择题的形式考查，但是只要同学们稳扎稳打，再搭配小鱼老师精选的考题，大家一定可以完全掌握。这部分考试的题型是单项选择题、多项选择题、判断题和不定项选择题。

任务难度：🐟🐟🐟🐟🐟　　　　　　任务时间：110 分钟

题型及总分：单项选择题　多项选择题　判断题　不定项选择题　　共计 104 分

分数标准：☐ 90~104 分（89 分以上冲击状元）　☐ 77~89 分（学习过关拿证不愁）
　　　　　☐ 62~76 分（查漏补缺再加把劲）　　☐ 62 分以下（重新学习，要努力了）

单项选择题

本题共 27 小题，每小题 2 分，共 54 分。每小题的备选答案中，只有一个符合题意的正确答案。错选、不选均不得分。

1. 企业不应计入存货成本的是（　　）。(2019)

   A. 发出委托加工材料负担的运费

   B. 购买原材料运输途中发生的合理损耗

   C. 为特定客户设计产品发生的、可直接确定的设计费

   D. 存货采购入库后发生的仓储费用

2. 增值税一般纳税人购入农产品，收购发票上注明的买价为 100 000 元，规定的增值税进项税额扣除率为 9%，另支付入库前挑选整理费用 500 元，则入账价值是（　　）元。(2019)

   A. 91 500　　　　　B. 91 000　　　　　C. 109 500　　　　　D. 100 500

3. 下列选项中，增值税一般纳税人取得交易性金融资产的相关支出应计入投资收益的是（　　）。(2019)

   A. 不含增值税的交易费用

B. 价款中包含的已宣告但尚未发放的现金股利

C. 增值税专用发票上注明的增值税税额

D. 价款中包含的已到付息期但尚未领取的债券利息

4. 某企业采用毛利率法对库存商品进行核算。2019 年 5 月 1 日，"库存商品"科目期初余额为 150 万元，本月购进商品一批，采购成本为 300 万元，本月实现商品销售收入 280 万元。上季度该类商品的实际毛利率为 15%。不考虑其他因素，该企业 5 月末"库存商品"科目的期末余额为（　　）万元。（2019）

  A. 170　　　　　　B. 212　　　　　　C. 237.5　　　　　　D. 130

5. 某企业采用计划成本法进行材料核算。2019 年 6 月 21 日，该企业购入一批材料，取得经税务机关认证的增值税专用发票注明的价款为 500 000 元，增值税税额为 65 000 元，计划成本为 480 000 元。2019 年 8 月 3 日，材料运达并验收入库。不考虑其他因素，下列各项中，关于材料入库的会计处理正确的是（　　）。（2019）

  A. 借：原材料　　　　　　　　　　　　　　500 000
    贷：材料采购　　　　　　　　　　　　　　　　480 000
      材料成本差异　　　　　　　　　　　　　　20 000

  B. 借：原材料　　　　　　　　　　　　　　480 000
     材料成本差异　　　　　　　　　　　20 000
    贷：材料采购　　　　　　　　　　　　　　　　500 000

  C. 借：在途物资　　　　　　　　　　　　　480 000
     材料成本差异　　　　　　　　　　　20 000
    贷：原材料　　　　　　　　　　　　　　　　　500 000

  D. 借：原材料　　　　　　　　　　　　　　480 000
    贷：在途物资　　　　　　　　　　　　　　　　480 000

6. 下列各项中，关于交易性金融资产相关会计处理表述正确的是（　　）。（2019）

  A. 取得时发生相关交易费用计入初始入账金额

  B. 按面值作为初始入账金额

  C. 出售时公允价值与账面余额的差额计入投资收益

  D. 资产负债表日，其公允价值与账面余额之间的差额计入投资收益

7. 某企业为增值税一般纳税人，2019 年 8 月 5 日因管理不善造成一批库存材料毁损。该批材料账面余额为 18 000 元，增值税进项税额为 2 340 元，未计提存货跌价准备，收回残料价值 500 元，应由责任人赔偿 2 000 元。不考虑其他因素，该企业应确认的材料毁损净损失为（　　）元。（2019）

  A. 15 500　　　　　B. 17 840　　　　　C. 19 840　　　　　D. 18 340

8. 某企业为增值税一般纳税人，2019年9月购入一批原材料，增值税专用发票上注明的价款为50万元，增值税税额为6.5万元，款项已经支付，另以银行存款支付装卸费0.3万元（不考虑增值税），入库时发生挑选整理费用0.2万元，运输途中发生合理损耗0.1万元。不考虑其他因素，该批原材料的入账成本为（　　）万元。(2019)
   A. 50.5　　　　　　B. 59　　　　　　C. 50.6　　　　　　D. 50.4

9. 某企业为增值税小规模纳税人，该企业购入一批原材料，取得的增值税专用发票上注明价款100万元，增值税税额13万元，另付保险费1万元，不考虑其他因素，该批材料的入账成本为（　　）万元。(2016)
   A. 113　　　　　　B. 114　　　　　　C. 100　　　　　　D. 101

10. 甲公司购入乙公司股票并划分为交易性金融资产，共支付价款26 000 000元（其中包含已宣告但尚未发放的现金股利600 000元），另支付相关交易费用360 000元，取得并经税务机关认证的增值税专用发票上注明的增值税税额为21 600元。不考虑其他因素，甲公司取得乙公司股票时的入账价值为（　　）元。(2019)
    A. 26 600 000　　B. 25 760 000　　C. 25 781 600　　D. 25 400 000

11. 2018年12月1日，某企业"交易性金融资产——A上市公司股票"科目借方余额为1 000 000元，2018年12月31日，该企业持有的A上市公司股票的公允价值为1 051 000元。不考虑其他因素，下列各项中，关于该企业持有A上市公司股票相关会计处理正确的是（　　）。(2019)
    A. 贷记"营业外收入"科目51 000元
    B. 贷记"资本公积"科目51 000元
    C. 贷记"公允价值变动损益"科目51 000元
    D. 贷记"投资收益"科目51 000元

12. 2015年12月10日，甲公司购入乙公司股票10万股，将其划分为交易性金融资产，购买日支付价款249万元，另支付交易费用0.6万元，2015年12月31日，该股票的公允价值为258万元，不考虑其他因素，甲公司2015年度利润表"公允价值变动损益"项目本期金额为（　　）万元。(2016)
    A. 9　　　　　　　B. 9.6　　　　　　C. 0.6　　　　　　D. 8.4

13. 甲购入乙上市公司股票确认为交易性金融资产，支付价款为100万元，其中宣告但尚未发放的现金股利为8万元，另支付交易费用2.5万元、增值税税额0.15万元，甲公司"投资收益"科目借方金额为（　　）万元。(2020)
    A. 8　　　　　　　B. 2.5　　　　　　C. 2.65　　　　　　D. 5.5

14. 甲公司将其持有的交易性金融资产全部出售，售价为 35 500 000 元；出售前该金融资产的账面价值为 29 180 000 元；甲公司购入该交易性金融资产支付价款 30 200 000 元（其中包含已到付息期但尚未领取的债券利息 500 000 元）。假定不考虑其他因素，适用的增值税税率为 6%，该项业务转让金融商品应交增值税为（　　）元。(2020)

    A. 300 000　　　　　B. 328 301.89　　　　　C. 357 735.85　　　　　D. 2 009 433.96

15. 某企业因水灾毁损一批实际成本为 500 000 元的库存商品。其残料价值 50 000 元已验收入库，应由保险公司赔偿 300 000 元。不考虑其他因素，下列选项中，关于毁损库存商品的会计处理正确的是（　　）。(2016)

    A. 批准处理前：
       借：待处理财产损溢　　　　　　　　　500 000
           贷：主营业务成本　　　　　　　　　　　　　500 000

    B. 批准处理后：
       借：其他应收款　　　　　　　　　　　300 000
           原材料　　　　　　　　　　　　　50 000
           营业外支出　　　　　　　　　　　150 000
           贷：待处理财产损溢　　　　　　　　　　　500 000

    C. 批准处理后：
       借：管理费用　　　　　　　　　　　　150 000
           贷：待处理财产损溢　　　　　　　　　　　150 000

    D. 批准处理前：
       借：待处理财产损溢　　　　　　　　　150 000
           贷：库存商品　　　　　　　　　　　　　　150 000

16. 某企业为增值税小规模纳税人，增值税税率为 3%。本月销售一批材料，含税价 6 180 元。该批材料计划成本为 5 000 元，材料成本差异率为 -6%，该企业销售材料应确认的损益为（　　）元。(2020)

    A. 1 300　　　　　B. 1 480　　　　　C. 880　　　　　D. 700

17. 下列各项中，关于存货期末计量会计处理表述正确的是（　　）。(2020)

    A. 当存货可变现净值高于存货账面价值时，应按存货账面价值计价
    B. 当存货可变现净值低于存货成本时，应计提存货跌价准备
    C. 已计提的存货跌价准备不得转回
    D. 当存货账面价值高于其可变现净值时，应按可变现净值计量

18. 2019年12月31日，某企业有关科目期末借方余额如下：原材料55万元，库存商品35万元，生产成本65万元，材料成本差异8万元。不考虑其他因素，2019年12月31日，该企业资产负债表中"存货"项目期末余额填列的金额为（　　）万元。（2020）

   A. 163　　　　　　B. 155　　　　　　C. 90　　　　　　D. 147

19. 某企业委托外单位加工一批应税货物，该批货物收回后直接用于销售，则委托加工物资成本不包括（　　）。

   A. 受托方代扣代缴的消费税　　　　　B. 支付的运杂费
   C. 支付的物资加工费　　　　　　　　D. 支付的代销手续费

20. 某企业本期购进5批存货，发出2批，在物价持续上升的情况下，与加权平均法相比，该企业采用先进先出方法会导致（　　）。（2019）

   A. 当期利润较低　　　　　　　　　　B. 库存存货价值较低
   C. 期末存货成本接近于市价　　　　　D. 发出成本较高

21. 下列关于企业计提存货跌价准备的表述不正确的是（　　）。（2019）

   A. 当存货的成本低于可变现净值时，存货按成本计价
   B. 计提存货跌价准备的影响因素消失，价值得以恢复时应在原计提的跌价准备金额内转回
   C. 转回存货跌价准备时，将转回的金额计入管理费用
   D. 企业计提存货跌价准备会减少企业当期营业利润

22. 下列各项中，关于企业领用原材料的会计处理表述不正确的是（　　）。（2016）

   A. 在建厂房工程领用的原材料成本应计入工程成本
   B. 专设销售机构日常维修房屋领用的原材料应计入销售费用
   C. 生产车间日常维修房屋领用的原材料应计入制造费用
   D. 生产车间生产产品领用原材料成本应计入成本

23. 农业生产过程中发生的应归属于消耗性生物资产的费用，按照应分配的金额，借记"消耗性生物资产"科目，贷记的科目是（　　）。

   A. 管理费用　　　B. 生产成本　　　C. 银行存款　　　D. 主营业务成本

24. 下列各项中，关于交易性金融资产表述不正确的是（　　）。

   A. 取得交易性金融资产所发生的相关交易费用应当在发生时计入当期收益
   B. 资产负债表日交易性金融资产公允价值与账面余额的差额计入当期损益
   C. 取得交易性金融资产购买价款中，已到付息期但尚未领取的债券利息计入交易性金融资产成本
   D. 出售交易性金融资产时应将其公允价值与账面余额之间的差额确认为投资收益

25. 甲公司对原材料采用计划成本法进行核算。2020年12月初，结存的M材料的账面余额为30万元，该材料负担的节约差为2万元；本期购入M材料的实际成本为110万元，计划成本为120万元，当月发出M材料的计划成本为100万元。不考虑其他因素，甲公司2020年12月发出材料的实际成本为（　　）万元。（2022）

    A. 100　　　　B. 92　　　　C. 108　　　　D. 46

26. 应计入企业产品生产成本的是（　　）。（2022）

    A. 企业商标权的摊销额　　　　B. 企业行政管理部门发生的水电费
    C. 因火灾造成的在产品非常损失　　　　D. 车间管理人员的薪酬

27. 甲企业2021年12月31日A存货的实际成本为300万元，加工该存货至完工产品预计还将发生成本费用30万元，预计发生销售费用以及相关税费15万元，估计该产品售价为330万元。假定A存货月初"存货跌价准备"账户贷方余额为32万元。则2021年12月31日针对A存货应计提的跌价准备为（　　）万元。

    A. －17　　　　B. 17　　　　C. 0　　　　D. －32

多项选择题

本题共5小题，每小题2分，共10分。每小题的备选答案中，有两个或两个以上符合题意的正确答案。请至少选择两个答案，全部选对得满分，少选得相应分值，多选、错选、不选均不得分。

1. 下列各项中，关于发出包装物的会计处理表述正确的有（　　）。（2017）

    A. 随同商品出售而单独计价的包装物收入记入"其他业务收入"科目
    B. 生产领用作为产品组成部分的包装物成本直接记入"生产成本"科目
    C. 随同商品出售不单独计价的包装物成本记入"其他业务成本"科目
    D. 出租或出借包装物的押金记入"其他应收款"科目

2. 下列各项中，企业盘亏的库存商品按规定报经批准后，正确的会计处理有（　　）。（2017）

    A. 应由保险公司和过失人承担的赔款，记入"其他应收款"科目
    B. 入库的残料价值，记入"原材料"科目
    C. 盘亏库存商品净损失中，属于一般经营损失的部分，记入"管理费用"科目
    D. 盘亏库存商品净损失中，属于非常损失的部分，记入"营业外支出"科目

3. 下列各项中，关于原材料按计划成本核算的会计处理表述正确的有（　　）。（2015）

    A. 入库原材料的超支差异应借记"材料成本差异"科目
    B. 发出材料应负担的节约差异应借记"材料成本差异"科目
    C. 发出材料应负担的超支差异应贷记"材料成本差异"科目
    D. 入库材料的节约差异应借记"材料成本差异"科目

4. 下列各项中，关于存货计量的相关表述正确的有（　　）。(2015)

   A. 发出原材料可采用先进先出法计价

   B. 材料采购过程中发生的保险费应计入材料成本

   C. 资产负债表日原材料应当按照成本与可变现净值孰低计量

   D. 外购库存商品应当按照实际成本计量

5. 下列各项中，属于企业取得交易性金融资产时所发生的交易费用的有（　　）。(2021)

   A. 支付给证券交易所的手续费　　　B. 支付给政府有关部门的手续费

   C. 融资费用　　　　　　　　　　　D. 债券折价

判断题

本题共 10 小题，每小题 1 分，共 10 分。请判断每小题的表述是否正确。每小题答题正确的得 1 分，错答、不答均不得分，也不扣分。

1. 企业持有交易性金融资产期间，对于被投资单位宣告发放的现金股利，应借记"应收股利"科目，贷记"投资收益"科目。（　　）(2019)

2. 企业未满足销售收入确认条件的售出商品发生销售退回时，应借记"库存商品"科目，贷记"主营业务成本"科目。（　　）(2019)

3. 企业委托其他单位加工的产品收回后直接对外销售的，不应将受托单位代收代缴的消费税计入委托加工产品的成本。（　　）(2018)

4. 采用月末一次加权平均法平时可以从账上提供发出和结存存货的单价及金额，有利于存货成本的日常管理与控制。（　　）

5. 林木类消耗性生物资产达到郁闭后发生的管护费用等后续支出计入管理费用。（　　）

6. 采用移动加权平均法需要在每次收货时计算一次平均单位成本，能够使企业管理层及时了解存货的结存情况，计算的平均单位成本以及发出和结存的存货成本比较客观。（　　）(2017)

7. 计划成本法下，本期发出材料应负担的成本差异应按期（月）分摊结转。（　　）(2016)

8. 收回出租包装物因不能使用而报废的残料价值，应通过"销售费用"科目核算。（　　）(2020)

9. 材料采购月末发出的超支差记入"材料成本差异"科目的借方。（　　）(2020)

10. 材料已入库，发票暂未到，月末应按照暂估价值入账。（　　）(2020)

不定项选择题

本题共15小题，每小题2分，共30分。每小题的备选答案中，有一个或一个以上符合题意的正确答案。每小题全部选对得满分，少选得相应分值，多选、错选、不选均不得分。

第1题

某企业为增值税一般纳税人，税率13%，2019年12月1日，该企业"原材料——甲材料"科目期初结存数量为2 000千克，单位成本为15元/千克，未计提存货跌价准备。12月份发生有关甲材料的收发业务如下：

（1）12月10日，购入甲材料2 020千克，增值税专用发票上注明的价款为32 320元，税额为4 201.6元，销售方代垫运杂费2 680元（不考虑增值税），运输过程中发生合理损耗20千克。材料已经验收入库，款项尚未支付。

（2）12月20日，销售甲材料100千克，开出的增值税专用发票上注明的价款为2 000元，增值税税额为260元，材料已发出，并已向银行办妥托收手续，款项尚未收到。

（3）12月25日，本月生产产品耗用甲材料3 000千克，生产车间一般耗用甲材料100千克。

（4）12月31日，采用月末一次加权平均法计算结转发出甲材料成本。

（5）12月31日，预计甲材料可变现净值为12 800元。

要求：根据上述资料，不考虑其他因素，分析回答下列小题。（2019）

1. 根据资料（1），下列各项中，该企业购入甲材料的会计处理结果正确的是（   ）。

   A. 甲材料实际入库数量为2 000千克

   B. 甲材料入库单位成本为17.5元/千克

   C. 甲材料入库总成本为35 000元

   D. 甲材料运输过程中的合理损耗使入库总成本增加320元

2. 根据资料（2），下列各项中，该企业销售甲材料的会计处理结果正确的是（   ）。

   A. 银行存款增加2 260元　　　　　　B. 其他业务收入增加2 000元

   C. 主营业务收入增加2 000元　　　　D. 应收账款增加2 260元

3. 根据资料（3），下列各项中，关于企业发出材料会计处理的表述正确的是（   ）。

   A. 生产车间一般耗用原材料应计入管理费用　　B. 生产产品耗用原材料应计入制造费用

   C. 生产产品耗用原材料应计入生产成本　　　　D. 生产车间一般耗用原材料应计入制造费用

4. 根据期初资料、资料（1）至（4），下列各项中，关于结转销售材料成本的会计处理结果正确的是（   ）。

   A. 甲材料加权平均单位成本15.58元/千克　　B. 主营业务成本增加1 625元

   C. 其他业务成本增加1 625元　　　　　　　　D. 甲材料的加权平均单位成本16.25元/千克

5. 根据期初资料、资料（1）至（5），下列各项中，关于该企业12月末原材料的会计处理结果表述正确的是（ ）。

   A. 12月末应计提存货跌价准备200元

   B. 12月末列入资产负债表"存货"项目的原材料金额为12 800元

   C. 12月末甲材料的成本为13 000元

   D. 12月末甲材料成本高于可变现净值，不计提存货跌价准备

第2题

甲公司为一家上市公司，2021年持有乙公司交易性金融资产的相关资料如下：

（1）1月1日，甲公司委托证券公司从二级市场购入乙公司股票，支付银行存款2 000万元（其中包含已宣告但尚未发放的现金股利50万元），另支付相关交易费用5万元，取得的增值税专用发票上注明的增值税税额为0.3万元，甲公司将其划分为交易性金融资产核算。

（2）1月5日，收到乙公司发放的现金股利50万元并存入银行。

（3）6月30日，持有乙公司股票的公允价值为1 800万元。

（4）12月31日，甲公司将持有的乙公司股票全部出售，售价为2 500万元，款项已存入银行。不考虑相关税费和其他因素。

要求：根据上述资料，不考虑其他因素，分析回答下列问题。（答案中的金额单位用万元表示）

1. 根据资料（1），甲公司购入交易性金融资产的入账金额为（ ）万元。

   A. 2 010.3   B. 2 010   C. 2 000   D. 1 950

2. 根据资料（2），甲公司收到购买价款中包含的现金股利的会计分录正确的是（ ）。

   A. 借：其他货币资金   50
        贷：应收股利   50

   B. 借：银行存款   50
        贷：应收股利   50

   C. 借：其他货币资金   50
        贷：投资收益   50

   D. 借：银行存款   50
        贷：投资收益   50

3. 根据资料（3），下列会计处理正确的是（ ）。

   A. 借记"交易性金融资产——公允价值变动"科目150万元

   B. 借记"公允价值变动损益"科目150万元

   C. 贷记"公允价值变动损益"科目150万元

   D. 贷记"交易性金融资产——公允价值变动"科目150万元

4. 根据资料（4），甲公司出售该交易性金融资产影响损益的金额为（　　）万元。

   A. 550　　　　　　B. 350　　　　　　C. 100　　　　　　D. 700

5. 根据资料（1）至（4），从购入到出售该交易性金融资产累计应确认的投资收益金额为（　　）万元。

   A. 150　　　　　　B. 695　　　　　　C. 700　　　　　　D. 100

第3题

甲有限责任公司（以下简称"甲公司"）为增值税一般纳税人，适用的增值税税率为13%，原材料采用实际成本法进行核算，材料发出成本采用先进先出法计算。2021年4月1日，甲公司X材料库存500千克，每千克成本为200元，2021年4月甲公司发生有关存货业务如下：

（1）3日，购买X材料100千克，每千克不含税价为250元，取得增值税专用发票上注明增值税额为3 250元，购入时发生运杂费共计4 500元（不考虑税费）。材料验收入库，甲公司开出面值为35 000元的银行汇票予以支付，多余款项已退回银行账户。

（2）15日，乙公司以投资为目的向甲公司投入X材料500千克，每千克不含税价为220元，甲公司取得增值税进项税额14 300元。假设合同约定价值与公允价值相同，乙公司在甲公司注册资本中占有的份额为100 000元。

（3）月末，发料凭证汇总表中X材料共领用300千克，其中：生产产品领用220千克，车间一般耗用50千克，行政管理部门领用20千克，销售部门领用10千克。

（4）月末，财产清查时发现因管理不善而造成盘亏材料1 000元，经查应由保管人员赔偿100元，由保险公司赔偿500元，其他损失由公司承担，款项尚未收到。

要求：根据上述资料，不考虑其他因素，分析回答下列问题。（答案中的金额单位用元表示）

1. 根据资料（1），下列各项中，甲公司会计处理正确的是（　　）。

   A. 申请签发银行汇票，增加了甲公司的其他货币资金

   B. 用银行汇票购买材料，应贷记"银行存款"科目

   C. 用银行汇票购买材料，应贷记"其他货币资金"科目

   D. 退回银行汇票时，应贷记"银行存款"科目

2. 根据资料（2），下列关于甲公司的会计处理中，正确的是（　　）。

   A. 借：原材料　　　　　　　　　　　　　　　124 300

   　　贷：实收资本　　　　　　　　　　　　　　　　　　124 300

   B. 借：原材料　　　　　　　　　　　　　　　124 300

   　　贷：实收资本　　　　　　　　　　　　　　　　　　100 000

   　　　　资本公积——资本溢价　　　　　　　　　　　　24 300

   C. 借：原材料　　　　　　　　　　　　　　　110 000

   　　　应交税费——应交增值税（进项税额）　　14 300

贷：实收资本　　　　　　　　　　　　　　　　　　124 300
D. 借：原材料　　　　　　　　　　　　　　110 000
　　　应交税费——应交增值税（进项税额）　14 300
　　　贷：实收资本　　　　　　　　　　　　　　　100 000
　　　　　资本公积——资本溢价　　　　　　　　　 24 300

3. 关于原材料的领用，下列各项中，甲公司会计处理正确的是（　　）。
   A. 生产产品领用的材料计入生产成本　　B. 车间一般耗用的材料计入制造费用
   C. 行政管理部门领用的材料计入管理费用　D. 销售部门领用的材料计入销售费用

4. 根据资料（3），下列各项中，甲公司会计处理不正确的是（　　）。
   A. 计入生产成本 44 000 元　　　B. 计入生产成本 10 000 元
   C. 计入管理费用 4 000 元　　　　D. 计入销售费用 2 000 元

5. 根据资料（4），下列各项表述不正确的是（　　）。
   A. 盘亏材料，应确认资产减值损失　B. 应收账款增加 500 元
   C. 其他应收款增加 600 元　　　　　D. 营业外支出增加 400 元

今日做题报告

做题时间： 月 日　　　　　　　　　复盘时间： 月 日

单项选择题做题数量：	准确率：
多项选择题做题数量：	准确率：
判断题做题数量：	准确率：
不定项选择题做题数量：	准确率：
总做题数量：	准确率：

需要温习的知识内容：

本日学习心得：

DAY5 非流动资产（1）

小鱼指导：

本日所做考题涉及内容为初级会计实务第四章中的固定资产、无形资产和长期待摊费用。本章绕不开的关键词是"折旧"和"摊销"，同学们一定要熟练掌握和区分固定资产的4种折旧方法，掌握了固定资产的折旧方法，无形资产摊销方法的学习也就变得简单了；另外，固定资产和无形资产的取得、后续计量和处置也是我们需要掌握的重点。本章极易出现不定项选择题，做题时一定要独立完成。本章考试的题型是单项选择题、多项选择题、判断题和不定项选择题。

任务难度：🐟🐟🐟🐟🐟　　　　　任务时间：100分钟

题型及总分：单项选择题　多项选择题　判断题　不定项选择题　　共计94分

分数标准：
- ☐ 82~94分（81分以上冲击状元）
- ☐ 70~81分（学习过关拿证不愁）
- ☐ 56~69分（查漏补缺再加把劲）
- ☐ 56分以下（重新学习，要努力了）

单项选择题

本题共17小题，每小题2分，共34分。每小题的备选答案中，只有一个符合题意的正确答案。错选、不选均不得分。

1. 2018年6月30日购入一台不需要安装的设备，原价400 000元，预计净残值40 000元，预计使用年限为8年，采用年数总和法计提折旧，2020年应计提的折旧额为（　　）元。（2020）
   A. 80 000　　　B. 70 000　　　C. 65 000　　　D. 60 000

2. 企业已有固定资产价值960万元，已经计提折旧320万元，其中包含上月已经提足折旧额仍继续使用的60万元，以及另一台设备上月已经达到预定可使用状态尚未投入使用的20万元，采用年限平均法计提折旧，月折旧率为1%，当月计提的折旧额为（　　）万元。（2019）
   A. 9.4　　　B. 9.6　　　C. 9　　　D. 8.8

3. 下列各项中，关于制造业企业出租无形资产的相关会计处理表述正确的是（　　）。（2019）
   A. 出租无形资产的收入计入主营业务收入
   B. 已出租的无形资产应停止摊销

C. 已出租的无形资产计提的摊销额应计入其他业务成本

D. 出租无形资产的收入应计入营业外收入

4. 2012年12月31日甲公司购入一台设备，入账价值为100万元，预计使用年限为5年，预计净残值为4万元，采用双倍余额递减法计算折旧，则该项设备2014年应计提的折旧额为（　　）万元。(2017)

   A. 25.6　　　　　　B. 19.2　　　　　　C. 40　　　　　　D. 24

5. 2018年12月31日，某公司下列会计科目余额为"固定资产"科目借方余额为1 000万元，"累计折旧"科目贷方余额为400万元，"固定资产减值准备"科目贷方余额为80万元，"固定资产清理"科目借方余额为20万元。2018年12月31日，该公司资产负债表中"固定资产"项目期末余额应列报的金额为（　　）万元。(2019)

   A. 620　　　　　　B. 520　　　　　　C. 540　　　　　　D. 600

6. 下列关于企业固定资产的表述中，正确的是（　　）。(2019)

   A. 经营出租的生产设备计提的折旧计入其他业务成本

   B. 当月新增的固定资产，当月开始计提折旧

   C. 生产线的日常修理费用计入在建工程

   D. 设备报废清理费计入管理费用

7. 企业扩建一条生产线，该生产线原价为1 000万元，已提折旧300万元，扩建生产线发生相关支出800万元，且满足固定资产确认条件，不考虑其他因素，该生产线扩建后的入账价值为（　　）万元。(2016)

   A. 1 000　　　　　　B. 800　　　　　　C. 1 800　　　　　　D. 1 500

8. 下列各项中，企业通过"待处理财产损溢"科目核算的业务是（　　）。(2020)

   A. 存货盘亏　　　　B. 无形资产出售　　　　C. 无形资产报废　　　　D. 固定资产减值

9. 2021年1月1日甲公司接受乙公司以一项账面价值为360万元的专利权投资，投资合同约定价值为365万元（假设与公允价值相符）。甲公司预计该专利权尚可使用年限为10年，采用直线法进行摊销。假定不考虑其他因素，则2021年甲公司该项无形资产的摊销额为（　　）万元。

   A. 13　　　　　　B. 36　　　　　　C. 25　　　　　　D. 36.5

10. 下列各项中，关于无形资产摊销的表述正确的是（　　）。(2019)

    A. 使用寿命不确定的无形资产按月进行摊销

    B. 使用寿命有限的无形资产自可供使用的次月起开始摊销

    C. 无形资产的摊销方法应反映其经济利益的预期实现方式

    D. 无形资产的摊销额均应计入当期损益

11. 某公司自行研发非专利技术，共发生支出 460 万元，其中，研究阶段发生支出 160 万元；开发阶段发生支出 300 万元，符合资本化条件的支出为 180 万元。不考虑其他因素，该研发活动应计入当期损益的金额为（　　）万元。(2019)

    A. 340　　　　　　　B. 160　　　　　　　C. 280　　　　　　　D. 180

12. 某公司因自然灾害造成一台旧设备毁损报废，取得价款 100 万元，发生清理费用 5 万元，该设备原值为 200 万元，已计提折旧 60 万元。假定不考虑其他因素，报废该设备影响当期损益的金额为（　　）。(2018)

    A. -40 万元　　　　B. -50 万元　　　　C. -45 万元　　　　D. 50 万元

13. 下列各项中，应计入长期待摊费用的是（　　）。(2018)

    A. 生产车间固定资产日常修理费　　　　B. 生产车间固定资产更新改造支出
    C. 经营租赁方式租入固定资产改良支出　　D. 融资租赁方式租入固定资产改良支出

14. 2018 年 7 月，某制造业企业转让一项专利权，开具增值税专用发票上注明的价款为 100 万元，增值税税额为 6 万元，全部款项已存入银行。该专利权成本为 200 万元，已摊销 150 万元。不考虑其他因素，该企业转让专利权对利润总额的影响金额为（　　）万元。(2018)

    A. -100　　　　　　B. 50　　　　　　　C. 56　　　　　　　D. -94

15. 某企业对生产设备进行改良，发生资本化支出共计 30 万元，被替换旧部件的账面原值为 10 万元，该设备原价为 500 万元，已计提折旧 300 万元。不考虑其他因素，该设备改良后的入账价值为（　　）万元。(2017)

    A. 236　　　　　　　B. 230　　　　　　　C. 220　　　　　　　D. 226

16. 2016 年 1 月 1 日，某企业开始自行研究开发一套软件，研究阶段发生支出 80 万元，开发阶段发生支出 150 万元，其中 30 万元不满足资本化条件。7 月 15 日，该软件开发完成并依法申请专利，支付相关手续费 2 万元。不考虑其他因素，该项无形资产的入账价值为（　　）万元。(2017)

    A. 202　　　　　　　B. 122　　　　　　　C. 120　　　　　　　D. 230

17. 资产减值影响因素消失后，下列资产中，已确认的减值损失应在其已计提的减值准备金额内转回的是（　　）。(2016)

    A. 存货　　　　　　B. 无形资产　　　　C. 交易性金融资产　　D. 固定资产

多项选择题

本题共 6 小题，每小题 2 分，共 12 分。每小题的备选答案中，有两个或两个以上符合题意的正确答案。请至少选择两个答案，全部选对得满分，少选得相应分值，多选、错选、不选均不得分。

1. 某公司为增值税一般纳税人，2017 年 1 月 4 日购入一项无形资产，取得增值税专用发票注明价款为 880 万元，增值税税额为 52.8 万元。该无形资产预计使用年限为 5 年，按年进行摊销，预计残值为 0。下列关于该无形资产的会计处理中，正确的有（　　）。(2018)

   A. 2017 年 1 月 4 日取得该项无形资产的成本为 880 万元

   B. 该项无形资产自 2017 年 2 月起开始摊销

   C. 该无形资产的应计摊销额为 932.8 万元

   D. 2017 年 12 月 31 日该项无形资产的累计摊销额为 176 万元

2. 下列与购建固定资产相关的各项支出中，构成一般纳税人固定资产入账价值的有（　　）。

   A. 契税

   B. 车辆购置税

   C. 进口设备的关税

   D. 自营在建工程达到预定可使用状态前发生的借款利息（符合资本化条件）

3. 关于固定资产的使用寿命、预计净残值和折旧方法，下列说法中正确的有（　　）。

   A. 使用寿命预计数与原先估计数有差异的，应当调整固定资产使用寿命

   B. 预计净残值预计数与原先估计数有差异的，应当调整预计净残值

   C. 固定资产折旧方法的改变应当作为会计政策变更

   D. 企业至少应当于每年年度终了，对固定资产的使用寿命、预计净残值和折旧方法进行复核

4. 采用自营方式建造固定资产的情况下，下列项目中应计入固定资产成本的有（　　）。

   A. 工程耗用原材料

   B. 工程人员的工资

   C. 工程领用本企业的商品实际成本

   D. 企业行政管理部门为组织和管理生产经营活动而发生的管理费用

5. 下列各项中，需要计提折旧的有（　　）。(2020)

   A. 大修理期间停用的机器设备 B. 季节性停用的生产线

   C. 单独计价入账的土地 D. 已提足折旧仍继续使用的运货卡车

6. 2017 年 12 月 1 日，某企业购入一台设备，其原价为 1 800 万元，预计使用年限为 6 年，预计净残值为 5 万元，采用双倍余额递减法计提折旧。下列各项中，该企业采用双倍余额递减法计提折旧的结果表述正确的有（　　）。(2018)

   A. 应计提折旧总额为 1 795 万元 B. 2018 年折旧额为 600 万元

   C. 年折旧率为 33.33% D. 2019 年折旧额为 400 万元

判断题

本题共 8 小题，每小题 1 分，共 8 分。请判断每小题的表述是否正确。每小题答题正确的得 1 分，错答、不答均不得分，也不扣分。

1. 已达到预定可使用状态按暂估价值确定的固定资产在办理竣工决算后，应按实际成本调整原来估计的价值，但不需要调整原已计提折旧额。（　　）（2019）
2. 管理不善导致的固定资产盘亏损失计入管理费用。（　　）（2019）
3. 达到预定可使用状态前的固定资产不予以资本化的利息支出应计入财务费用。（　　）（2017）
4. 经营租赁租入固定资产的改良支出计入管理费用。（　　）（2017）
5. 企业出售自用房屋应交的相关清理费用记入"固定资产清理"科目的借方。（　　）（2017）
6. 企业发生固定资产改扩建支出且符合资本化条件的，应计入相应在建工程成本。（　　）（2016）
7. 企业对固定资产进行更新改造时，应将该固定资产的账面价值转入在建工程，并将被替换部件的原值冲减在建工程。（　　）（2020）
8. 固定资产在资产负债表日存在可能发生减值的迹象时，其可收回金额低于账面价值的，企业应当将该固定资产的账面价值减记至可收回金额。（　　）（2021）

不定项选择题

本题共 20 小题，每小题 2 分，共 40 分。每小题的备选答案中，有一个或一个以上符合题意的正确答案。每小题全部选对得满分，少选得相应分值，多选、错选、不选均不得分。

第 1 题

甲企业为增值税一般纳税人，2019 年 12 月发生的有关经济业务如下：

（1）2 日，企业自行开发的一项用地行政部门管理的 M 非专利技术的研发活动结束，达到预定用途。其中，研究阶段自 2019 年 1 月 1 日开始至 6 月 30 日结束，共发生支出 600 000 元，不符合资本化确认条件；开发阶段自 2019 年 7 月 1 日开始至 12 月 2 日结束，共发生支出 300 000 元，全部符合资本化确认条件。企业预计 M 非专利技术的受益年限为 5 年，残值为零，采用直线法进行摊销。

（2）10 日，购入一台不需要安装的 N 机器设备，取得经税务机关认证的增值税专用发票注明的价款为 800 000 元，增值税税额为 104 000 元，款项尚未支付。

（3）12 日，N 机器设备运达并交付使用。以银行存款支付 N 设备运输费，取得经税务机关认证的增值税专用发票上注明的运输费为 3 000 元，增值税税额为 270 元。

要求：根据上述资料，不考虑其他因素，分析回答下列小题。（2019）（答案中的金额单位用元表示）

1. 根据资料（1），下列各项中，关于 M 非专利技术研发支出的会计科目处理表述正确的是（　　）。
   A. 12 月 2 日一次性将"研发支出——费用化支出"科目归集金额 600 000 元转入"管理费用"科目

B. 6月30日之前发生的研发支出在发生时记入"研发支出——费用化支出"科目共计600 000元

C. 12月2日一次性将"研发支出——资本化支出"科目归集金额300 000元转入"无形资产"科目

D. 7月至12月发生的研发支出在发生时记入"研发支出——资本化支出"科目共计300 000元

2. 根据资料（1），下列各项中，关于M非专利技术摊销的会计处理表述正确的是（　　）。

  A. 应自2020年1月起开始计提摊销

  B. 计提的摊销额应计入管理费用

  C. 2019年12月M非专利技术的摊销金额为5 000元

  D. 2019年12月M非专利技术的摊销金额为15 000元

3. 根据资料（2）和（3），下列各项中，关于N设备的会计科目处理表述正确的是（　　）。

  A. 支付运输费3 000元记入"在建工程"科目借方

  B. 月末将"在建工程"科目借方金额3 000元转入"固定资产"科目

  C. 支付运输费3 000元记入"固定资产"科目借方

  D. 购进设备价款800 000元记入"固定资产"科目借方

4. 根据资料（2）和（3），下列各项中，关于购进N设备的会计科目处理正确的是（　　）。

  A. 借记"应交税费——应交增值税（进项税额）"科目104 000元

  B. 借记"应交税费——应交增值税（进项税额）"科目104 270元

  C. 借记"固定资产"科目803 000元

  D. 借记"固定资产"科目800 000元

5. 根据资料（1）至（3），该企业2019年12月31日资产负债表中"固定资产"项目和"无形资产"项目"期末余额"栏增加的金额分别是（　　）。

  A. 800 000元和295 000元　　　　　　B. 803 000元和295 000元

  C. 800 000元和900 000元　　　　　　D. 803 000元和300 000元

第2题

某公司为增值税一般纳税人，采用年限平均法计提固定资产折旧。2020年该公司中央冷却系统的压缩机老化，公司决定予以更新，有关经济业务或事项如下：

（1）3月3日，停止使用中央冷却系统，更新改造工程开工。该系统原价（含压缩机）2 400万元，预计使用年限为20年，预计净残值为0，已计提122个月的折旧，累计折旧金额1 220万元（含本月应计提折旧），未计提资产减值准备。不单独计价核算的压缩机原值为480万元。

（2）3月10日，购入新压缩机作为工程物资入账，取得增值税专用发票注明的价款为600万元，增值税税额为78万元；支付运费，取得增值税专用发票注明的运输费为10万元，增值税税额为0.9万元，全部款项以银行存款付讫。3月15日，工程安装新的压缩机，替换下的旧压缩机报废且无残值收入。同日，工程领用原材料一批，该批材料成本为30万元，相关增值税专用发票上注明的增值税额为 3.9 万元，该批材料市场价格（不含增值税）为 34 万元。

（3）4月2日，以银行存款交付工程安装费，取得的增值税专用发票上注明的安装费为 36 万元，增值税税额为 3.24 万元。同日，工程完工达到预定可使用状态并交付使用。

要求：根据上述资料，不考虑其他因素，分析回答下列小题。（答案中的金额单位用万元表示）

1. 根据资料（1），下列各项中，中央冷却系统停止使用转入更新改造的会计处理正确的是（　　）。

   A. 借记"在建工程"科目 1 180 万元
   B. 贷记"固定资产"科目 2 400 万元
   C. 借记"累计折旧"科目 1 220 万元
   D. 借记"固定资产清理"科目 1 210 万元

2. 根据资料（1）和（2），下列各项中，终止确认旧压缩机的会计处理正确的是（　　）。

   A. 贷记"在建工程"科目 236 万元
   B. 贷记"固定资产"科目 480 万元
   C. 借记"固定资产清理"科目 244 万元
   D. 借记"营业外支出"科目 236 万元

3. 根据资料（1）和（2），下列各项中，更新改造过程中安装新压缩机和领用原材料的会计处理正确的是（　　）。

   A. 安装新压缩机时：
      借：在建工程　　　　　　　　　　　　　610
      　　贷：工程物资　　　　　　　　　　　　　　610

   B. 领用原材料时：
      借：在建工程　　　　　　　　　　　　　34
      　　应交税费——应交增值税（进项税额）　4.42
      　　贷：原材料　　　　　　　　　　　　　　　38.42

   C. 领用原材料时：
      借：在建工程　　　　　　　　　　　　　33.9
      　　贷：原材料　　　　　　　　　　　　　　　30
      　　　　应交税费——应交增值税（进项税额转出）　3.9

   D. 领用原材料时：
      借：在建工程　　　　　　　　　　　　　30
      　　贷：原材料　　　　　　　　　　　　　　　30

4. 根据资料（3），下列各项中，支付工程安装费的会计处理正确的是（　　）。

   A. 借记"在建工程"科目 39.24 万元
   B. 贷记"银行存款"科目 39.24 万元
   C. 借记"应交税费——应交增值税（进项税额）"科目 3.24 万元
   D. 借记"在建工程"科目 36 万元

5. 根据资料（1）至（3），中央冷却系统更新改造后的入账价值为（　　）万元。

   A. 1 856　　　　B. 1 620　　　　C. 1 698.9　　　　D. 1 584

第 3 题

甲企业为增值税一般纳税人，适用的增值税税率为 13%，因保管车辆的需要，2020 年 1 月该企业决定采用自营方式建造一个车库。相关资料如下：

（1）2020 年 1 月至 6 月，购入车库工程物资 100 万元，增值税税额为 13 万元；发生运输费用 5 万元，增值税税额为 0.45 万元；全部款项以银行存款付讫。施工期间，购入的工程物资全部用于工程建设；确认的工程人员薪酬为 30 万元；支付其他直接费用 39 万元；领用本企业生产的水泥一批，该批水泥的成本为 20 万元，公允价值为 30 万元。

（2）2020 年 6 月 30 日，车库达到预定可使用状态，预计可使用 20 年，预计净残值为 2 万元，采用直线法计提折旧。

（3）2022 年 6 月 30 日，董事会决定将该车库进行改扩建，当日领用本企业外购原材料一批，成本为 15 万元，领用本企业自产产品一批，成本为 50 万元，公允价值为 60 万元。

（4）2022 年 12 月 31 日，车库改扩建完成，支付工程款取得增值税专用发票注明的价款 30 万元，增值税税额为 2.7 万元。

要求：根据上述资料，不考虑其他因素，分析回答下列小题。（答案中的金额单位用万元表示）

1. 根据资料（1），下列各项中，甲企业购入工程物资的入账成本是（　　）万元。
   A. 118.45　　　　B. 105.45　　　　C. 113　　　　D. 105

2. 根据资料（1），下列各项中，甲企业建造车库领用自产水泥的会计处理正确的是（　　）。

   A. 借：在建工程　　　　　　　　　　　　　　　　33.9
      　　贷：主营业务收入　　　　　　　　　　　　　　　　　30
      　　　　应交税费——应交增值税（销项税额）　　　　　3.9
      借：主营业务成本　　　　　　　　　　　　　　20
      　　贷：库存商品　　　　　　　　　　　　　　　　　　20

   B. 借：在建工程　　　　　　　　　　　　　　　　20
      　　贷：库存商品　　　　　　　　　　　　　　　　　　20

   C. 借：在建工程　　　　　　　　　　　　　　　　22.6
      　　贷：库存商品　　　　　　　　　　　　　　　　　　20
      　　　　应交税费——应交增值税（进项税额转出）　　　2.6

   D. 借：在建工程　　　　　　　　　　　　　　　　23.9
      　　贷：库存商品　　　　　　　　　　　　　　　　　　20
      　　　　应交税费——应交增值税（销项税额）　　　　　3.9

3. 根据资料（1）至（2），下列各项中，关于该车库 2020 年的有关会计处理结果正确的是（　　）。
   A. 入账价值为 194 万元　　　　　　　B. 当年计提折旧 5.05 万元
   C. 当年计提折旧 4.8 万元　　　　　　D. 年末账面价值为 198.95 万元

4. 根据资料（1）至（3），下列各项中，甲企业2022年将该车库改扩建的会计处理正确的是（　　）。

   A. 转入在建工程：
      借：在建工程　　　　　　　　　　　　　　　174.8
      　　累计折旧　　　　　　　　　　　　　　　 19.2
      　　贷：固定资产　　　　　　　　　　　　　　　　　　194

   B. 领用外购原材料时：
      借：在建工程　　　　　　　　　　　　　　　15
      　　贷：原材料　　　　　　　　　　　　　　　　　　　15

   C. 将原材料进项税额转出时：
      借：在建工程　　　　　　　　　　　　　　　1.95
      　　贷：应交税费——应交增值税（进项税额转出）　　　1.95

   D. 领用本企业自产产品时：
      借：在建工程　　　　　　　　　　　　　　　50
      　　贷：库存商品　　　　　　　　　　　　　　　　　　50

5. 根据资料（1）至（4），2022年12月31日车库完成改扩建后的入账金额为（　　）万元。
   A. 279.8　　　　B. 271.33　　　　C. 272.35　　　　D. 269.8

第4题

甲公司为增值税一般纳税人，2019年发生的与无形资产相关的经济业务如下：

（1）5月10日，自行研发某项行政管理非专利技术。截至5月31日，用银行存款支付研发费用50 000元，相关支出不符合资本化条件，经测试该项研发活动完成了研究阶段。

（2）6月1日，该项研发活动进入开发阶段，该阶段发生研发人员薪酬500 000元，支付其他研发费用100 000元，取得经税务机关认证的增值税专用发票注明的税额13 000元，全部符合资本化条件。

（3）9月5日，该项研发活动结束，经测试达到预定技术标准，形成一项非专利技术并投入使用，该项非专利技术预计使用年限为5年，采用直线法摊销。

（4）12月1日，将上述非专利技术出租给乙公司，双方约定的转让期限为2年。月末，甲公司收取当月租金收入20 000元，增值税税额为1 200元，款项存入银行。

要求：根据上述资料，不考虑其他因素，分析回答下列小题。（2020）

1. 根据资料（1），关于甲公司研发费用的会计处理正确的是（　　）。
   A. 支付时记入"研发支出——费用化支出"科目
   B. 支付时记入"管理费用"科目
   C. 期末将"研发支出——费用化支出"科目的余额转入"管理费用"科目

D. 支付时记入"研发支出——资本化支出"科目

2. 根据资料（1）至（3），甲公司自行研发非专利技术的入账金额是（　　）元。

   A. 663 000　　　　　　B. 650 000　　　　　　C. 613 000　　　　　　D. 600 000

3. 根据资料（1）至（4），甲公司12月份出租非专利技术的账务处理正确的是（　　）。

   A. 收取租金时：

   借：银行存款　　　　　　　　　　　　　　　　　　21 200
   　　贷：营业外收入　　　　　　　　　　　　　　　　　　　　　　20 000
   　　　　应交税费——应交增值税（销项税额）　　　　　　　　　　1 200

   B. 计提摊销时：

   借：管理费用　　　　　　　　　　　　　　　　　　10 000
   　　贷：累计摊销　　　　　　　　　　　　　　　　　　　　　　　10 000

   C. 收取租金时：

   借：银行存款　　　　　　　　　　　　　　　　　　21 200
   　　贷：其他业务收入　　　　　　　　　　　　　　　　　　　　　20 000
   　　　　应交税费——应交增值税（销项税额）　　　　　　　　　　1 200

   D. 计提摊销时：

   借：其他业务成本　　　　　　　　　　　　　　　　10 000
   　　贷：累计摊销　　　　　　　　　　　　　　　　　　　　　　　10 000

4. 根据资料（1）至（4），上述业务对甲公司2019年利润表项目的影响正确的是（　　）。

   A. "研发费用"项目增加80 000元　　　　　　B. "营业收入"项目增加20 000元
   C. "营业成本"项目增加10 000元　　　　　　D. "管理费用"项目增加30 000元

5. 根据资料（1）至（4），年末甲公司该项非专利技术的账面价值是（　　）元。

   A. 600 000　　　　　　B. 560 000　　　　　　C. 700 000　　　　　　D. 570 000

微信扫码，听基础课程

DAY5 非流动资产（1）

今日做题报告

做题时间： 月 日　　　　　　　　复盘时间： 月 日

单项选择题做题数量：	准确率：
多项选择题做题数量：	准确率：
判断题做题数量：	准确率：
不定项选择题做题数量：	准确率：
总做题数量：	准确率：

需要温习的知识内容：

本日学习心得：

DAY6 非流动资产（2）

小鱼指导：

本日所做考题的内容是初级会计实务第四章的长期股权投资、投资性房地产和生物性资产，属于2022年新增内容，2023年的初级会计实务官方教材对这些内容进行了细化，学习起来有很大的难度。这部分考试的题型是单项选择题、多项选择题、判断题和不定项选择题。

任务难度：🐟🐟🐟🐟　　　　　　任务时间：90分钟

题型及总分：单项选择题　多项选择题　判断题　不定项选择题　　共计83分

分数标准：☐ 72~83分（71分以上冲击状元）　　☐ 62~71分（学习过关拿证不愁）
　　　　　☐ 50~61分（查漏补缺再加把劲）　　☐ 50分以下（重新学习，要努力了）

单项选择题

本题共18小题，每小题2分，共36分。每小题的备选答案中，只有一个符合题意的正确答案。错选、不选均不得分。

1. 某企业2019年12月31日固定资产的账户余额为3 000万元，累计折旧的账户余额为750万元，固定资产减值准备的账户余额为200万元，固定资产清理的账户借方余额为30万元，在建工程的账户余额为500万元。该企业2019年12月31日，资产负债表中"固定资产"项目的金额为（　　）万元。(2019)

   A. 2 580　　　　　B. 2 050　　　　　C. 2 080　　　　　D. 2 020

2. 某企业一台生产设备原价为1 200万元，预计净残值为40.03万元，预计可使用6年，采用双倍余额递减法计提折旧。至2018年12月31日，该设备已使用4年，账面净值为237.03万元，未计提固定资产减值准备。不考虑其他因素，该设备2019年应计提的折旧额为（　　）万元。(2019)

   A. 193.33　　　　B. 118.52　　　　C. 177.78　　　　D. 98.5

3. 某公司 2021 年 3 月 15 日购入 M 公司发行在外的普通股股票作为交易性金融资产核算。购买时支付价款 1 100 万元（其中包括已宣告但尚未发放的现金股利 100 万元），交易费用 20 万元，至 2021 年 6 月 30 日，该股票的公允价值为 1 200 万元。2021 年 8 月 19 日某公司将持有的 M 公司的股票全部出售，收取价款为 1 210 万元，则在处置时应当确认的投资收益为（　　）万元。(2019)

　　A. 10　　　　　　B. 110　　　　　　C. 80　　　　　　D. 130

4. 2021 年 1 月 1 日，A 公司溢价购入乙公司当日发行的 5 年期到期一次还本付息债券，A 公司根据其管理该债券的业务模式和该债券的合同现金流量特征，将其作为债权投资进行核算，并于每年年末计提利息。2021 年末，A 公司按照票面利率确认应计利息 690 万元，利息调整的摊销额为 20 万元，A 公司 2021 年末对该债券投资应确认投资收益的金额为（　　）万元。

　　A. 670　　　　　　B. 710　　　　　　C. 20　　　　　　D. 690

5. 2020 年 1 月 1 日，甲公司以一台设备作为对价取得乙公司 70% 的股权，能够控制乙公司的生产经营决策，甲公司和乙公司在此次合并之前，不存在关联方关系。该设备的原值为 2 000 万元，已累计计提折旧 800 万元，未计提减值准备，公允价值为 2 200 万元。2020 年 5 月 21 日，乙公司宣告分配的现金股利为 4 000 万元。2020 年度，乙公司实现的净利润为 4 000 万元。不考虑其他因素，甲公司 2020 年度取得及持有该项长期股权投资对损益的影响金额是（　　）万元。

　　A. 7 000　　　　　B. 1 000　　　　　C. 2 800　　　　　D. 3 800

6. 甲公司 2021 年 4 月 1 日购入乙公司股权进行投资，占乙公司 65% 的股权，支付价款 500 万元，取得该项投资后，甲公司能够控制乙公司。乙公司于 2021 年 4 月 20 日宣告分派现金股利 100 万元，乙公司 2021 年实现净利润 200 万元（其中 1—3 月份实现净利润 50 万元），假设无其他影响乙公司所有者权益变动的事项。甲公司该项投资 2021 年 12 月 31 日的账面价值为（　　）万元。

　　A. 565　　　　　　B. 500　　　　　　C. 497　　　　　　D. 504.5

7. A 公司于 2021 年 1 月 20 日以银行存款 7 000 万元自其母公司处购入 B 公司 80% 的股权并取得其控制权。取得该股权时，B 公司相对于集团最终控制方而言的净资产账面价值为 10 000 万元（原母公司未确认商誉），公允价值为 15 000 万元。2022 年 1 月 20 日 B 公司宣告分配现金股利 2 000 万元，2022 年 1 月 25 日实际发放现金股利。2022 年 9 月 20 日 A 公司将其股权全部出售，收到价款 9 000 万元。下列有关 A 公司该项长期股权投资会计处理的表述中，不正确的是（　　）。

　　A. 初始投资成本为 8 000 万元

　　B. B 公司宣告分配现金股利时，A 公司应冲减长期股权投资的账面价值 1 600 万元

　　C. 处置 B 公司股权前长期股权投资的账面价值为 8 000 万元

　　D. 处置 B 公司股权确认的投资收益为 1 000 万元

8. 甲公司通过定向增发普通股，取得乙公司30%的股权。该项交易中，甲公司定向增发股份的数量为2 100万股（每股面值1元，公允价值为2元），发行股份过程中向证券承销机构支付佣金及手续费共计60万元。除发行股份外，甲公司还承担了乙公司原债务660万元（未来现金流量现值）。取得投资时，乙公司股东大会已通过利润分配方案，甲公司可取得230万元。取得投资后，甲公司能对乙公司施加重大影响。甲公司对乙公司长期股权投资的初始投资成本是（　　）万元。

   A. 4 530　　　　　B. 4 630　　　　　C. 4 680　　　　　D. 4 570

9. 丙公司为甲、乙公司的母公司，2021年1月1日，甲公司以银行存款6 800万元取得乙公司60%有表决权的股份，另以银行存款150万元支付与合并直接相关的中介费用，支付50万元律师、会计师尽职调查费用。当日办妥相关股权划转手续后，取得了乙公司的控制权；乙公司在丙公司合并财务报表中的净资产账面价值为8 000万元。不考虑其他因素，甲公司该项长期股权投资在合并日的初始投资成本为（　　）万元。

   A. 6 950　　　　　B. 6 800　　　　　C. 4 800　　　　　D. 8 000

10. 2021年1月1日，甲公司以定向增发股票的方式购买同一集团内乙公司持有的A公司60%股权，能够控制A公司。为取得该股权，甲公司增发1 200万股普通股股票，每股面值为1元，每股公允价值为7元；另支付承销商佣金150万元，支付律师尽职调查费用50万元。取得该股权时，A公司在最终控制方合并财务报表中的净资产的账面价值为10 000万元，可辨认净资产公允价值为13 000万元。甲公司和A公司采用的会计政策及会计期间相同，不考虑其他因素，甲公司取得该股权投资时应确认的"资本公积——股本溢价"为（　　）万元。

    A. 6 000　　　　　B. 4 650　　　　　C. 4 800　　　　　D. 7 800

11. 甲公司为一家上市公司，2021年2月1日，甲公司向乙公司股东发行股份1 000万股（每股面值1元）作为支付对价，取得乙公司20%的股权。当日，乙公司净资产账面价值为9 000万元，可辨认净资产公允价值为16 000万元，甲公司所发行股份的公允价值为3 000万元，为发行该股份，甲公司向证券承销机构支付300万元的佣金和手续费，取得股权后甲公司能够对乙公司施加重大影响。取得股权日，甲公司对乙公司长期股权投资的账面价值是（　　）万元。

    A. 3 000　　　　　B. 3 600　　　　　C. 3 200　　　　　D. 3 400

12. 非同一控制下的企业合并，合并发生的审计、法律服务、评估咨询等中介费用以及其他相关管理费用，应计入（　　）。

    A. 当期损益　　　　　　　　　　　B. 长期股权投资初始确认成本
    C. 其他资本公积　　　　　　　　　D. 投资收益

13. 关于成本模式计量的投资性房地产，下列说法中不正确的是（　　）。

    A. 租金收入通过"其他业务收入"等科目核算
    B. 在每期计提折旧或者摊销时，计提的折旧和摊销金额需要记入"其他业务成本"科目
    C. 发生减值时，需要将减值的金额记入"资产减值损失"科目

D. 可以一部分使用为公允价值模式进行后续计量，另一部分使用成本模式进行后续计量

14. 甲公司持有一项投资性房地产，该项投资性房地产于 2021 年 12 月 31 日取得，原价 1 000 万元，预计使用 20 年，预计净残值为 0，采用年限平均法计提折旧。2022 年 12 月 31 日其公允价值为 1 380 万元，该项投资性房地产每月取得租金收入 6 万元，2023 年 12 月 31 日其公允价值为 1 385 万元，甲公司对投资性房地产采用成本模式进行后续计量。不考虑其他因素影响，则该项投资性房地产对甲公司 2023 年利润总额的影响金额为（　　）万元。
    A. 22   B. 27   C. 23.4   D. -23.4

15. 2021 年 12 月 31 日，甲公司以银行存款 10 000 万元外购一栋写字楼并立即出租给乙公司使用，租期 5 年，每年末收取租金 1 000 万元。该写字楼的预计使用年限为 20 年，预计净残值为零，采用年限平均法计提折旧。甲公司对投资性房地产采用成本模式进行后续计量。2022 年 12 月 31 日，该写字楼出现减值迹象，可收回金额为 9 200 万元。不考虑其他因素，与该写字楼相关的交易或事项对甲公司 2022 年度营业利润的影响金额为（　　）万元。
    A. 400   B. 800   C. 200   D. 1 000

16. 企业对采用成本模式进行后续计量的投资性房地产取得的租金收入，应贷记的科目是（　　）。
    A. 营业外收入   B. 其他综合收益   C. 其他业务收入   D. 投资收益

17. 房地产开发企业将作为存货的商品房转换为采用公允价值模式进行后续计量的投资性房地产时，转换日商品房公允价值小于账面价值的差额应当计入（　　）。
    A. 其他综合收益   B. 投资收益   C. 其他业务收入   D. 公允价值变动损益

18. 甲公司 2020 年 2 月 1 日购入一栋办公楼用于对外出租，支付购买价款 2 200 万元。甲公司预计该办公楼可以使用 20 年，预计净残值率为 5%，采用年限平均法计提折旧。2020 年 12 月 31 日该办公楼的可收回金额为 2 000 万元，假定不考虑增值税等其他因素，甲公司取得办公楼当日直接对外出租，且采用成本模式进行后续计量，下列各项说法中正确的是（　　）。
    A. 购入办公楼应作为固定资产核算
    B. 办公楼折旧金额计入管理费用
    C. 当年应计提的折旧金额为 87.08 万元
    D. 办公楼在 2020 年 12 月 31 日的账面价值为 2 112.92 万元

多项选择题

本题共 9 小题，每小题 2 分，共 18 分。每小题的备选答案中，有两个或两个以上符合题意的正确答案。请至少选择两个答案，全部选对得满分，少选得相应分值，多选、错选、不选均不得分。

1. 下列各项中，事业单位通过"待处理财产损溢"科目核算的有（　　）。（2019）
    A. 固定资产对外捐赠   B. 固定资产毁损
    C. 固定资产出售   D. 固定资产盘盈

2. 2021年1月1日，甲公司以银行存款3 950万元取得乙公司30%的股份，另以银行存款50万元支付了与该投资直接相关的手续费，相关手续于当日完成，能够对乙公司施加重大影响。当日，乙公司可辨认净资产的公允价值为14 000万元。各项可辨认资产、负债的公允价值均与其账面价值相同。乙公司2021年实现净利润2 000万元，其他债权投资的公允价值上升100万元（即乙公司其他综合收益增加100万元）。不考虑其他因素，下列各项中，甲公司2021年与该投资相关的会计处理中，正确的有（　　）。

   A. 长期股权投资的入账价值为4 200万元

   B. 长期股权投资的入账价值为3 950万元

   C. 确认其他综合收益30万元

   D. 确认营业外收入250万元

3. 下列各项中会引起长期股权投资账面价值发生增减变动的有（　　）。

   A. 采用成本法核算的长期股权投资，持有期间被投资单位宣告分派现金股利

   B. 采用权益法核算的长期股权投资，持有期间被投资单位宣告分派现金股利

   C. 采用权益法核算的长期股权投资，被投资单位实现净利润

   D. 采用权益法核算的长期股权投资，被投资单位接受其他股东的资本性投入

4. 采用权益法核算的长期股权投资，下列各项中，不会引起其账面价值发生变动的有（　　）。

   A. 收到被投资单位分配的股票股利

   B. 被投资单位其他综合收益变动

   C. 被投资单位因重大会计差错、会计政策变更而调整前期留存收益

   D. 被投资单位盈余公积转增股本

5. 下列有关投资性房地产的定义与特征的表述中，正确的有（　　）。

   A. 投资性房地产是为赚取租金或资本增值，或者两者兼有而持有的房地产

   B. 投资性房地产应当能够单独计量和出售

   C. 已出租的土地使用权确认为投资性房地产的时点一般为租赁期开始日

   D. 投资性房地产有成本模式和公允价值模式两种计量模式

6. 下列各项资产中属于投资性房地产的有（　　）。

   A. 用于生产的厂房

   B. 持有并准备增值后转让的土地使用权

   C. 赚取租金或资本增值或两者兼有而持有的房地产

   D. 准备对外出租的房地产

7. 甲公司与乙公司签订合同，将其一栋办公楼于2020年6月30日经营出租给乙公司，租期2年，年租金150万元，每半年支付一次。当日，该办公楼的公允价值为4 000万元。该办公楼取得时原价为5 000万元，截至出租时已计提折旧2 000万元，未计提减值准备。甲公司对投资性房地

产采用公允价值模式进行后续计量。不考虑相关税费及其他因素的影响，下列关于甲公司会计处理的表述中，正确的有（   ）。

A. 甲公司2020年应确认租金收入100万元
B. 2020年6月30甲公司应确认其他综合收益1 000万元
C. 2020年6月30甲公司应确认投资性房地产4 000万元
D. 2020年6月30甲公司应确认公允价值变动损益1 000万元

8. 企业将自用房地产转换为以公允价值模式计量的投资性房地产时，转换日公允价值与原账面价值的差额，可能影响的财务报表项目有（   ）。

A. 留存收益   B. 投资收益   C. 公允价值变动损益   D. 其他综合收益

9. 下列各项中，达到预定生产经营目的前发生的（   ）计入自行营造的林木类生产性生物资产的成本。

A. 造林费   B. 抚育费   C. 良种试验费   D. 调查设计费

判断题

本题共9小题，每小题1分，共9分。请判断每小题的表述是否正确。每小题答题正确的得1分，错答、不答均不得分，也不扣分。

1. 小企业实际发生的长期债券投资损失，应计入其他业务支出。（   ）

2. 小企业债权投资的后续计量应采用直线法。（   ）

3. 权益法核算的长期股权投资初始投资成本小于投资时应享有被投资方可辨认净资产公允价值份额的，应调整初始投资成本，同时确认营业外收入。（   ）

4. 购买方作为合并对价发行权益性证券的发行费用，应当冲减资本公积（资本溢价或股本溢价），资本公积（资本溢价或股本溢价）不足冲减的，依次冲减盈余公积和未分配利润。（   ）

5. 同一控制下的企业合并，合并成本为合并方在合并日为取得对被合并方的控制权而付出的资产、发生或承担的负债以及发行权益性证券的公允价值。（   ）

6. 企业租入后再转租给其他单位的土地使用权，应当确认为投资性房地产。（   ）

7. 企业将其拥有的办公大楼由自用转为收取租金收益时，应将其转为投资性房地产。（   ）

8. 自行营造的林木类生产性生物资产的成本，包括达到预定生产经营目的后发生的造林费、抚育费、营林设施费、良种试验费、调查设计费和应分摊的间接费用等必要支出。（   ）

9. 生物资产在郁闭或达到预定生产经营目的后发生的管护、饲养费用等后续支出，应当计入当期损益。（   ）

不定项选择题

本题共10小题，每小题2分，共20分。每小题的备选答案中，有一个或一个以上符合题意的正确答案。每小题全部选对得满分，少选得相应分值，多选、错选、不选均不得分。

第1题

甲公司2020年度进行了如下投资：

（1）甲公司和A公司为同一母公司最终控制下的两家公司。2020年1月1日，甲公司向其母公司支付现金500万元，取得母公司拥有A公司100%的股权，于当日起能够对A公司实施控制。合并日A公司的净资产账面价值为450万元。合并后A公司仍维持其独立法人的地位继续经营。甲公司和A公司合并前采用的会计政策相同。

（2）2月10日，委托证券公司从二级市场购入B公司股票400万股，支付价款1 224万元（含已宣告但尚未发放的现金股利24万元），另支付相关交易费用8万元。甲公司取得B公司股票后，将其作为交易性金融资产核算。2月18日，收到价款中包含的现金股利24万元。

（3）7月1日，购入C公司股票580万股，支付价款4 600万元，每股价格中包含已宣告但尚未发放的现金股利0.25元。占C公司有表决权股份的25%，对C公司的财务和经营决策具有重大影响，甲公司将其作为长期股权投资核算。同日C公司净资产的账面价值（与其公允价值不存在差异）为18 000万元。2020年7月1日至12月31日，C公司实现净利润600万元，发放现金股利400万元。

（4）12月31日，甲公司将持有的C公司股票出售，取得价款5 000万元。

要求：根据上述资料，不考虑其他相关因素，分析回答下列小题。（2022）（答案中的金额单位用万元表示）

1. 根据资料（1），有关甲公司的账务处理正确的是（   ）。
   A. 借记"长期股权投资"450万元
   B. 借记"长期股权投资"500万元
   C. 借记"资本公积——股本溢价"50万元
   D. 贷记"资本公积——股本溢价"50万元

2. 根据资料（2），交易性金融资产入账价值为（   ）万元。
   A. 1 224   B. 1 200   C. 1 208   D. 1 232

3. 根据资料（3），针对甲公司长期股权投资说法正确的是（   ）。
   A. 长期股权投资入账价值为4 500万元
   B. 应确认投资收益180万元
   C. 应确认其他综合收益100万元
   D. 12月31日账面价值4 712万元

4. 根据资料（3），甲公司持有C公司长期股权投资账务处理正确的是（   ）。
   A. 长期股权投资账面价值增加50万元
   B. 应确认投资收益金额为150万元
   C. 应确认应收股利金额为100万元
   D. 应确认营业外收入100万元

5. 根据资料（4），出售 C 公司长期股权投资应确认的投资收益为（　　）万元。
   A. 400　　　　　　　B. 450　　　　　　　C. 300　　　　　　　D. 280

第 2 题

2020 年至 2021 年甲公司发生与长期股权投资有关的业务资料如下：

（1）2020 年 1 月 1 日，甲公司以 5 000 万元购入乙公司 30% 有表决权的股份，能够对乙公司产生重大影响，作为长期股权投资进行核算。当日，乙公司可辨认净资产的公允价值为 15 000 万元（与其账面价值相同）。

（2）2020 年度乙公司实现净利润 2 000 万元。

（3）2021 年 3 月 15 日，乙公司宣告发放现金股利，甲公司可分派到 100 万元。2021 年 4 月 15 日，甲公司收到乙公司分派的现金股利 100 万元。

（4）2021 年 3 月 31 日，乙公司其他债权投资的公允价值增加 200 万元。

（5）2021 年 4 月 30 日，甲公司以 6 000 万元的价格将其所持乙公司股份全部出售，款项已存入银行。

要求：根据上述资料，假定不考虑其他因素，分析回答下列小题。（答案中的金额单位用万元表示）

1. 根据资料（1），下列各项中，关于长期股权投资的表述正确的是（　　）。
   A. 甲公司对乙公司长期股权投资的初始投资成本大于投资时应享有被投资单位可辨认净资产公允价值份额的，不调整已确认的初始投资成本
   B. 甲公司对乙公司产生重大影响的长期股权投资应采用权益法核算
   C. 甲公司对乙公司长期股权投资的初始投资成本小于投资时应享有被投资单位可辨认净资产公允价值份额的，不调整已确认的初始投资成本
   D. 甲公司对乙公司产生重大影响的长期股权投资应采用成本法核算

2. 根据资料（1），甲公司长期股权投资的初始投资成本为（　　）万元。
   A. 4 500　　　　　　B. 15 000　　　　　　C. 1 500　　　　　　D. 5 000

3. 根据资料（2）至（4），下列各项中，甲公司会计处理正确的是（　　）。
   A. 2021 年 3 月 15 日，乙公司宣告发放现金股利时：
      借：应收股利　　　　　　　　　　　　　　　100
      　　贷：投资收益　　　　　　　　　　　　　　　　　100
   B. 2021 年 4 月 15 日，甲公司收到乙公司的现金股利时：
      借：银行存款　　　　　　　　　　　　　　　100
      　　贷：应收股利　　　　　　　　　　　　　　　　　100
   C. 2021 年 3 月 31 日，乙公司其他债权投资的公允价值增加时：
      借：长期股权投资——其他综合收益　　　　　60
      　　贷：其他综合收益　　　　　　　　　　　　　　　60

D. 2020年度乙公司实现净利润时：

借：长期股权投资——损益调整　　　　　　　　600
　　贷：投资收益　　　　　　　　　　　　　　　　　　　　600

4. 根据资料（1）至（4），2021年3月31日甲公司长期股权投资的账面价值为（　　）万元。

A. 5 660　　　　　　B. 5 560　　　　　　C. 5 600　　　　　　D. 5 000

5. 根据资料（1）至（5），甲公司出售长期股权投资会计处理正确的是（　　）。

A. 长期股权投资减少5 000万元　　　　　B. 投资收益增加440万元

C. 其他综合收益减少60万元　　　　　　　D. 投资收益增加500万元

微信扫码，听基础课程

DAY6　非流动资产（2）

今日做题报告

做题时间：　月　日　　　　　　　　　复盘时间：　月　日

单项选择题做题数量：	准确率：
多项选择题做题数量：	准确率：
判断题做题数量：	准确率：
不定项选择题做题数量：	准确率：
总做题数量：	准确率：

需要温习的知识内容：

本日学习心得：

小鱼指导：

本日所做考题涉及内容为初级会计实务第五章。学习完第三、四章，你会感觉第五章的难度降低了不少。本章的内容不多，占考试分值的 10%~15%。应付职工薪酬、应交增值税是本章的重点，也是本章的难点。尤其是应付职工薪酬部分的知识点，连续多年都以不定项选择题的形式进行了考查。在应交增值税部分，要了解一般纳税人与小规模纳税人的区别，掌握"两人"增值税的计税方法。本章考试的题型是单项选择题、多项选择题、判断题和不定项选择题。

任务难度：🐟🐟🐟🐟   任务时间：105 分钟

题型及总分：单项选择题 多项选择题 判断题 不定项选择题   共计 95 分

分数标准：
- ☐ 83~95 分（82 分以上冲击状元）   ☐ 70~82 分（学习过关拿证不愁）
- ☐ 57~69 分（查漏补缺再加把劲）   ☐ 57 分以下（重新学习，要努力了）

单项选择题

本题共 17 小题，每小题 2 分，共 34 分。每小题的备选答案中，只有一个符合题意的正确答案。错选、不选均不得分。

1. 下列各项中，不属于企业职工薪酬组成内容的是（　　）。（2019）
   A. 代垫的家属医药费
   B. 非货币性福利
   C. 为鼓励职工自愿接受裁减而给予职工的补偿金
   D. 按国家规定标准提取的工会经费

2. 企业为增值税一般纳税人。2019 年 12 月 25 日，向职工发放一批自产的空气净化器作为福利，该批产品的售价为 10 万元，生产成本为 7.5 万元，按计税价格计算的增值税销项税额为 1.3 万元。不考虑其他因素，该笔业务应确认的应付职工薪酬为（　　）万元。（2017）
   A. 7.5   B. 11.3
   C. 10   D. 9.1

3. 2021年9月1日，某企业向银行借入一笔期限3个月、到期一次还本付息的生产经营周转借款300 000元，年利率6%。借款利息不采用预提方式，于实际支付时确认。12月1日，企业以银行存款偿还借款本息的会计处理正确的是（   ）。

   A. 借：短期借款   300 000
         应付利息   4 500
         贷：银行存款   304 500
   B. 借：短期借款   300 000
         应付利息   3 000
         财务费用   1 500
         贷：银行存款   304 500
   C. 借：短期借款   300 000
         财务费用   4 500
         贷：银行存款   304 500
   D. 借：短期借款   304 500
         贷：银行存款   304 500

4. 下列有关企业从应付职工薪酬中扣除代垫的职工家属医药费的说法中，正确的是（   ）。

   A. 该业务会导致企业应付职工薪酬增加   B. 该业务会导致企业银行存款增加
   C. 该业务会导致企业银行存款减少   D. 该业务会导致企业其他应收款减少

5. 某企业为增值税一般纳税人，于2022年11月30日从银行借入资金100 000元，借款期限为2年，年利率为4.8%（到期一次还本付息，不计复利）。该企业于2022年12月31日计提长期借款利息，应编制的会计分录为（   ）。

   A. 借：财务费用   400
         贷：长期借款——应计利息   400
   B. 借：财务费用   400
         贷：应付利息   400
   C. 借：财务费用   4 800
         贷：长期借款——应计利息   4 800
   D. 借：财务费用   4 800
         贷：应付利息   4 800

6. 企业将自有房屋无偿提供给本企业行政管理人员使用，下列各项中，关于计提房屋折旧的会计处理表述正确的是（   ）。

   A. 借记"其他业务成本"科目，贷记"累计折旧"科目
   B. 借记"其他应收款"科目，贷记"累计折旧"科目
   C. 借记"管理费用"科目，贷记"应付职工薪酬"科目，同时借记"应付职工薪酬"科目，贷

记"累计折旧"科目

D. 借记"营业外支出"科目，贷记"累计折旧"科目

7. 企业在核算应付职工薪酬时，应记入"应付职工薪酬"科目借方的是（　　）。（2019）

   A. 发放非货币性职工福利　　　　　　B. 确认与累积带薪缺勤相关的职工薪酬

   C. 按照规定标准计提住房公积金　　　D. 按每月工资总额的8%计提职工教育经费

8. 企业按照税法规定确认应缴纳的车船税借记（　　）。（2019）

   A. 应交税费　　　　　　　　　　　　B. 税金及附加

   C. 固定资产　　　　　　　　　　　　D. 销售费用

9. 下列各项中，应计入其他应付款的是（　　）。（2018）

   A. 应缴纳的教育费附加　　　　　　　B. 根据法院判决应支付的合同违约金

   C. 应付由企业负担的职工社会保险费　D. 代扣代缴的职工个人所得税

10. 下列各项中，属于企业"税金及附加"科目核算内容的是（　　）。（2018）

    A. 自产自用应税矿产品应缴纳的资源税　B. 销售商品应缴纳的增值税

    C. 进口环节应缴纳的消费税　　　　　　D. 应缴纳的城市维护建设税

11. 不符合收入确认条件，但已开具了增值税专用发票，应贷记的科目是（　　）。（2018）

    A. 应交税费——应交增值税（销项税额）

    B. 应交税费——待抵扣进项税额

    C. 应交税费——应交增值税（进项税额转出）

    D. 应交税费——待转销项税额

12. 企业缴纳上月应交未交的增值税时，应借记（　　）。（2018）

    A. 应交税费——应交增值税（转出未交增值税）

    B. 应交税费——未交增值税

    C. 应交税费——应交增值税（转出多交增值税）

    D. 应交税费——应交增值税（已交税金）

13. 企业将自有办公楼对外出租缴纳的房产税应记入的会计科目是（　　）。（2018）

    A. 管理费用　　　B. 其他业务成本　　　C. 税金及附加　　　D. 营业外支出

14. 一般纳税人采购材料取得的增值税专用发票尚未经过认证，发票上列明的增值税额应计入（　　）。（2018）

    A. 待抵扣进项税额　　　　　　　　　B. 进项税额

    C. 待转销项税额　　　　　　　　　　D. 待认证进项税额

15. 委托加工的应税消费品收回后用于连续生产的，由受托方代扣代缴的消费税计入（　　）。（2020）

    A. 委托加工物资　　B. 税金及附加　　C. 材料成本差异　　D. 应交税费

16. 用于核算一般纳税人月度终了从"应交增值税"或"预交增值税"明细科目转入当月应交未交、多交或预缴的增值税额,以及当月缴纳以前期间未交的增值税额应使用的会计科目是（   ）。(2019)

    A. 应交税费——预交增值税
    B. 应交税费——未交增值税
    C. 应交税费——待认证进项税额
    D. 应交税费——待转销项税额

17. 下列各项中,应当在"其他应付款"科目核算的是（   ）。(2019)

    A. 应付股东的现金股利
    B. 应收取的包装物的租金
    C. 应付外购工程物资款
    D. 收取的包装物押金

多项选择题

本题共 13 小题,每小题 2 分,共 26 分。每小题的备选答案中,有两个或两个以上符合题意的正确答案。请至少选择两个答案,全部选对得满分,少选得相应分值,多选、错选、不选均不得分。

1. 下列各项中,应通过"其他应付款"科目核算的有（   ）。(2019)

    A. 按合同约定应付的短期租入设备的租金
    B. 按合同约定应付的包装物租金
    C. 计提应由企业负担的住房公积金
    D. 存出保证金

2. 下列各项中,应通过"税金及附加"科目核算的有（   ）。(2019)

    A. 按规定计算确认的应交教育费附加
    B. 销售商品应交的增值税
    C. 企业转让厂房应交的土地增值税
    D. 按规定计算确认应交的城镇土地使用税

3. 2018 年 9 月,某企业当月实际缴纳增值税 60 万元,销售应税消费品实际缴纳消费税 30 万元,经营用房屋缴纳房产税 25 万元。该企业适用的城市维护建设税税率为 7%,教育费附加为 3%,不考虑其他因素,下列各项中,相关会计科目在计算确认环节处理正确的有（   ）。(2019)

    A. 借记"税金及附加"科目 64 万元
    B. 贷记"应交税费——应交教育费附加"科目 2.7 万元
    C. 贷记"应交税费——应交城市维护建设税"科目 6.3 万元
    D. 借记"应交税费——应交房产税"科目 25 万元

4. 一般纳税人购进货物发生非正常损失的相关会计科目处理不正确的有（   ）。(2019)

    A. 贷记"应交税费——应交增值税(进项税额转出)"科目
    B. 贷记"应交税费——应交增值税(转出多交增值税)"科目
    C. 借记"应交税费——待转销项税额"科目
    D. 借记"应交税费——未交增值税"科目

5. 下列有关离职后福利的说法中,正确的有（   ）。

    A. 设定提存计划是指向独立的基金缴存固定费用后,企业不再承担进一步支付义务的离职后福利计划

B. 设定受益计划是指除设定提存计划以外的离职后福利计划

C. 离职后福利是指企业在职工提供相关服务的年度报告期间结束后十二个月内需要全部予以支付的职工薪酬

D. 离职后福利计划包括设定提存计划、设定受益计划和长期利润分享计划

6. 下列各项中，需要在资产负债表中非流动负债项目下列示的有（   ）。

   A. 应付票据　　　　B. 应付债券　　　　C. 长期借款　　　　D. 其他应付款

7. 下列各项中，属于"应付职工薪酬"科目核算内容的有（   ）。（2018）

   A. 支付的工会经费、职工教育经费

   B. 因解除与职工的劳动关系而给予的补偿

   C. 已订立劳动合同的临时职工的工资

   D. 长期利润分享计划

8. 下列各项中，属于"应付职工薪酬"科目核算内容的有（   ）。（2018）

   A. 职工离职后福利　　　　　　　　B. 职工出差报销的差旅费

   C. 开展职业技能培训支出　　　　　D. 向职工提供的生活困难补助

9. 下列各项中，关于相关税金的会计处理，正确的有（   ）。（2017）

   A. 拥有产权房屋缴纳的房产税计入房屋成本

   B. 企业应交的城市维护建设税计入税金及附加

   C. 销售货物缴纳的增值税计入主营业务成本

   D. 商用货物缴纳的车船税计入税金及附加

10. 下列各项中，引起"应付票据"科目余额发生增减变动的有（   ）。（2016）

    A. 开出商业承兑汇票购买原材料

    B. 转销已到期无力支付票款的商业承兑汇票

    C. 转销已到期无力支付票款的银行承兑汇票

    D. 支付银行承兑汇票手续费

11. 下列各项中，企业应通过"其他应付款"科目核算的有（   ）。（2018）

    A. 出租包装物时收取的押金　　　　B. 欠缴的房租款

    C. 帮员工代扣代缴的社保费　　　　D. 存入的保证金

12. 以下通过"应交税费"科目核算的有（   ）。（2021）

    A. 印花税　　　　B. 个人所得税　　　　C. 增值税　　　　D. 消费税

13. 下列各项中，长期借款的账务处理涉及的核算科目有（   ）。

    A. 应付利息　　　　　　　　　　　B. 长期借款——利息调整

    C. 长期借款——应计利息　　　　　D. 长期借款——本金

判断题

本题共 15 小题，每小题 1 分，共 15 分。请判断每小题的表述是否正确。每小题答题正确的得 1 分，错答、不答均不得分，也不扣分。

1. 某企业职工王某经批准休探亲假 3 天，根据企业规定确认为非累积带薪缺勤，该企业应当在其休假期间确认与非累积带薪缺勤相关的职工薪酬。（　　）(2019)

2. 负债是指企业过去的交易或事项形成的、会导致经济利益流出企业的过去义务。（　　）

3. 短期借款的账面余额包含所计提利息的金额。（　　）

4. 企业转销无法支付的应付账款时，应按其账面余额冲减管理费用。（　　）(2019)

5. 企业应在职工实际发生缺勤的会计期间确认与累积带薪缺勤相关的应付职工薪酬。（　　）(2019)

6. 企业应偿还的银行承兑汇票到期，无力支付票款，应将应付票据账面余额转作短期借款。（　　）(2019)

7. 长期借款利息费用应当在资产负债表日按照实际利率法计算确定，实际利率与合同利率差异较小的，也可以采用合同利率计算确定利息费用。（　　）

8. 企业初次购入增值税税控系统专用设备，按规定可抵减的增值税应纳税额，应冲减该专用设备成本。（　　）(2019)

9. 短期借款利息不多的情况下可以不计提，在实际支付时直接计入当期损益。（　　）(2018)

10. 企业应当在职工提供了服务从而增加了其未来享有的带薪缺勤权利时，确认与非累积带薪缺勤相关的职工薪酬。（　　）(2018)

11. 外商投资企业从净利润中提取的职工福利通过"应付职工薪酬"科目核算。（　　）(2018)

12. 小规模纳税人到税务机关代开增值税专用发票给购货方，按专用发票上注明的税额缴纳增值税。（　　）

13. 累积带薪缺勤是指带薪权利可以结转下期的带薪缺勤，本期尚未完成的带薪权利可以在未来期间使用。（　　）(2015)

14. 企业在资产负债表日为换取职工在会计期间提供的服务而应向单独主体缴存的提存金，确认为应付职工薪酬。（　　）(2016)

15. 设定提存计划，是指向独立的基金缴存固定费用后，企业不再承担进一步支付义务的离职后福利计划。（　　）(2021)

不定项选择题

本题共 10 小题，每小题 2 分，共 20 分。每小题的备选答案中，有一个或一个以上符合题意的正确答案。每小题全部选对得满分，少选得相应分值，多选、错选、不选均不得分。

第 1 题

某企业为增值税一般纳税人，主营业务是生产销售建材。2018 年 3 月，该企业专设销售机构发生与职工薪酬有关的业务如下：

（1）5日，以银行存款支付当月职工宿舍房租23 200元，该宿舍专供销售人员免费居住。

（2）10日，以银行存款发放上月销售机构人员职工薪酬465 000元。应付上月销售人员职工薪酬总额为480 000元，按税法规定应代扣代缴的职工个人所得税共计12 000元。发放时收回代垫职工家属医药费3 000元。

（3）20日至24日，销售机构职工李某休探亲假5天，按照规定确认为非累积带薪缺勤。

（4）31日，确认3月销售机构人员工资为560 000元。按国家规定计提标准应缴纳的基本养老保险费为112 000元，基本医疗保险费、工伤保险费共计53 200元，计提工会经费和职工教育经费共计25 200元。

要求：根据上述资料，不考虑其他因素，分析回答下列小题。（2019）（答案中的金额单位用元表示）

1. 根据资料（1），下列各项中，该企业确认并支付职工宿舍租金的会计科目处理表述正确的是（　　）。

   A. 借记"销售费用"科目，贷记"应付职工薪酬"科目

   B. 借记"其他业务成本"科目，贷记"应付职工薪酬"科目

   C. 借记"应付职工薪酬"科目，贷记"银行存款"科目

   D. 借记"销售费用"科目，贷记"银行存款"科目

2. 根据资料（2），下列各项中，该企业发放2月销售机构人员职工薪酬的会计处理正确的是（　　）。

   A. 发放时代扣款项：

   　借：应付职工薪酬　　　　　　　　　　　　　　3 000

   　　贷：其他应收款——代垫医药费　　　　　　　　　　3 000

   B. 发放职工薪酬：

   　借：应付职工薪酬　　　　　　　　　　　　　465 000

   　　贷：银行存款　　　　　　　　　　　　　　　　465 000

   C. 代扣个人所得税：

   　借：应付职工薪酬　　　　　　　　　　　　　 12 000

   　　贷：应交税费——应交个人所得税　　　　　　　　12 000

   D. 发放职工薪酬：

   　借：销售费用　　　　　　　　　　　　　　　480 000

   　　贷：银行存款　　　　　　　　　　　　　　　　480 000

3. 根据资料（3），下列各项中，关于该企业非累积带薪缺勤的会计处理表述正确的是（　　）。

   A. 本期尚未用完的带薪缺勤权利不能结转下期

   B. 企业在职工未缺勤时不应当计提相关费用和负债

C. 确认非累积带薪缺勤时借记"管理费用"科目
D. 本期尚未用完的带薪缺勤权利可以结转下期

4. 根据资料（4），该企业 12 月 31 日应记入"应付职工薪酬——设定提存计划"科目的金额是（　　）元。

   A. 25 200　　　　　　B. 165 200　　　　　　C. 112 000　　　　　　D. 53 200

5. 根据资料（1）至（4），该企业 3 月增加的销售费用是（　　）元。

   A. 1 025 000　　　　　B. 1 238 600　　　　　C. 773 600　　　　　　D. 750 400

第 2 题

某企业为增值税一般纳税人，适用的增值税税率为 13%，该企业 2019 年 12 月初"应付职工薪酬"科目贷方余额为 286 万元，12 月发生的有关职工薪酬的业务资料如下：

（1）以银行存款支付上月的应付职工薪酬，并按规定代扣代缴职工个人所得税 6 万元和个人负担的社会保险费 30 万元，实发工资 250 万元。

（2）分配本月货币性职工薪酬 300 万元（未包括累积带薪缺勤相关的职工薪酬），其中，直接生产产品人员 210 万元，车间管理人员 30 万元，企业行政管理人员 40 万元，专设销售机构人员 20 万元，该职工薪酬将于下月初支付。

（3）外购 200 桶食用油作为本月生产车间工人的福利补贴发放。每桶油买价 113 元，其中含增值税 13 元，款项以银行存款支付。

（4）该企业实行累积带薪缺勤制度，期末由于预计 10 名部门经理人员和 15 名销售人员未使用带薪休假，预期支付的薪酬金额分别为 4 万元和 8 万元。

要求：根据上述资料，不考虑其他因素，分析回答下列小题。（2019）（答案中的金额单位用万元表示）

1. 根据资料（1），下列各项中，关于支付职工薪酬的会计处理正确的是（　　）。

   A. 借：应付职工薪酬　　　　　　　　　　250
   　　贷：银行存款　　　　　　　　　　　　　　　250

   B. 借：应付职工薪酬　　　　　　　　　　286
   　　贷：银行存款　　　　　　　　　　　　　　　250
   　　　　应交税费——应交个人所得税　　　　　　6
   　　　　其他应付款　　　　　　　　　　　　　　30

   C. 借：应付职工薪酬　　　　　　　　　　286
   　　贷：银行存款　　　　　　　　　　　　　　　250
   　　　　其他应付款　　　　　　　　　　　　　　36

   D. 借：应付职工薪酬　　　　　　　　　　250
   　　贷：银行存款　　　　　　　　　　　　　　　214

应交税费——应交个人所得税		6
其他应付款		30

2. 根据资料（2），下列各项中，关于确认本月职工薪酬的会计处理结果正确的是（   ）。

   A. 车间管理人员薪酬 30 万元计入管理费用

   B. 企业行政管理人员薪酬 40 万元计入管理费用

   C. 直接生产产品人员薪酬 210 万元计入生产成本

   D. 专设销售机构人员薪酬 20 万元计入销售费用

3. 根据资料（3），下列各项中，关于该企业发放福利补贴的会计处理正确的是（   ）。

   A. 借：应付职工薪酬   2
   　　　应交税费——应交增值税（进项税额）   0.26
   　　贷：银行存款   2.26

   B. 借：生产成本   2.26
   　　贷：银行存款   2.26

   C. 借：生产成本   2.26
   　　贷：应付职工薪酬   2.26
   　　借：应付职工薪酬   2.26
   　　贷：库存商品   2
   　　　　应交税费——应交增值税（进项税额转出）   0.26

   D. 借：生产成本   2
   　　　应交税费——应交增值税（进项税额）   0.26
   　　贷：银行存款   2.26

4. 根据资料（4），下列各项中，关于该企业累积带薪缺勤事项会计处理正确的是（   ）。

   A. 借：生产成本   12
   　　贷：应付职工薪酬   12

   B. 借：其他应付款   12
   　　贷：应付职工薪酬   12

   C. 借：管理费用   4
   　　　销售费用   8
   　　贷：应付职工薪酬   12

   D. 借：管理费用   4
   　　　销售费用   8
   　　贷：其他应付款   12

5. 根据期初资料和资料（1）至（4），该企业 12 月末"应付职工薪酬"科目余额是（   ）万元。

   A. 312　　　　　　B. 314　　　　　　C. 310　　　　　　D. 300

微信扫码，听基础课程

今日做题报告

做题时间： 月 日 　　　　　　复盘时间： 月 日

单项选择题做题数量：	准确率：
多项选择题做题数量：	准确率：
判断题做题数量：	准确率：
不定项选择题做题数量：	准确率：
总做题数量：	准确率：

需要温习的知识内容：

本日学习心得：

DAY8 所有者权益

小鱼指导：

本日所做考题涉及内容为初级会计实务第六章。第六章知识点较为集中，难度不大，但有很多易错、易混的内容，占考试分值的5%~10%。我们在复习本章时可结合小鱼老师上课讲的"切蛋理论"，重点理解实收资本或股本、资本公积、留存收益的概念和核算范围，对于资本公积、留存收益转增资本等知识点，必须进行掌握。本章练习题中的不定项选择题我们要独立完成，在做题中细细揣摩三者之间的关系。本章考试的题型是单项选择题、多项选择题、判断题和不定项选择题。

任务难度：🐟🐟🐟　　　　　任务时间：90 分钟

题型及总分：单项选择题　多项选择题　判断题　不定项选择题　共计 122 分

分数标准：
- ☐ 106~122 分（105 分以上冲击状元）
- ☐ 90~105 分（学习过关拿证不愁）
- ☐ 73~89 分（查漏补缺再加把劲）
- ☐ 73 分以下（重新学习，要努力了）

单项选择题

本题共 25 小题，每小题 2 分，共 50 分。每小题的备选答案中，只有一个符合题意的正确答案。错选、不选均不得分。

1. 下列各项中，会引起企业留存收益的总额发生变动的是（　　）。(2019)
   A. 股本溢价
   B. 提取任意盈余公积
   C. 用本年利润弥补以前年度亏损
   D. 盈余公积转增资本

2. 某企业 2019 年末本年利润及利润分配结转前的所有者权益总额为 5 150 万元，该企业本年度实现净利润 150 万元，提取盈余公积 15 万元。不考虑其他因素，2019 年 12 月 31 日，该企业所有者权益总额为（　　）万元。(2019)
   A. 5 300　　　　B. 5 000　　　　C. 5 315　　　　D. 5 150

3. 下列各项中，关于股份有限公司溢价发行股票相关会计处理表述不正确的是（　　）。(2019)
   A. 发行股票发生的交易费用应冲减资本公积
   B. 溢价总额不足以抵扣发行股票发生的交易费用的差额应将不足抵扣的部分依次冲减盈余公积

和未分配利润

C. 溢价总额高于发行股票发生的交易费用的差额作为股本入账

D. 发行股票发生的交易费用不应当冲减投资收益

4. "实收资本"账户的期末余额等于该账户的（　　）。(2019)

　　A. 期初余额＋本期借方发生额＋本期贷方发生额

　　B. 期初余额＋本期借方发生额－本期贷方发生额

　　C. 期初余额－本期借方发生额－本期贷方发生额

　　D. 期初余额＋本期贷方发生额－本期借方发生额

5. 甲企业以一项专利权对乙有限责任公司进行投资，该专利权的原价为620万元，已摊销64万元，双方确认该项专利权的价值为600万元（与该专利权的公允价值相等），占注册资本的35%。增资后乙企业的注册资本总额为1 600万元。不考虑其他因素，乙企业增加的实收资本为（　　）万元。

　　A. 560　　　　　　B. 556　　　　　　C. 600　　　　　　D. 620

6. 下列各项中，可以重分类进损益的其他综合收益的是（　　）。

　　A. 重新计量设定受益计划净负债或净资产变动导致的变动

　　B. 权益法核算下，企业按持股比例享有的因被投资单位重新计量设定受益计划净负债或净资产变动导致的权益变动

　　C. 自用房地产转换为采用公允价值模式计量的投资性房地产，转换日的公允价值大于原账面价值的差额

　　D. 非交易性权益工具指定为以公允价值计量且其变动计入其他综合收益的金融资产

7. 股份有限公司采用溢价发行股票方式筹集资本，其"股本"科目所登记的金额是（　　）。

　　A. 实际收到的款项　　　　　　　　　　B. 每股股票面值与发行股票总数的乘积

　　C. 发行总收入减去支付给证商的费用　　D. 发行总收入加上支付给证商的费用

8. 某上市公司经股东大会批准以现金回购并注销本公司股票1 000万股，每股面值为1元，回购价为每股1.5元，该公司注销股份时"资本公积——股本溢价"科目余额为1 000万元，"盈余公积"为500万元。该公司注销股份的会计科目处理正确的是（　　）。(2019)

　　A. 借记"资本公积——股本溢价"科目500万元

　　B. 借记"股本"科目1 500万元

　　C. 借记"盈余公积"科目500万元

　　D. 借记"库存股"科目1 000万元

9. 下列各项中，年终结转后"利润分配——未分配利润"科目借方余额反映的是（　　）。(2019)

　　A. 本年发生的净亏损　　　　　　　　　B. 本年实现的净利润

　　C. 历年累积未弥补的亏损　　　　　　　D. 历年累积未分配的利润

10. 某公司 2017 年初"利润分配——未分配利润"科目贷方余额为 680 万元，宣告分派现金股利 600 万元。本年实现净利润 1 500 万元，提取法定盈余公积 150 万元，将资本公积 400 万元转增股本。不考虑其他因素，2017 年末该公司资产负债表中"未分配利润"项目期末余额为（　　）万元。（2018）

　　A. 1 430　　　　　　　B. 1 580　　　　　　　C. 1 030　　　　　　　D. 1 180

11. 下列各项中，会引起所有者权益总额增加的是（　　）。（2019）

　　A. 资本公积转增资本　　　　　　　　B. 股东大会宣告分派股票股利

　　C. 盈余公积补亏　　　　　　　　　　D. 接受投资者追加投资

12. "实收资本"账户的期末余额等于（　　）。（2019）

　　A. 期初余额 + 本期借方发生额 + 本期贷方发生额

　　B. 期初余额 + 本期借方发生额 − 本期贷方发生额

　　C. 期初余额 − 本期借方发生额 − 本期贷方发生额

　　D. 期初余额 + 本期贷方发生额 − 本期借方发生额

13. 下列各项中，企业应通过"资本公积"科目核算的是（　　）。（2019）

　　A. 盈余公积弥补亏损

　　B. 盈余公积转增资本

　　C. 回购股票确认库存股科目的账面价值

　　D. 股份有限公司溢价发行股票扣除交易费用后的股本溢价

14. 甲有限公司成立时收到 A 公司作为资本投入的非专利技术一项，合同约定价值为 8 000 000 元，增值税进项税额 480 000 元（由投资方支付税款，并提供或开具增值税专用发票）。同时收到 B 公司作为资本投入的不需要安装的机器设备一台，合同约定该机器设备的价值为 200 000 元，增值税进项税额 26 000 元（由投资方支付税款，并提供或开具增值税专用发票）。合同约定的资产价值与公允价值相符，不考虑其他因素。甲公司应编制分录正确的是（　　）。

　　A. 借：无形资产　　　　　　　　　　　　　　8 000 000
　　　　　　固定资产　　　　　　　　　　　　　　200 000
　　　　　　应交税费——应交增值税（进项税额）　506 000
　　　　　贷：实收资本——A 公司　　　　　　　　　　　　　8 480 000
　　　　　　　实收资本——B 公司　　　　　　　　　　　　　　226 000

　　B. 借：无形资产　　　　　　　　　　　　　　8 000 000
　　　　　　固定资产　　　　　　　　　　　　　　200 000
　　　　　贷：实收资本　　　　　　　　　　　　　　　　　　8 200 000

　　C. 借：无形资产　　　　　　　　　　　　　　8 000 000
　　　　　　固定资产　　　　　　　　　　　　　　200 000

```
            应交税费——应交增值税（进项税额）      506 000
        贷：实收资本                                        8 200 000
            资本公积                                          506 000
    D. 借：无形资产                          8 480 000
          固定资产                             226 000
        贷：实收资本——A 公司                                8 480 000
            实收资本——B 公司                                  226 000
```

15. 甲上市公司 2021 年 12 月 31 日因某些原因决定采用回购股票方式减资。经股东大会批准，甲上市公司以银行存款回购本公司股票 300 万股并注销。假设甲公司按照每股 0.5 元回购股票，则甲上市公司回购股票的分录为（   ）。

```
    A. 借：库存股                            1 500 000
        贷：银行存款                                        1 500 000
    B. 借：股本                              1 500 000
        贷：银行存款                                        1 500 000
    C. 借：库存股                            1 500 000
        贷：银行存款                                        1 400 000
            资本公积——股本溢价                                100 000
    D. 借：股本                              1 500 000
        贷：银行存款                                        1 400 000
            资本公积——股本溢价                                100 000
```

16. 下列各项中，会导致所有者权益总额减少的是（   ）。(2018)

    A. 资本公积转增股本　　　　　　　　B. 盈余公积转增股本

    C. 向投资者宣告分配现金股利　　　　D. 盈余公积补亏

17. 下列各项中，引起企业留存收益总额发生变化的是（   ）。(2017)

    A. 提取法定盈余公积　　　　　　　　B. 宣告分配现金股利

    C. 提取任意盈余公积　　　　　　　　D. 用盈余公积弥补亏损

18. 某股份有限公司年初未分配利润为 75 万元，当年实现净利润为 750 万元，分别按 10% 和 5% 计提法定盈余公积和任意盈余公积。当年宣告发放现金股利 60 万元。不考虑其他因素，该公司年末未分配利润余额为（   ）万元。(2017)

    A. 577.5　　　　　B. 641.25　　　　　C. 652.5　　　　　D. 712.5

19. 2019 年 12 月 31 日，甲公司有关科目的期末贷方余额如下：实收资本 80 万元，资本公积 20 万元，盈余公积 35 万元，利润分配——未分配利润 5 万元。不考虑其他因素，2019 年 12 月 31 日，

该公司资产负债表中"所有者权益合计"项目期末余额填列的金额为（　　）万元。(2020)

A. 140　　　　　　B. 80　　　　　　C. 100　　　　　　D. 120

20. 下列关于其他权益工具的核算，说法不正确的是（　　）。

　　A. 其他权益工具核算企业发行的普通股以及其他归类为权益工具的各种金融工具

　　B. 企业发行其他权益工具，应按照实际发行的对价扣除直接归属于权益性交易的交易费用后的金额，贷记"其他权益工具"科目

　　C. 其他权益工具存续期间分派股利或利息的，作为利润分配处理，借记"利润分配"科目，贷记"应付股利"科目

　　D. 其他权益工具的回购、注销等作为权益的变动处理

21. 2019年8月1日，某股份有限公司委托证券公司发行股票5 000万股，每股面值1元，每股发行价格6元，向证券公司支付佣金900万元，从发行收入中扣除。不考虑其他因素，该公司发行股票记入"资本公积——股本溢价"科目的金额为（　　）万元。(2020)

A. 30 000　　　　B. 5 000　　　　C. 24 100　　　　D. 29 100

22. 下列各项中，不会导致留存收益总额发生增减变动的是（　　）。

　　A. 资本公积转增资本　　　　　　B. 盈余公积转增资本

　　C. 用盈余公积发放现金股利　　　D. 用利润分配股票股利

23. 下列各项中，会引起企业留存收益总额发生变动的是（　　）。

　　A. 以盈余公积弥补亏损　　　　　B. 提取任意盈余公积

　　C. 资本公积转增资本　　　　　　D. 盈余公积转增资本

24. 某企业年初未分配利润为500万元，本年实现净利润100万元，共提取盈余公积10万元，向投资者宣告分配现金股利50万元。不考虑其他因素，该企业年末的留存收益为（　　）万元。(2021)

A. 550　　　　　　B. 540　　　　　　C. 500　　　　　　D. 510

25. 企业接受投资者投资生产设备不含税价款200 000元，增值税26 000元，合同约定注册资本为180 000元。下列账务处理中，正确的是（　　）。(2021)

　　A. 借记"固定资产"科目226 000元　　　B. 贷记"实收资本"科目200 000元

　　C. 贷记"资本公积"科目46 000元　　　 D. 贷记"资本公积"科目26 000元

多项选择题

本题共12小题，每小题2分，共24分。每小题的备选答案中，有两个或两个以上符合题意的正确答案。请至少选择两个答案，全部选对得满分，少选得相应分值，多选、错选、不选均不得分。

1. 下列各项中，属于企业留存收益的有（　　）。(2019)

　　A. 其他综合收益　　　　　　　　B. 未分配利润

C. 盈余公积 D. 资本公积

2. 下列各项中，会导致所有者权益总额减少的事项有（　　）。（2019）

 A. 分派现金股利　　B. 宣告分派现金股利　　C. 企业发生亏损　　D. 投资者撤资

3. 下列有关所有者权益的说法中，正确的有（　　）。（2019）

 A. 所有者凭借所有者权益能够参与企业利润的分配

 B. 公司的所有者权益又称为股东权益

 C. 企业接受投资者投入的资产，在该资产符合资产确认条件时，就相应地符合了所有者权益的确认条件

 D. 企业接受投资者投入的资产，当该资产的价值能够可靠计量时，所有者权益的金额也就可以确定

4. 下列各项中，应通过"利润分配"科目核算的有（　　）。（2019）

 A. 用可分配利润分配现金股利　　B. 提取法定盈余公积

 C. 用盈余公积弥补亏损　　D. 用盈余公积转增资本

5. 下列各项中，会引起企业留存收益总额增减变动的有（　　）。（2018）

 A. 用盈余公积转增资本　　B. 提取法定盈余公积

 C. 向投资者宣告分配现金股利　　D. 本年度实现净利润

6. 某公司2017年初股本为8 000万元（每股面值为1元），资本公积为5 000万元（为股本溢价），2017年公司按照每股3元的价格回购本公司股票1 000万股并注销。不考虑其他因素，下列各项中，关于该公司注销所回购股份相关科目的会计处理结果正确的有（　　）。（2018）

 A. 借记"盈余公积"科目2 000万元

 B. 借记"资本公积"科目2 000万元

 C. 借记"利润分配——未分配利润"科目2 000万元

 D. 借记"股本"科目1 000万元

7. 甲有限责任公司于设立时收到乙公司作为资本投入的一项非专利技术，该非专利技术投资合同约定价值为100 000元，增值税进项税额6 000元（由投资方支付税款，并提供增值税专用发票）。甲公司注册资本总额900 000元，投资合同约定乙公司投入无形资产在甲公司注册资本中所占份额为10%。假定合同约定的资产价值与公允价值相符，相关增值税专用发票已通过认证。不考虑其他因素，下列各项中，甲公司接受无形资产投资的会计处理结果正确的有（　　）。（2018）

 A. 资本公积增加16 000元　　B. 长期待摊费用增加6 000元

 C. 无形资产增加100 000元　　D. 实收资本增加90 000元

8. 下列应计入资本公积的有（　　）。（2017）

 A. 溢价发行股票　　B. 投资者超额缴入资本

 C. 处置固定资产净收益　　D. 交易性金融资产公允价值的变动

9. 下列各项中,导致留存收益总额发生增减变动的有( )。(2017)
   A. 盈余公积转增资本
   B. 净利润弥补亏损
   C. 资本公积转增资本
   D. 盈余公积发放现金股利

10. 属于所有者权益科目(或项目)的有( )。(2020)
    A. 实收资本　　　B. 资本公积　　　C. 盈余公积　　　D. 其他综合收益

11. 下列各项中,关于留存收益的表述正确的有( )。(2015)
    A. 法定盈余公积经批准可用于转增资本
    B. "未分配利润"明细科目年末借方余额表示累积的亏损额
    C. 留存收益包括盈余公积和未分配利润
    D. 任意盈余公积可用于发放现金股利

12. 下列各项中,关于盈余公积的用途表述正确的有( )。(2016)
    A. 以盈余公积转增实收资本
    B. 以盈余公积转增资本公积
    C. 以盈余公积弥补亏损
    D. 盈余公积发放现金股利

判断题

本题共 8 小题,每小题 1 分,共 8 分。请判断每小题的表述是否正确。每小题答题正确的得 1 分,错答、不答均不得分,也不扣分。

1. 所有者权益变动表中"综合收益总额"项目,反映净利润和其他综合收益扣除所得税影响后的净额相减后的合计金额。( )(2019)

2. 企业因未及时缴纳企业所得税而支付税款滞纳金时,应借记"财务费用"科目。( )(2019)

3. 期初未分配利润有贷方余额,期末获利的情况下,计提盈余公积时,要包含期初的贷方余额。( )(2015)

4. 企业向投资者宣告发放现金股利,应在宣告时确认为费用。( )(2016)

5. 经股东大会批准向投资者分配现金股利或利润,应记一笔负债。( )

6. 企业分配股票股利通过"应付股利"科目核算。( )(2021)

7. 股份有限公司的资本公积可以转增股本,不能用来分配现金股利。( )(2021)

8. 留存收益是指企业按照有关规定从净利润中提取的积累资金。( )

不定项选择题

本题共 20 小题,每小题 2 分,共 40 分。每小题的备选答案中,有一个或一个以上符合题意的正确答案。每小题全部选对得满分,少选得相应分值,多选、错选、不选均不得分。

第 1 题

甲公司 2019 年 7 月 1 日自母公司(丁公司)取得乙公司 60% 股权,发行普通股 1 000 万股,发行日当天公允价值为 3 元 / 股。当日,乙公司在丁公司账上净资产账面价值为 4 800 万元。为进行该项交易，甲公司支付有关审计等中介机构费用 120 万元，另支付给发行券商佣金 300 万元。2019 年乙公司当年实现净利润 500 万元，2020 年 3 月 20 日宣告发放 100 万元现金股利。

要求：根据上述资料，不考虑其他因素，分析回答下列小题。(2019)

1. 甲公司应确认对乙公司股权投资的初始投资成本是（　　）。

    A. 1 920 万元　　　　B. 2 040 万元　　　　C. 2 880 万元　　　　D. 3 680 万元

2. 2019 年 7 月 1 日，在合并日当天，甲公司确认资本公积——股本溢价的金额为（　　）。

    A. 1 880 万元　　　　B. 1 580 万元　　　　C. 1 460 万元　　　　D. 1 500 万元

3. 2019 年 7 月 1 日，在合并日当天，公司支付有关审计等中介机构费用 120 万元应记入的会计科目是（　　）。

    A. 资本公积——股本溢价　　　　　　B. 管理费用

    C. 投资收益　　　　　　　　　　　　D. 营业外支出

4. 甲公司对乙公司的长期股权投资后续计量采用（　　）。

    A. 权益法　　　　B. 成本法　　　　C. 公允价值计量　　　　D. 实际利率法

5. 2020 年 3 月 20 日，乙公司宣告发放 100 万元现金股利，甲公司的账务处理为（　　）。

    A. 借：长期股权投资——损益调整 60　　　B. 贷：投资收益 60

    C. 借：应收股利 60　　　　　　　　　　　D. 贷：营业外收入 60

第 2 题

2016 年 1 月 1 日，某公司股东权益合计金额为 20 000 万元，其中，股本 5 000 万元（每股面值为 1 元），资本公积 10 000 万元，盈余公积 3 000 万元，未分配利润 2 000 万元。该公司 2016 年发生与所有者权益相关的交易或事项如下：

（1）1 月 8 日，委托证券公司发行普通股 6 000 万股，每股面值 1 元，发行价格为每股 4 元，按发行收入的 3% 支付佣金，发行完毕，收到股款存入银行。

（2）9 月 10 日，经股东大会批准，用资本公积转增股本 800 万元，并办妥相关增资手续。

（3）11 月 8 日，经股东大会批准，以银行存款回购本公司股票 1 000 万股，回购价格为每股 5 元。

（4）12 月 28 日，经股东大会批准，将回购的本公司股票 1 000 万股注销，并办妥相关减资手续。

要求：根据上述资料，不考虑其他因素，分析回答下列小题。(2017)（答案中的金额单位用万元表示）

1. 根据资料（1），下列各项中，该公司发行股票业务会计处理结果正确的有（　　）。

    A. "财务费用"科目借方登记 720 万元　　　B. "银行存款"科目借方登记 23 280 万元

    C. "股本"科目贷方登记 6 000 万元　　　　D. "资本公积"科目贷方登记 17 280 万元

2. 根据资料（2），下列各项中，该公司用资本公积转增股本会计处理结果正确的有（　　）。

    A. 资本公积减少 800 万元　　　　　　　　B. 未分配利润增加 800 万元

C. 库存股增加 800 万元　　　　　　　　D. 股本增加 800 万元

3. 根据资料（3），下列各项中，该公司回购股票会计处理正确的是（　　）万元。

　　A. 借：库存股　　　　　　　　　　　1 000
　　　　贷：股本　　　　　　　　　　　　　　　　　　　1 000
　　B. 借：股本　　　　　　　　　　　　1 000
　　　　贷：库存股　　　　　　　　　　　　　　　　　　1 000
　　C. 借：库存股　　　　　　　　　　　5 000
　　　　贷：银行存款　　　　　　　　　　　　　　　　　5 000
　　D. 借：股本　　　　　　　　　　　　5 000
　　　　贷：银行存款　　　　　　　　　　　　　　　　　5 000

4. 根据资料（3）和（4），下列各项中，该公司注销股票的会计处理结果正确的有（　　）。

　　A."资本公积"科目借方登记 4 000 万元　　B."股本"科目借方登记 1 000 万元
　　C."资本公积"科目贷方登记 4 000 万元　　D."库存股"科目贷方登记 5 000 万元

5. 根据期初资料和资料（1）至（4），下列各项中，该公司 2016 年年末资产负债表"股东权益"项目期末余额填列正确的有（　　）。

　　A."盈余公积"项目为 26 480 万元　　　　B."库存股"项目为 1 000 万元
　　C."资本公积"项目为 22 480 万元　　　　D."股本"项目为 10 800 万元

第 3 题

2019 年年初，甲股份有限公司（以下简称甲公司）所有者权益总额为 3 000 万元，其中股本 800 万元，资本公积 1 600 万元，盈余公积 300 万元，未分配利润 300 万元。甲公司适用的所得税税率为 25%。2019 年甲公司发生如下事项：

（1）1 月 13 日，甲公司委托证券公司代理发行普通股 200 万股，每股面值 1 元，每股发行价 4 元，按协议约定，证券公司从发行收入中提取 2% 的手续费。

（2）3 月 5 日，经股东大会批准，甲公司以每股 3 元价格回购本公司股票 100 万股并予以注销。

（3）4 月 1 日，经股东大会批准，甲公司将资本公积 100 万元、盈余公积 100 万元转增股本。

（4）2019 年度甲公司共实现利润总额 2 000 万元，假定不存在纳税调整事项及递延所得税；按净利润的 10% 提取盈余公积，分配现金股利 50 万元。

要求：根据上述资料，不考虑其他因素，分析回答下列小题。（2020）（答案中的金额单位用万元表示）

1. 根据资料（1），甲公司发行普通股应计入资本公积的金额为（　　）万元。
　　A. 600　　　　　　B. 584　　　　　　C. 588　　　　　　D. 616

2. 根据资料（2），下列关于该公司注销库存股时的会计处理正确的有（　　）。

　　A. 借：股本　　　　　　　　　　　　100

资本公积——股本溢价	200	
贷：库存股		300
B. 借：股本	100	
资本公积——股本溢价	150	
盈余公积	50	
贷：银行存款		300
C. 借：库存股	300	
贷：银行存款		300
D. 借：股本	300	
贷：银行存款		300

3. 根据上述资料，下列各项中会引起甲公司所有者权益总额发生增减变动的有（　　）。

　　A. 回购股票　　　　B. 提取盈余公积　　　C. 实现净利润　　　D. 分配现金股利

4. 根据资料（4），甲公司2019年度应提取的盈余公积为（　　）万元。

　　A. 50　　　　　　　B. 100　　　　　　　C. 150　　　　　　　D. 200

5. 根据以上资料，甲公司2019年年末所有者权益总额为（　　）万元。

　　A. 3 500　　　　　B. 4 934　　　　　　C. 4 984　　　　　　D. 5 800

第4题

2021年1月1日，某股份有限公司所有者权益各项目金额分别为：股本10 000万元（每股面值为1元），资本公积（股本溢价）50 000万元，盈余公积3 000万元，未分配利润1 000万元（贷方余额）。2021年该公司发生的相关业务如下：

（1）5月20日，经股东大会批准，用盈余公积向普通股股东转增股本400万元，宣告分配现金股利200万元。6月20日，支付全部现金股利。

（2）7月5日，经股东大会批准，以银行存款回购本公司股票1 000万股并注销，每股回购价3元。

（3）12月31日，全年实现净利润2 000万元，按净利润的10%提取法定盈余公积，并结转至未分配利润。

要求：根据上述资料，不考虑其他因素，分析回答下列小题。（2022）（答案中的金额单位用万元表示）

1. 根据期初资料和资料（1），下列各项中，关于该公司转增股本、宣告并发放现金股利的会计处理正确的是（　　）。

A. 用盈余公积转增股本时：		
借：盈余公积	400	
贷：股本		400

B. 支付现金股利时：
借：应付股利　　　　　　　　　　　　　　200
　　贷：银行存款　　　　　　　　　　　　　　　　200

C. 支付现金股利时：
借：利润分配——未分配利润　　　　　　　200
　　贷：银行存款　　　　　　　　　　　　　　　　200

D. 宣告分配现金股利时：
借：利润分配——应付现金股利或利润　　　200
　　贷：应付股利　　　　　　　　　　　　　　　　200

2. 根据期初资料和资料（2），下列各项中，关于该公司回购并注销本公司股票会计科目处理正确的是（　　）。

A. 借记"盈余公积"科目2 000万元　　　　B. 借记"股本"科目1 000万元
C. 贷记"银行存款"科目3 000万元　　　　D. 借记"资本公积"科目2 000万元

3. 根据资料（3），下列各项中，关于该公司结转净利润、提取法定盈余公积及结转未分配利润的会计处理正确的是（　　）。

A. 提取法定盈余公积时
借：利润分配——提取法定盈余公积　　　　200
　　贷：盈余公积——法定盈余公积　　　　　　　200

B. 结转未分配利润时
借：利润分配——未分配利润　　　　　　　200
　　贷：利润分配——提取法定盈余公积　　　　　200

C. 结转净利润时
借：本年利润　　　　　　　　　　　　　2 000
　　贷：利润分配——未分配利润　　　　　　　2 000

D. 结转未分配利润时
借：利润分配——提取法定盈余公积　　　　200
　　贷：利润分配——未分配利润　　　　　　　　200

4. 根据期初资料、资料（1）至（3），2021年末该公司"利润分配——未分配利润"科目余额是（　　）万元。

A. 2 600　　　　B. 2 800　　　　C. 2 000　　　　D. 3 000

5. 根据期初资料、资料（1）至（3），2021年末该公司所有者权益总额是（　　）万元。

A. 63 800　　　　B. 66 000　　　　C. 62 800　　　　D. 64 000

微信扫码,听基础课程

今日做题报告

做题时间: 月 日　　　　　　　　　复盘时间: 月 日

单项选择题做题数量:	准确率:
多项选择题做题数量:	准确率:
判断题做题数量:	准确率:
不定项选择题做题数量:	准确率:
总做题数量:	准确率:

需要温习的知识内容:

本日学习心得:

DAY 9 收入、费用和利润

小鱼指导：

本日所做考题的内容涉及初级会计实务第七章。本章内容难点较多，占考试分值的10%~15%，是这门学科的重点章节，其中与收入相关的内容是近几年考试的重点。我们一定要在理解的基础上多做一些习题，做错的题要记录下来，反复复习，直到完全掌握。费用和利润的相关题目在考试中难度不大，但也要将重要内容完全理解和掌握，为第八章中利润表的学习打好基础。本章的题型为单项选择题、多项选择题、判断题和不定项选择题。

任务难度：🐟🐟🐟🐟🐟 任务时间：150 分钟

题型及总分：单项选择题 多项选择题 判断题 不定项选择题 共计 135 分

分数标准：
- ☐ 117~135 分（116 分以上冲击状元）
- ☐ 100~116 分（学习过关拿证不愁）
- ☐ 81~99 分（查漏补缺再加把劲）
- ☐ 81 分以下（重新学习，要努力了）

单项选择题

本题共 28 小题，每小题 2 分，共 56 分。每小题的备选答案中，只有一个符合题意的正确答案。错选、不选均不得分。

1. 2018 年 11 月，某企业"主营业务收入"科目贷方发生额为 3 000 万元，"其他业务收入"科目贷方发生额为 200 万元，"投资收益"科目贷方发生额为 500 万元，本月在结转本年利润前上述科目均没有借方发生额。不考虑其他因素，该企业 2018 年 11 月利润表中"营业收入"项目的本期金额的列报金额为（   ）万元。(2019)

   A. 3 200 B. 700 C. 3 500 D. 3 700

2. 某企业 2018 年发生的销售商品收入为 1 200 万元，销售商品成本为 800 万元，销售过程中发生广告宣传费用为 50 万元，管理人员工资费用为 100 万元，短期借款利息费用为 10 万元，股票投资收益为 20 万元，资产减值损失为 30 万元，公允价值变动损益为 60 万元（收益），因自然灾害造成的固定资产的净损失为 25 万元，因违约支付罚款 15 万元。该企业 2018 年的营业利润为

( )万元。(2019)
A. 290　　　　　　B. 250　　　　　　C. 265　　　　　　D. 330

3. 下列各项中，企业应计入销售费用的是（　　）。(2019)
   A. 随同商品出售单独计价的包装物成本　　B. 预计产品质量保证损失
   C. 因产品质量原因发生的销售退回　　　　D. 销售部门发生的业务招待费

4. 下列各项中，企业支付生产车间机器设备日常修理费应借记的会计科目是（　　）。(2018)
   A. 制造费用　　　　B. 管理费用　　　　C. 生产成本　　　　D. 在建工程

5. 甲公司签订了一项合同，合同总价款为400万元，根据合同，如果甲公司提前完成合同，可获得100万元的额外奖励，如果没有提前完成则没有奖励。甲公司估计提前完成合同的可能性为90%，不能提前完成合同的可能性为10%。甲公司应确认的交易价格为（　　）万元。
   A. 500　　　　　　B. 540　　　　　　C. 600　　　　　　D. 0

6. 收入确认"五步法"中，与收入计量有关的是（　　）。
   A. 将交易价格分摊至各单项履约义务　　B. 识别与客户订立的合同
   C. 识别合同中的单项履约义务　　　　　D. 履行各单项履约义务时确认收入

7. 下列交易或事项中，不应确认为营业外收入的是（　　）。
   A. 因自然灾害发生的非流动资产毁损报废收益　B. 捐赠利得
   C. 盘盈的存货　　　　　　　　　　　　　　　D. 无法支付的应付账款

8. 下列表述中，不属于在某一时段内履行履约义务确认收入的是（　　）。
   A. 企业履约过程中所产生的商品具有不可替代用途，且在合同期内有权就累计至今已完成的履约部分收取款项
   B. 客户能够控制企业履约过程中在建的商品
   C. 客户就该商品享有现时收款权
   D. 客户在企业履约的同时即取得并消耗企业履约所带来的经济利益

9. 某企业2021年8月发生以下经济业务：支付专设销售机构固定资产修理费3万元；代垫销售商品运杂费2万元；支付受托方代销商品手续费10万元；结转随同商品出售单独计价包装物成本5万元；预计本月已销商品质量保证损失2万元；支付诉讼费0.8万元。该企业8月份应计入销售费用的金额是（　　）万元。
   A. 17　　　　　　　B. 17.8　　　　　　C. 15　　　　　　　D. 15.8

10. 下列费用中，不构成产品成本，而应直接计入当期损益的是（　　）。
    A. 直接材料费　　　B. 期间费用　　　　C. 直接人工费　　　D. 制造费用

11. 下列各项中，会影响企业当期营业利润的是（　　）。
    A. 交易性金融资产持有期间价格变动　　B. 固定资产盘亏
    C. 向投资者分配现金股利　　　　　　　D. 固定资产盘盈

12. 2018年某企业实现营业利润6 000万元（其中包含国债利息收入100万元），适用企业所得税税率为25%，发生营业外收入150万元，营业外支出70万元（其中包含税收滞纳金支出20万元）。不考虑其他因素，该企业2018年实现净利润为（　　）万元。(2019)

    A. 4 540　　　　B. 4 580　　　　C. 4 500　　　　D. 4 560

13. 2016年10月，某企业签订一项劳务合同，合同收入为300万元，预计合同成本为240万元，合同价款在签订合同时已收取。该企业采用完工百分比法确认收入，2016年已确认收入80万元，截至2017年年底，累计完工进度为60%。不考虑其他因素，2017年该企业应确认该项业务的收入为（　　）万元。(2018)

    A. 64　　　　　　B. 144　　　　　C. 100　　　　　D. 180

14. 2017年度企业应纳税所得额800万元，递延所得税负债年末余额280万元，年初数200万元，递延所得税资产年末余额150万元，年初数110万元。已知适用税率25%，不考虑其他因素，2017年度所得税费用金额为（　　）万元。(2018)

    A. 320　　　　　B. 200　　　　　C. 160　　　　　D. 240

15. 出租一项专利权，一次性收到10.6万元，开出了增值税专用发票，不提供后续服务，确认收入正确的是（　　）。(2018)

    A. 一次性确认其他业务收入10万元　　　B. 分月确认其他业务收入10万元
    C. 一次性确认主营业务收入10万元　　　D. 分次确认主营业务收入10万元

16. 某企业适用的所得税税率为25%，2017年实现利润总额1 350万元，其中，取得国债利息收入150万元，发生税收滞纳金3万元。不考虑其他因素，"所得税费用"项目的本期金额为（　　）万元。(2018)

    A. 338.25　　　　B. 300.75　　　　C. 337.50　　　　D. 374.25

17. 甲企业在2019年8月1日销售一批商品给A公司。开出的增值税专用发票上注明售价是200万元，增值税税额是26万元，该批商品的总成本是150万元。8月15日，A公司发现商品质量不合格，要求给予15%的折让，甲企业同意并办妥了相关手续，开具了增值税专用发票（红字）。假定本月不存在其他事项，本月应该确认的主营业务成本的金额是（　　）万元。(2017)

    A. 127.5　　　　B. 150　　　　　C. 200　　　　　D. 232

18. 下列各项中，会影响营业利润的是（　　）。(2020)

    A. 税收罚款支出　　　　　　　　　B. 当期确认的所得税费用
    C. 接受现金捐赠　　　　　　　　　D. 管理不善造成的库存现金短缺

19. 下列各项中，企业发生的产品广告费借记的会计科目是（　　）。(2020)

    A. 销售费用　　B. 主营业务成本　　C. 管理费用　　D. 其他业务成本

20. 下列各项中，企业已经发出但不符合收入确认条件的商品成本借记的会计科目是（　　）。(2020)

    A. 主营业务成本　　B. 发出商品　　C. 销售费用　　D. 其他业务成本

21. 2019年12月，某企业报经批准结转无法查明原因的现金盘亏500元；公益性捐赠支出200 000元；盘亏1台固定资产，账面价值30 000元；因自然灾害导致存货损失5 000元；税收滞纳金10 000元。不考虑其他因素，2019年12月该企业确认的营业外支出为（　　）元。

　　A. 245 500　　　　　　B. 245 000　　　　　　C. 215 000　　　　　　D. 240 500

22. 甲公司为一家咨询服务提供商，通过竞标中得一个服务期3年的客户。为取得该合同发生的成本如下：（1）尽职调查的外部律师费35 000元；（2）为投标发生的差旅费24 000元（客户不承担）；（3）销售人员佣金60 000元。此外，向销售部门经理支付年度奖金80 000元。假定不考虑其他因素，甲公司应确认的合同取得成本为（　　）元。（2020）

　　A. 140 000　　　　　　B. 60 000　　　　　　C. 199 000　　　　　　D. 119 000

23. 下列各项中，关于本年利润结转方法表述正确的是（　　）。（2020）

　　A. 采用表结法，增加了转账环节和工作量

　　B. 采用账结法，可以通过"本年利润"科目提供当月利润或亏损的金额

　　C. 采用表结法，每月月末应将各损益类科目的余额转入"本年利润"科目

　　D. 采用账结法，仅在年末将各损益类科目年累计余额转入"本年利润"科目

24. 某企业2020年3月出售单独计价的包装物的成本为2万元，管理用无形资产摊销额3万元，出租包装物的摊销额为0.2万元，出租闲置固定资产计提的折旧费2万。则该企业2020年3月应计入其他业务成本的金额为（　　）万元。（2020）

　　A. 4.2　　　　　　B. 5.2　　　　　　C. 2.2　　　　　　D. 7.2

25. 2020年，某企业实现的利润总额为500万元，其中包含国债利息收入10万元、税收滞纳金支出5万元，该企业适用的所得税税率为25%，不考虑其他因素，2020年该企业确认的所得税费用为（　　）万元。（2021）

　　A. 123.75　　　　　　B. 126.25　　　　　　C. 125　　　　　　D. 122.5

26. 甲公司与乙公司均为增值税一般纳税人。2020年10月9日，甲公司与乙公司签订委托代销合同，甲公司委托乙公司销售A商品10 000件，A商品已经发出，每件商品成本为80元。合同约定乙公司按照每件100元对外销售，甲公司按照不含增值税销售价格的10%向乙公司支付手续费。乙公司不承担包销责任，没有售出的商品必须退回甲公司，甲公司也可以收回A商品销售给其他客户。至2020年12月31日，乙公司实际对外销售商品10 000件，开出增值税专用发票上注明价款为1 000 000元，增值税税额为130 000元。不考虑其他因素，下列关于甲公司的账务处理中，说法正确的是（　　）。（2021）

　　A. 2020年10月9日，发出商品时，确认收入：

　　　　借：库存商品　　　　　　　　　　　　　　　　1 000 000

　　　　　　贷：主营业务收入　　　　　　　　　　　　　　　　1 000 000

B. 2020年12月31日，收到乙公司开具的代销清单时：

借：应收账款　　　　　　　　　　　　　　1 000 000
　　贷：主营业务收入　　　　　　　　　　　　　　　1 000 000

C. 2020年10月9日，发出商品时：

借：发出商品——乙公司　　　　　　　　　800 000
　　贷：库存商品——A商品　　　　　　　　　　　　 800 000

D. 甲公司支付给乙公司的代销手续费，冲减主营业务收入

27. 在支付手续费委托代销商品的方式下，委托方确认销售收入的时间点是（　　）。（2021）

　　A. 委托方收到货款时　　　　　　　　B. 委托方销售商品时
　　C. 委托方收到受托方开具的代销清单时　　D. 委托方交付商品时

28. 下列各项中，期末结转到"本年利润"科目借方的是（　　）。（2021）

　　A. "公允价值变动损益"科目贷方余额　　B. "其他收益"科目贷方余额
　　C. "投资收益"科目贷方余额　　　　　　D. "资产处置损益"科目借方余额

多项选择题

本题共20小题，每小题2分，共40分。每小题的备选答案中，有两个或两个以上符合题意的正确答案。请至少选择两个答案，全部选对得满分，少选得相应分值，多选、错选、不选均不得分。

1. 某公司年初"利润分配——未分配利润"科目贷方余额为700 000元，本年实现净利润5 000 000元，本年提取法定盈余公积500 000元，宣告分配现金股利1 000 000元。不考虑其他因素，该公司当年结转本年利润及其分配的会计处理，正确的有（　　）。（2019）

A. 结转本年实现的净利润时：

借：利润分配——未分配利润　　　　　　5 000 000
　　贷：本年利润　　　　　　　　　　　　　　　　　5 000 000

B. 结转"利润分配"科目所属明细科目余额时：

借：利润分配——提取法定盈余公积　　　　500 000
　　　　　　——应付现金股利　　　　　　1 000 000
　　贷：利润分配——未分配利润　　　　　　　　　　1 500 000

C. 结转本年实现的净利润时：

借：本年利润　　　　　　　　　　　　　5 000 000
　　贷：利润分配——未分配利润　　　　　　　　　　5 000 000

D. 结转"利润分配"科目所属明细科目余额时：

借：利润分配——未分配利润　　　　　　1 500 000
　　贷：利润分配——提取法定盈余公积　　　　　　　500 000
　　　　　　　——应付现金股利　　　　　　　　　1 000 000

2. 下列各项中，影响企业营业利润的有（ ）。（2019）
   A. 对出租的固定资产计提折旧
   B. 销售原材料取得的收入
   C. 出售债券投资确认的投资收益
   D. 无法查明原因的现金短缺

3. 下列各项中，制造业企业应确认为其他业务收入的有（ ）。（2019）
   A. 出租闲置生产设备的租金收入
   B. 随同产品出售单独计价的包装物的收入
   C. 销售原材料的收入
   D. 转让专利使用权的收入

4. 下列各项中，不通过"制造费用"科目核算的有（ ）。（2019）
   A. 生产车间发生的机物料消耗
   B. 直接用于产品生产自制的燃料
   C. 生产工人的工资
   D. 季节性的停工损失

5. 下列各项中，不考虑其他因素，属于合同履约成本的有（ ）。
   A. 由客户承担的场地清理费
   B. 支付给直接为客户提供所承诺服务的人员的工资
   C. 销售人员佣金
   D. 因合同而发生的设计和技术援助费用

6. 对于在某一时段内履行的履约义务，企业应当在该段时间内按照履约进度确认收入。当履约进度能合理确定时，下列各项中，属于确认指标的有（ ）。
   A. 实际测量的完工进度
   B. 已交付的产品
   C. 投入的材料数量
   D. 花费的机器工时

7. 下列各项中，企业应通过"制造费用"科目核算的有（ ）。（2018）
   A. 生产车间房屋折旧
   B. 生产车间生产工人工资
   C. 生产车间管理用耗电费
   D. 生产车间管理用具摊销额

8. 下列科目中，应于期末将余额结转至"本年利润"科目的有（ ）。（2017）
   A. 所得税费用
   B. 投资收益
   C. 营业外支出
   D. 制造费用

9. 2016年度某企业税前会计利润总额为1 500万元，适用所得税税率为25%，本年度该企业取得国债利息收入100万元，发生违反环保规定的罚款支出50万元。不考虑其他因素，下列各项中，有关所得税费用会计处理结果表述正确的有（ ）。（2017）
   A. 贷记"应交税费——应交所得税"科目362.5万元
   B. 借记"所得税费用"科目375万元
   C. 借记"所得税费用"科目362.5万元
   D. 贷记"应交税费——应交所得税"科目375万元

10. 下列各项中，关于合同取得成本表述正确的有（ ）。（2020）
    A. 若预期可通过未来的相关服务收入予以补偿，那么销售佣金应在发生时确认为一项资产，即合同取得成本

B. 企业取得合同发生的增量成本已确认为资产，摊销期限不超过一年的，可在发生时计入当期损益

C. 无论最终是否取得合同都会发生的费用不是合同取得成本

D. 参加竞标的投标费应确认为合同取得成本

11. 下列各项中，计算应交所得税时纳税调整操作正确的有（　　）。（2020）

    A. 超标扣除的公益性捐赠支出调整增加
    B. 国债利息收入调整减少
    C. 税收滞纳金调整增加
    D. 前5年内未弥补的亏损调整增加

12. 对于在某一时段内履行的履约义务，企业应当在该段时间内按照履约进度确认收入，履约进度不能合理确定的除外。关于"在某一时段内履行的履约义务"，以下说法正确的是（　　）。（2020）

    A. 客户能够控制企业履约过程中在建的商品属于在某一时段内履行的履约义务
    B. 企业应当考虑商品性质，通过各种途径和指标确定恰当的履约进度
    C. 当履约进度能合理确定时，企业应当在该时段内按履约进度分次确认收入
    D. 当履约进度不能合理确定时，企业已经发生的成本预计能够得到补偿的，应当按照已经发生的成本金额确认收入，直到履约进度能够合理确定为止

13. 下列各项中，可能会影响本期所得税费用的有（　　）。

    A. 期末在产品成本
    B. 本期应交所得税
    C. 本期递延所得税资产借方发生额
    D. 本期递延所得税负债借方发生额

14. 下列各项中，既影响营业利润又影响利润总额的业务有（　　）。

    A. 转销确实无法支付的应付账款
    B. 转让股票所得收益计入投资收益
    C. 计提坏账准备计入信用减值损失
    D. 出售单独计价包装物取得的收入

15. 下列各项中，影响企业利润总额的有（　　）。

    A. 所得税费用
    B. 公允价值变动损益
    C. 资产减值损失
    D. 营业外支出

16. 下列各项中，属于营业外支出的有（　　）。

    A. 出售固定资产净损失
    B. 出售无形资产净损失
    C. 水灾导致存货毁损的净损失
    D. 捐赠设备支出

17. 下列各项中，应于年度终了转入"利润分配——未分配利润"科目的有（　　）。（2020）

    A. 本年利润
    B. 利润分配——盈余公积补亏
    C. 利润分配——提取法定盈余公积
    D. 利润分配——应付现金股利或利润

18. 下列各项中，应计入税金及附加的有（　　）。（2015）

    A. 房地产开发企业销售房地产应缴纳的土地增值税
    B. 提供劳务应交的城市建设税
    C. 小规模纳税人应交的增值税

D. 自产自用应税产品应交的资源税

19. 甲公司为一家设备销售公司，为增值税一般纳税人，2021年6月1日，甲公司按合同约定向乙公司销售5万台设备，单位销售价格为5 000元，设备已交付乙公司。合同约定，乙公司7月31日前有权退还设备。假定甲公司根据过去的经验，估计该批设备的退货率约为20%，在不确定性消除时，80%的收入极可能不会发生重大转回。下列说法中正确的有（　　）。

A. 2021年6月1日甲公司应确认的收入为25 000万元

B. 2021年6月1日甲公司应确认的收入为20 000万元

C. 2021年6月1日甲公司应确认的收入为0

D. 如果有80%的收入极可能发生重大转回，则不应该确认收入

20. 下列各项中，属于可变对价的有（　　）。

A. 现金折扣　　　　B. 商业折扣　　　　C. 索赔　　　　D. 激励措施

判断题　本题共19小题，每小题1分，共19分。请判断每小题的表述是否正确。每小题答题正确的得1分，错答、不答均不得分，也不扣分。

1. 会计期末，收入类账户的增加额一般都要通过贷方转出，用以计算经营成果。因此收入类账户期末通常没有余额。（　　）(2019)

2. 企业对于交易结果不能可靠估计的劳务不能采用完工百分比法确认收入。（　　）(2019)

3. 企业因山洪暴发导致一批库存材料毁损，应记入"营业外支出"科目。（　　）(2019)

4. 企业出售闲置设备形成的资产处置收益，不会导致企业当期营业利润发生变动。（　　）(2019)

5. 如果销售商品不符合收入确认条件，在商品发出时不需要进行会计处理。（　　）(2017)

6. 账结法下，每月月末应编制转账凭证，将在账上结计出的各损益类科目的余额转入"本年利润"科目。（　　）(2017)

7. "本年利润"科目本期累计金额期末结转到"利润分配——未分配利润"科目。（　　）(2020)

8. 上市公司拟分配股票股利不需要做账务处理。（　　）(2020)

9. 年度终了，除"未分配利润"明细科目外，"利润分配"科目下的其他明细科目应当无余额。（　　）(2020)

10. 企业采用支付手续费方式委托代销商品的，应将支付的手续费计入其他业务成本。（　　）(2016)

11. 在对可变对价进行估计时，企业应当按照期望值确定可变对价的最佳估计数。（　　）

12. 增量成本是指企业不取得合同就不会发生的成本。（　　）

13. "合同资产"科目核算企业已向客户转让商品而有权收取对价的权利，且该权利取决于时间流逝之外的其他因素（如履行合同中的其他履约义务）。（　　）

14. 对于某一时段内履行的履约义务，在资产负债表日，当期收入等于合同总价乘以履约进度。（　　）

15. 企业应当按照扣除商业折扣后的金额确定商品销售价格和销售商品收入金额。（　　）

16. 最可能发生金额是一系列可能发生的对价金额中最可能发生的单一金额，即合同最可能产生的单一结果。当合同仅有两个可能结果时，通常按照可能发生的相关概率估计可变对价金额。（　　）

17. 企业根据应纳税所得额和企业所得税税率计算应交所得税金额，即为企业的所得税费用。（　　）

18. 年度终了，"本年利润"账户有余额。（　　）

19. 所有者不能参与企业利润的分配。（　　）

不定项选择题

本题共 10 小题，每小题 2 分，共 20 分。每小题的备选答案中，有一个或一个以上符合题意的正确答案。每小题全部选对得满分，少选得相应分值，多选、错选、不选均不得分。

第 1 题

甲公司为增值税一般纳税人，适用的增值税税率为 13%，2019 年 7 月甲公司发生如下业务：

（1）1 日，与乙公司签订委托代销合同，委托乙公司销售 N 产品 2 000 件，合同约定乙公司按照每件 100 元对外销售，甲公司按照售价的 10% 向乙公司支付手续费（手续费不考虑增值税）。商品已经发出，每件成本 60 元。

（2）8 日，收到乙公司开具的代销清单，乙公司实际对外销售 N 商品 1 000 件，甲公司开具的增值税专用发票上注明的价款为 100 000 元，增值税税额为 13 000 元，款项尚未收到。

（3）10 日，采用托收承付结算方式向丙公司销售 M 商品，并办妥托收手续，开具的增值税专用发票上注明的价款为 500 000 元，增值税税额为 65 000 元，该批 M 商品的成本为 350 000 元。15 日，丙公司发现该批商品有瑕疵，要求给予 5% 的折让，甲公司同意并办妥相关手续，开具了增值税专用发票（红字）。20 日，甲公司收到扣除折让后的全部款项并存入银行。

（4）25 日，收到以经营租赁方式出租设备的本月租金 20 000 元及相应的增值税税额 2 600 元，该设备本月应计提折旧 12 000 元。

要求：根据上述资料，不考虑其他因素，分析回答下列小题。（2019）

1. 根据资料（1），下列各项中，甲公司发出委托代销商品时的会计处理结果正确的是（　　）。

    A."应交税费"科目贷方登记 26 000 元

    B."委托代销商品"科目借方登记 120 000 元

    C."发出商品"科目借方登记 200 000 元

    D."库存商品"科目贷方登记 120 000 元

2. 根据资料（1）和（2），下列各项中，甲公司收到代销清单时的会计处理结果正确的是（　　）。

    A. 结转主营业务成本 60 000 元　　　B. 确认销售费用 10 000 元

    C. 确认主营业务收入 100 000 元　　　D. 确认应收账款 103 000 元

3. 根据资料（3），下列各项中，关于甲公司销售 M 商品的会计处理结果正确的是（　　）。

   A. 办妥托收手续时，确认应收账款 565 000 元

   B. 发生销售折让时，确认销售费用 25 000 元

   C. 收到销售款项时，增加银行存款 536 750 元

   D. 发生销售折让时，冲减主营业务收入 25 000 元

4. 根据资料（4），下列各项中，与甲公司 7 月份出租设备相关的会计处理结果正确的是（　　）。

   A. 收到租金时：

借：银行存款	22 600	
贷：其他业务收入		20 000
应交税费——应交增值税（销项税额）		2 600

   B. 收到租金时：

借：银行存款	22 600	
贷：其他业务收入		22 600

   C. 计提折旧时：

借：制造费用	12 000	
贷：累计折旧		12 000

   D. 计提折旧时：

借：其他业务成本	12 000	
贷：累计折旧		12 000

5. 根据资料（1）至（4），上述业务对甲公司 7 月份利润表中的"营业收入"的影响金额为（　　）元。

   A. 600 000　　　　B. 620 000　　　　C. 595 000　　　　D. 575 000

第 2 题

甲公司为增值税一般纳税人，销售商品和提供安装服务适用的增值税税率分别为 13% 和 9%。销售商品为其主营业务。

确认收入的同时结转其销售成本。2021 年 7 月甲公司发生如下业务：

（1）1 日，向乙公司销售 M 产品 8 000 件，开具的增值税专用发票上注明的价款为 80 万元，增值税税额为 10.4 万元。商品当日已发出，甲公司上月已预收乙公司 30 万元货款，余款于当日收讫并存入银行。所售 M 产品的实际成本为 64 万元。

（2）3 日，与丙公司签订一份服务合同，为丙公司组装一条生产流水线，期限为 9 个月，合同约定不含税收入为 225 万元，增值税税额为 20.25 万元，已预收 135 万元，该项服务结果能够可靠估计，甲公司按照实际测量的完工进度确定履约进度。至月末经专业测量师测量，该项服务的完工进度为 20%。截至 7 月 31 日已发生成本 32 万元，预计完成该组装业务还将发生成本 128 万元。

（3）5 日，采用委托收款结算方式向丁公司销售 M 产品 7 500 件，开具的增值税专用发票上注明

的价款为 75 万元，增值税税额为 9.75 万元。所售 M 产品的实际成本为 60 万元。销售合同中规定的现金折扣条件为：2/20，N/30。预计丁公司 20 天内付款的概率为 95%，20 天后付款的概率为 5%。10 日，收到丁公司支付款项并存入银行。假设计算现金折扣时不考虑增值税。

（4）6 日，按照与戊公司签订的租赁合同，以经营租赁方式将上月初取得的一台生产设备出租给戊公司。31 日收取当月租金 2 万元（不含增值税）并存入银行。该设备原价为 60 万元，预计净残值为零，采用年限平均法按 10 年计提折旧，未计提减值准备。

要求：根据上述资料，假定取得的增值税专用发票均已经税务机关认证，不考虑其他因素，分析回答下列小题。（2022）（答案中的金额单位用万元表示）

1. 根据期初资料和资料（1），下列各项中，甲公司销售商品的会计处理正确的是（　　）。

   A. 上月收到预收货款时：
      借：银行存款　　　　　　　　　　　　　　30
          贷：预收账款　　　　　　　　　　　　　　　30

   B. 1 日发出商品确认收入时：
      借：预收账款　　　　　　　　　　　　　　30
          银行存款　　　　　　　　　　　　　　60.4
          贷：主营业务收入　　　　　　　　　　　　　80
              应交税费——应交增值税（销项税额）　　　10.4

   C. 上月收到预收货款时：
      借：银行存款　　　　　　　　　　　　　　30
          贷：合同负债　　　　　　　　　　　　　　　30

   D. 1 日发出商品确认收入时：
      借：合同负债　　　　　　　　　　　　　　30
          银行存款　　　　　　　　　　　　　　60.4
          贷：主营业务收入　　　　　　　　　　　　　80
              应交税费——应交增值税（销项税额）　　　10.4

2. 根据资料（2），2021 年 7 月甲公司应确认的提供服务收入是（　　）万元。
   A. 45　　　　　　　　B. 225　　　　　　　　C. 32　　　　　　　　D. 135

3. 根据资料（3），下列各项中，关于甲公司会计处理表述正确的是（　　）。
   A. 5 日，确认销售商品收入 75 万元　　　　　B. 10 日，确认银行存款 84.75 万元
   C. 5 日，确认销售商品收入 73.5 万元　　　　D. 10 日，确认银行存款 83.25 万元

4. 根据资料（4），下列各项中，关于甲公司会计处理结果表述正确的是（　　）。
   A. 计提当月出租设备折旧确认制造费用 6 万元
   B. 计提当月出租设备折旧确认其他业务成本 0.5 万元

C. 收取当月租金确认营业外收入 2 万元

D. 收取当月租金确认其他业务收入 2 万元

5. 根据期初资料、资料（1）至（4），2021 年 7 月甲公司利润表中下列项目本期金额计算结果正确的是（　　）。

   A. 营业收入为 200.5 万元
   B. 营业收入为 202 万元
   C. 营业成本为 156 万元
   D. 营业成本为 156.5 万元

微信扫码，听基础课程

今日做题报告

做题时间： 月 日　　　　　　　　　　　　复盘时间： 月 日

单项选择题做题数量：	准确率：
多项选择题做题数量：	准确率：
判断题做题数量：	准确率：
不定项选择题做题数量：	准确率：
总做题数量：	准确率：

需要温习的知识内容：

本日学习心得：

DAY10 财务报告

小鱼指导：

　　本日所做考题涉及内容为初级会计实务第八章。本章内容的知识点比较综合，前七章内容是学习本章的基础，如果前七章的内容没有完全掌握，那么在复习本章的时候就会比较吃力，我们把这一章作为前七章的检测，查漏补缺，直到融会贯通。本章是我们形成会计思维架构的关键，占考试分值的 10% 左右。考试题型是单项选择题、多项选择题和判断题。

任务难度：🐟🐟🐟🐟　　　　　　任务时间：85 分钟

题型及总分：单项选择题　多项选择题　判断题　　共计 90 分

分数标准：☐ 78~90 分（77 分以上冲击状元）　　☐ 67~77 分（学习过关拿证不愁）
　　　　　☐ 54~66 分（查漏补缺再加把劲）　　　☐ 54 分以下（重新学习，要努力了）

单项选择题

本题共 28 小题，每小题 2 分，共 56 分。每小题的备选答案中，只有一个符合题意的正确答案。错选、不选均不得分。

1. 在企业所有者权益变动表中，下列各项中，需要独立列示的项目是（　　）。（2018）
   A. 会计政策变更累积影响金额　　　　B. 公允价值变动收益
   C. 资产减值损失　　　　　　　　　　D. 递延所得税资产

2. 下列各项中，资产负债表中应根据有关科目余额减去其备抵科目余额填列的是（　　）。（2018）
   A. 固定资产　　　　　　　　　　　　B. 短期借款
   C. 开发支出　　　　　　　　　　　　D. 货币资金

3. 期末，某企业"预收账款"科目所属各明细科目借方余额合计 20 万元，"应收账款"科目所属各明细科目借方余额合计 60 万元，"坏账准备"科目贷方余额 30 万元。该企业资产负债表"应收账款"项目余额为（　　）万元。（2017）
   A. 80　　　　　　B. 30　　　　　　C. 50　　　　　　D. 60

4. 资产负债表日，经减值测试，企业应收账款账面价值高于其预计未来可收回金额的差额，应记入（　　）。

A. "应收账款"账户的贷方　　　　　　　　B. "坏账准备"账户的贷方

C. "管理费用"账户的借方　　　　　　　　D. "资产减值损失"账户的借方

5. 2018年12月31日，某企业"应付账款——甲企业"明细科目贷方余额为40 000元，"应付账款——乙企业"明细科目借方余额为10 000元，"预付账款——丙企业"明细科目借方余额为30 000元，"预付账款——丁企业"明细科目贷方余额为6 000元。不考虑其他因素，该企业2018年12月31日资产负债表"应付账款"项目期末余额为（　　）元。(2018)

A. 36 000　　　　B. 40 000　　　　C. 30 000　　　　D. 46 000

6. 某企业2021年12月31日"库存商品"账户余额为1 700万元，"生产成本"账户余额为500万元，"工程物资"账户余额为400万元，"委托加工物资"账户余额为200万元，"材料成本差异"账户借方余额为40万元，"存货跌价准备"账户贷方余额为80万元。该企业2021年12月31日资产负债表"存货"项目的金额为（　　）万元。

A. 2 760　　　　B. 2 360　　　　C. 2 280　　　　D. 2 420

7. 下列各项资产项目中，根据明细科目余额计算填列的是（　　）。

A. 在建工程　　　B. 资本公积　　　C. 长期借款　　　D. 应付职工薪酬

8. 某公司2021年年初"坏账准备——应收账款"账户贷方余额为3万元；3月20日收回已核销的坏账10万元并入账；12月31日"应收账款"账户余额为320万元（所属明细账户为借方余额）；预计未来可收回的金额为300万元。不考虑其他因素，2021年年末该公司应计提的坏账准备金额为（　　）。

A. 35　　　　B. 20　　　　C. 13　　　　D. 7

9. 2020年7月31日，某企业"应付账款"总账科目贷方余额为1 300万元，其中"应付账款——A公司"明细科目贷方余额为1 655万元，"应付账款——B公司"明细科目借方余额为20万元。"预付账款"总账科目借方余额为21.5万元，其中，"预付账款——C公司"明细科目借方余额为20万元，"预付账款——D公司"明细科目贷方余额为3万元，预付账款计提的坏账准备余额为2万元。不考虑其他因素，在该企业7月31日的资产负债表中"预付款项"项目期末余额为（　　）万元。(2017)

A. 20　　　　B. 40　　　　C. 38　　　　D. 19.5

10. 以下各项中，属于资产负债表非流动负债的是（　　）。(2017)

A. 预收账款　　　B. 其他应付款　　　C. 应付股利　　　D. 递延收益

11. 下列各项中，不属于企业利润表填列项目的是（　　）。(2017)

A. 税金及附加　　B. 营业外支出　　C. 未分配利润　　D. 利息收入

12. 下列资产负债表项目中，根据总账科目余额直接填列的是（　　）。(2017)

    A. 无形资产　　　　B. 短期借款　　　　C. 投资性房地产　　　　D. 固定资产

13. 下列各项中，应列入利润表中"销售费用"项目的是（　　）。(2020)

    A. 计提行政管理部门使用无形资产的摊销额

    B. 计提由行政管理部门负担的工会经费

    C. 计提专设销售机构固定资产的折旧费

    D. 发生的不符合资本化条件的研发费用

14. 下列各项在资产负债表中"期末余额"根据总账科目余额直接填列的项目是（　　）。(2020)

    A. 开发支出　　　　B. 在建工程　　　　C. 应付账款　　　　D. 短期借款

15. 下列各项中，应列入利润表"营业收入"项目的是（　　）。(2020)

    A. 销售材料取得的收入　　　　　　　　B. 接受捐赠收到的现金

    C. 出售专利权取得的净收益　　　　　　D. 出售自用房产取得的净收益

16. 下列财务报表中，反映经营成果的是（　　）。(2020)

    A. 利润表　　　　B. 所有者权益变动表　　　　C. 资产负债表　　　　D. 现金流量表

17. 下列各项中，不在所有者权益变动表中列示的项目是（　　）。(2015)

    A. 综合收益总额　　　　　　　　　　　B. 所有者投入和减少资本

    C. 利润分配　　　　　　　　　　　　　D. 每股收益

18. 下列关于企业财务报表附注的表述不正确的是（　　）。

    A. 附注是可有可无的

    B. 附注应注明或有事项和承诺事项

    C. 附注中包括会计政策和会计估计变更以及差错更正的说明

    D. 附注需要注明财务报表的编制基础，指明是在持续经营基础上还是非持续经营基础上编制

19. 2014年12月31日，某企业"工程物资"科目的借方余额为300万元，"发出商品"科目的借方余额为40万元，"原材料"科目的借方余额为70万元，"材料成本差异"科目的贷方余额为5万元，不考虑其他因素，该企业12月31日资产负债表中"存货"项目的期末余额为（　　）万元。(2017)

    A. 115　　　　B. 105　　　　C. 405　　　　D. 365

20. 下列资产负债表项目中，企业应根据总账科目余额直接填列的是（　　）。(2021)

    A. 固定资产　　　　B. 应付账款　　　　C. 资本公积　　　　D. 应收票据

21. 2020年11月，某企业结转已销商品成本10万元、已销原材料成本2万元、随同商品出售单独计价包装物成本1万元、固定资产报废净损失3万元。不考虑其他因素，该企业当月利润表"营业成本"项目填列的本期金额为（　　）万元。(2021)

    A. 10　　　　B. 16　　　　C. 12　　　　D. 13

22. "工程物资"科目的余额需要在资产负债表的（　　）项目中填列。(2021)
    A. 在建工程　　　　B. 工程物资　　　　C. 固定资产　　　　D. 存货

23. 下列选项中，不属于资产负债表的阅读与应用内容的是（　　）。
    A. 资产的存在状态及其分布　　　　B. 整体财务状况
    C. 负债和所有者权益的构成状况　　D. 利润的构成情况

24. 在编制现金流量表时，"直接法"与"间接法"是针对（　　）而言的。
    A. 经营活动的现金流量　　　　B. 投资活动的现金流量
    C. 筹资活动的现金流量　　　　D. 以上三种都不是

25. 下列各项中，会引起现金流量净额发生变动的是（　　）。
    A. 将现金存入银行　　　　B. 领取原材料生产产品
    C. 机器设备计提折旧　　　D. 用银行存款偿还应付账款

26. 下列各项中，能够引起现金流量净额发生变动的是（　　）。
    A. 以银行存款购买 2 个月内到期的债券投资　　B. 以银行存款支付采购款
    C. 将现金存为银行活期存款　　　　　　　　　D. 以存货抵偿债务

27. 下列交易或事项产生的现金流量中，属于"投资活动产生的现金流量"的是（　　）。
    A. 购买固定资产　　　　B. 发行股票
    C. 销售商品收到现金　　D. 向银行借入款项收到现金

28. 下列关于现金流量表编制方法的说法中，错误的是（　　）。
    A. 运用直接法编制现金流量表可以采用工作底稿法或 T 型账户法
    B. 企业应当根据具体情况，确定现金等价物的范围，一经确定不得随意变更
    C. 我国企业会计准则规定企业应当采用直接法编报现金流量表
    D. 编制现金流量表的间接法是以利润表中的营业收入为起算点，调节与经营活动有关的项目的增减变动，然后计算出经营活动产生的现金流量

多项选择题

本题共 10 小题，每小题 2 分，共 20 分。每小题的备选答案中，有两个或两个以上符合题意的正确答案。请至少选择两个答案，全部选对得满分，少选得相应分值，多选、错选、不选均不得分。

1. 下列属于企业利润表中列报项目的有（　　）。(2019)
    A. 其他收益　　　　B. 信用减值损失　　　　C. 综合收益总额　　　　D. 每股收益

2. 下列各项中，应在企业财务报表附注中披露的内容有（　　）。(2019)
    A. 财务报表的编制基础
    B. 会计政策和会计估计变更以及差错更正的说明
    C. 重要会计政策和会计估计

D. 遵循企业会计准则的声明

3. 资产负债表中，根据总账的科目余额与明细账的科目余额分析计算填列的有（   ）。（2018）

   A. 货币资金　　　　B. 长期借款　　　　C. 资本公积　　　　D. 其他非流动资产

4. 下列各项中，属于企业流动资产的有（   ）。（2016）

   A. 职工预借的差旅费　　　　　　　　B. 购买原材料预付的货款

   C. 外购的专利技术　　　　　　　　　D. 已出租的仓库

5. 下列各项中，属于企业流动负债的有（   ）。（2019）

   A. 赊购材料应支付的货款　　　　　　B. 销售应税消费品应缴纳的消费税

   C. 收取客户的购货定金　　　　　　　D. 本期从银行借入的三年期借款

6. 下列各项中，企业应当在所有者权益变动表中单独列示的项目有（   ）。（2021）

   A. 综合收益总额　　　　　　　　　　B. 会计政策变更和差错更正的累积影响金额

   C. 提取的盈余公积　　　　　　　　　D. 会计估计变更

7. 财务报告使用者通常包括（   ）。

   A. 债权人　　　　　B. 投资者　　　　C. 社会公众　　　　D. 政府

8. 下列选项中，属于企业现金流量表中投资活动产生的现金流量有（   ）。

   A. 购买一项无形资产　　　　　　　　B. 购买一项交易性金融资产

   C. 购买一吨原材料　　　　　　　　　D. 购买一台用于生产的机器设备

9. 下列各项中，影响当期利润表中"利润总额"项目的有（   ）。

   A. 对外捐赠无形资产　　　　　　　　B. 确认所得税费用

   C. 固定资产盘亏净损失　　　　　　　D. 固定资产出售利得

10. 下列资产减值准备相关科目余额中，不在资产负债表上单独列示的有（   ）。

    A. 坏账准备　　　　　　　　　　　　B. 存货跌价准备

    C. 固定资产减值准备　　　　　　　　D. 无形资产减值准备

判断题

本题共 14 小题，每小题 1 分，共 14 分。请判断每小题的表述是否正确。每小题答题正确的得 1 分，错答、不答均不得分，也不扣分。

1. 资产负债表日，应根据"库存现金""银行存款""其他货币资金"三个总账科目的期末余额合计数填列资产负债表"货币资金"项目。（   ）（2019）

2. 企业日常核算中不设置"预付账款"科目，期末编制资产负债表时不需填制"预付款项"项目。（   ）（2018）

3. 企业将于一年内偿还的长期借款，应在资产负债表中"一年内到期的非流动负债"项目列报。（   ）（2017）

4. 企业出售生产经营用固定资产实现的净收益,应列入利润表的"营业收入"项目。(　　)(2015)

5. 资产负债表中的"应付账款"项目,应按"预付账款"科目所属明细科目期末贷方余额和"应付账款"科目所属明细科目期末贷方余额之和填列。(　　)(2016)

6. 企业未计入当期利润的利得和损失扣除所得税影响后的净额,应列入其利润表的"其他综合收益的税后净额"项目。(　　)(2016)

7. "在建工程"应根据总账科目的期末余额分析计算填列。(　　)(2020)

8. 资产负债表中的"预付款项"项目根据"预付账款"科目和"应付账款"科目相关明细账的期末贷方余额减去相关坏账准备余额填列。(　　)(2021)

9. 直接法,一般是以利润表中的营业收入为起算点,调节与经营活动有关的增减变动,然后计算出经营活动产生的现金流量。(　　)

10. 企业应当按照权责发生制编制财务报表。(　　)

11. 现金流量表中的经营活动,是指企业投资活动和筹资活动以外的交易和事项。销售商品或提供劳务、处置固定资产、分配利润等产生的现金流量均包括在经营活动产生的现金流量之中。(　　)

12. 一套完整的财务报表至少应当包括资产负债表、利润表、现金流量表、所有者权益(或股东权益)变动表。(　　)

13. 对于财务报表中的项目是单独列报还是汇总列报,应当依据谨慎性原则来判断。(　　)

14. 财务报告附注是对在资产负债表、利润表、现金流量表和所有者权益变动表等报表中列示项目的文字描述或明细资料,以及对未能在这些报表中列示项目的说明等。(　　)

微信扫码,听基础课程

今日做题报告

做题时间： 月 日　　　　　　　　　　　　复盘时间： 月 日

单项选择题做题数量：	准确率：
多项选择题做题数量：	准确率：
判断题做题数量：	准确率：
总做题数量：	准确率：

需要温习的知识内容：

本日学习心得：

2020年初级会计资格考试试题（新大纲修订版）

单项选择题 本题共20小题，每小题2分，共40分。每小题的备选答案中，只有一个符合题意的正确答案。错选、不选均不得分。

1. 某股份有限公司对外公开发行普通股2 000万股，每股面值为1元，每股发行价格为3元，发行手续费600 000元从发行收入中扣除，发行所得款项存入银行。不考虑其他因素，下列各项中，该笔业务会计处理正确的是（　　）。

    A. 借：银行存款　　　　　　　　　　59 400 000
    　　　财务费用　　　　　　　　　　　　600 000
    　　贷：股本　　　　　　　　　　　　　　　　　　20 000 000
    　　　　资本公积　　　　　　　　　　　　　　　　40 000 000

    B. 借：银行存款　　　　　　　　　　60 000 000
    　　　财务费用　　　　　　　　　　　　600 000
    　　贷：股本　　　　　　　　　　　　　　　　　　20 000 000
    　　　　资本公积　　　　　　　　　　　　　　　　40 600 000

    C. 借：银行存款　　　　　　　　　　60 000 000
    　　贷：股本　　　　　　　　　　　　　　　　　　60 000 000

    D. 借：银行存款　　　　　　　　　　59 400 000
    　　贷：股本　　　　　　　　　　　　　　　　　　20 000 000
    　　　　资本公积　　　　　　　　　　　　　　　　39 400 000

2. 下列各项中，不属于会计职业道德主要内容的是（　　）。
    A. 决策管理　　　B. 提高技能　　　C. 廉洁自律　　　D. 爱岗敬业

3. 下列各项中，不影响利润表中"营业利润"项目的是（　　）。
    A. 信用减值损失　　　B. 所得税费用　　　C. 投资收益　　　D. 资产减值损失

4. 下列各项中，企业应通过"营业外支出"科目核算的是（　　）。
    A. 计提的预计产品质量保证损失　　　B. 支付的外聘法律顾问费
    C. 用银行存款缴纳的增值税　　　　　D. 自然灾害导致的固定资产毁损

5. 下列各项中，不属于内部控制基本要素的是（　　）。
    A. 内部环境　　　B. 外部环境　　　C. 控制活动　　　D. 内部监督

6. 下列各项中，关于政府决算报告的表述不正确的是（　　）。
    A. 以收付实现制为编制基础　　　B. 编制主体与政府财务报告编制主体相同
    C. 反映政府年度预算收支执行情况　　　D. 编制方法是合并

7. 采用支付手续费委托代销方式时，下列各项中，委托方在收到受托方开出的代销清单时应将支付的代销手续费记入的会计科目是（　　）。
   A. 财务费用　　　　　B. 销售费用　　　　　C. 管理费用　　　　　D. 其他业务成本

8. 2019年12月初，某企业所有者权益总额为1 200万元，当年该企业实现综合收益总额为300万元，用盈余公积转增资本300万元，向所有者分配现金股利50万元。不考虑其他因素，该企业2019年度所有者权益变动表中所有者权益合计"本年年末余额"的列报金额为（　　）万元。
   A. 1 750　　　　　B. 1 450　　　　　C. 1 500　　　　　D. 1 550

9. 企业签发的银行承兑汇票到期无力支付时，应将未支付的票款记入的会计科目是（　　）。
   A. 应付账款　　　　　B. 其他应付款　　　　　C. 短期借款　　　　　D. 坏账准备

10. 企业根据本月"工资费用分配汇总表"分配所列财务部门人员薪酬时，应借记的会计科目是（　　）。
    A. 财务费用　　　　　B. 管理费用　　　　　C. 生产成本　　　　　D. 销售费用

11. 下列各项中，不属于企业管理会计工具方法的是（　　）。
    A. 战略地图　　　　　B. 滚动预算　　　　　C. 平衡计分卡　　　　　D. 变动成本法

12. 2018年12月3日，某企业购入一台不需要安装的办公设备并投入使用，原价为60 000元，预计净残值为3 000元，预计使用年限为4年，按年数总和法计提折旧。不考虑其他因素，2020年12月31日该设备的账面价值为（　　）元。
    A. 22 800　　　　　B. 37 200　　　　　C. 20 100　　　　　D. 39 900

13. 下列各项中，股份有限公司回购股票支付的价款低于股票面值总额的差额，在注销股份时应记入的会计科目是（　　）。
    A. 利润分配——未分配利润　　　　　B. 盈余公积
    C. 资本公积　　　　　D. 投资收益

14. 下列各项中，企业计提专设销售机构的固定资产折旧应借记的会计科目是（　　）。
    A. 管理费用　　　　　B. 销售费用
    C. 其他业务成本　　　　　D. 制造费用

15. 企业向银行申领信用卡，交存相关款项后，收到银行盖章退回的进账单第一联。下列各项中，企业应借记的会计科目是（　　）。
    A. 应收票据　　　　　B. 其他货币资金
    C. 其他应收款　　　　　D. 银行存款

16. A企业留存收益年初余额为120万元，本年利润总额为800万元，所得税税率为25%，按净利润的10%提取法定盈余公积，按净利润的5%提取任意盈余公积，将盈余公积50万元、30万元分别用于转增资本、发放现金股利。A企业留存收益年末余额为（　　）万元。
    A. 640　　　　　B. 710　　　　　C. 720　　　　　D. 800

17. 下列各项中，企业发生的相关税费应通过"税金及附加"科目核算的是（　　）。

   A. 应代扣代缴的个人所得税　　　　　　B. 应缴纳的企业所得税

   C. 应缴纳的城市维护建设税　　　　　　D. 小规模企业应缴纳的增值税

18. 委托加工的应税消费品，收回后用于连续生产应税消费品，按规定准予抵扣的，应按已由受托方代收代缴的消费税借记（　　）。

   A. 委托加工物资　　B. 税金及附加　　C. 应交税费　　D. 应付账款

19. 2019年12月31日，某公司有关科目借方余额如下：原材料80万元，周转材料20万元，生产成本55万元，库存商品50万元。不考虑其他因素，2019年12月31日，该公司资产负债表中存货期末余额为（　　）万元。

   A. 150　　　　B. 205　　　　C. 185　　　　D. 155

20. "在不同会计期间发生的相同的或相似的交易或事项，应当采用一致的会计政策，不得随意变更"。下列各项中，对这一会计信息质量要求表述正确的是（　　）。

   A. 谨慎性　　　　B. 可靠性　　　　C. 可比性　　　　D. 可理解性

多项选择题

本题共10小题，每小题2分，共20分。每小题的备选答案中，有两个或两个以上符合题意的正确答案。请至少选择两个答案，全部选对得满分，少选得相应分值，多选、错选、不选均不得分。

1. 下列各项中，企业应通过"库存商品"科目核算的有（　　）。

   A. 存放在门市部准备出售的商品

   B. 已完成销售手续但购买单位在月末未提取的产品

   C. 为外单位加工修理的代修品

   D. 接受来料加工制造的代制品

2. 下列各项中，属于原始凭证审核内容的有（　　）。

   A. 原始凭证所记录经济业务是否符合国家法律法规

   B. 原始凭证各项基本要素是否齐全

   C. 原始凭证记载的各项内容是否正确

   D. 原始凭证业务内容和数据是否真实

3. 某企业为增值税一般纳税人，委托A公司加工一批应交消费税的材料，加工收回后用于连续生产应税消费品。下列各项中，该企业应计入委托加工材料成本的有（　　）。

   A. 应负担的不含税运杂费　　　　　　B. 支付的加工费

   C. 支付的可抵扣的增值税　　　　　　D. 支付的消费税

4. 与企业会计相比，政府会计具有的特点有（　　）。

   A. 双功能　　　　B. 双基础　　　　C. 双要素　　　　D. 双报告

5. 下列各项中,属于政府预算会计要素的有( )。
   A. 净资产　　　　　B. 预算收入　　　　　C. 费用　　　　　D. 预算结余

6. 下列各项中,属于企业资产负债表所有者权益项目的有( )。
   A. 库存股　　　　　　　　　　　　B. 盈余公积
   C. 每股收益　　　　　　　　　　　D. 其他综合收益

7. 下列各项中,企业应通过"营业外收入"科目核算的有( )。
   A. 盘盈固定资产　　　　　　　　　B. 转销确实无法清偿的应付账款
   C. 转让商品使用权的使用费收入　　D. 无法查明原因的现金溢余

8. 下列各项中,关于交易性金融资产会计处理表述正确的有( )。
   A. 资产负债表日公允价值与账面余额之间的差额计入当期损益
   B. 出售时公允价值与其账面余额的差额计入投资收益
   C. 持有期间取得的现金股利计入投资收益
   D. 转让金融商品应交增值税按差额交税,若相抵后出现负差,可结转下一纳税期与下期转让金融商品销售额互抵,但年末时仍出现负差的,不得转入下一会计年度

9. 下列各项中,企业应通过"周转材料"科目核算的有( )。
   A. 购入用于出租、出借的包装物
   B. 为维修设备采购的价值较低的专用工具
   C. 为生产车间领用一批价值较低的劳动保护用品
   D. 随同商品出售不单独计价的包装物

10. 下列各项中,企业应通过"其他应收款"科目核算的有( )。
    A. 应向客户收取的租出包装物租金　　B. 代购货单位垫付的运杂费
    C. 应向保险公司收取的财产意外损失赔款　　D. 应向职工收取代垫的家属医药费

判断题

本题共10小题,每小题1分,共10分。请判断每小题的表述是否正确。每小题答题正确的得1分,错答、不答均不得分,也不扣分。

1. 管理会计理论体系包括基本指引、应用指引和案例库,用以指导单位管理会计实践。( )

2. 资产负债表中"短期借款"项目期末余额应根据"短期借款"明细账科目的余额填列。( )

3. 企业年终结账后,"本年利润"科目应无余额。( )

4. 企业财产清查中盘亏的固定资产,按管理权限报经批准处理前,应通过"待处理财产损溢"科目核算。( )

5. 企业拥有的已达到预定可使用状态但尚未办理竣工决算的固定资产,无须计提折旧。( )

6. 在结账前发现账簿记录有文字或数字错误,但记账凭证没有错误,会计人员应采用划线更正法进行更正处理。( )

7. 制造业企业发生的原材料短缺停工费用应直接计入当期损益。（   ）

8. 事业单位占有使用的、单位价值虽未达到规定标准，但使用期限超过1年（不含1年）的大批同类图书，应当作为固定资产进行核算。（   ）

9. 企业生产车间（部门）和行政管理部门发生的固定资产日常修理费，应通过"管理费用"科目核算。（   ）

10. 实质重于形式要求企业应当按照交易或者事项的经济实质进行会计确认、计量和报告，不应该以交易或者事项的法律形式为依据。（   ）

不定项选择题

本题共15小题，每小题2分，共30分。每小题的备选答案中，有一个或一个以上符合题意的正确答案。每小题全部选对得满分，少选得相应分值，多选、错选、不选均不得分。

第1题

M公司为增值税一般纳税人，2019年12月，该公司发生有关经济业务资料如下：

（1）当月收到X公司作为资本投入的不需安装的生产设备。投资合同约定设备价值为400万元（与公允价值相符），取得增值税专用发票注明增值税税额为52万元（已由X公司支付）。按合同约定，X公司在M公司注册资本中享有的份额为300万元。

（2）当月报废生产设备一台，原价为80万元，截至12月末累计计提的折旧76万元，设备零部件作价0.4万元作为维修材料入库。

（3）当月以银行存款购入一项管理用非专利技术，取得增值税专用发票注明的价款为90万元，增值税税额为5.4万元；该项非专利技术预计使用年限为5年，预计残值为零，采用年限平均法摊销。

要求：根据上述资料，不考虑其他因素，分析回答下列小题。（答案中的金额单位用万元表示）

1. 根据资料（1），下列各项中，关于M公司接受设备投资的会计处理不正确的是（   ）。

    A. 借：固定资产　　　　　　　　　　　　　　　　　400
          应交税费——应交增值税（进项税额）　　　52
      贷：实收资本——X公司　　　　　　　　　　　　　300
          资本公积——资本溢价　　　　　　　　　　　　152

    B. 借：固定资产　　　　　　　　　　　　　　　　　452
      贷：实收资本——X公司　　　　　　　　　　　　　452

    C. 借：固定资产　　　　　　　　　　　　　　　　　400
          应交税费——应交增值税（进项税额）　　　52
      贷：实收资本——X公司　　　　　　　　　　　　　452

    D. 借：固定资产　　　　　　　　　　　　　　　　　452
      贷：实收资本——X公司　　　　　　　　　　　　　300
          资本公积——资本溢价　　　　　　　　　　　　152

2. 根据资料（2），下列关于 M 公司报废固定资产的说法，正确的是（   ）万元。

   A. 净收益 4.4　　　　　　　　　　B. 净损失 4.8

   C. 净损失 4　　　　　　　　　　　D. 净损失 3.6

3. 根据资料（3），下列各项中，关于 M 公司非专利技术的会计处理结果正确的是（   ）。

   A. 非专利技术当月摊销额为 1.59 万元　　B. 非专利技术入账成本为 95.4 万元

   C. 非专利技术入账成本为 90 万元　　　　D. 非专利技术当月摊销额为 1.5 万元

4. 根据资料（1）至（3），上述业务对甲公司 2019 年 12 月利润表中"管理费用"项目本期金额的影响是（   ）万元。

   A. 18　　　　B. 1.5　　　　C. 19.08　　　　D. 1.59

5. 根据资料（1）至（3），到 2019 年年末，M 公司相关会计处理结果表述正确的是（   ）。

   A. 固定资产账面余额增加 320 万元　　B. 无形资产账面价值增加 88.5 万元

   C. 无形资产账面价值增加 90 万元　　　D. 固定资产账面余额增加 400 万元

第 2 题

某企业为增值税一般纳税人，2019 年 12 月初"应付职工薪酬"科目贷方余额为 234 万元。本月该企业发生的有关职工薪酬的经济业务如下：

（1）以银行存款发放上月应付职工薪酬 200 万元，扣除已垫付职工房租 12 万元，并按规定代扣职工个人所得税 22 万元。

（2）分配本月职工薪酬 250 万元（未包括累积带薪缺勤相关的职工薪酬），其中基本生产车间生产工人薪酬为 150 万元，车间管理人员薪酬为 50 万元，企业行政管理人员薪酬为 30 万元，专设销售机构人员薪酬为 20 万元。

（3）将自产的 100 台取暖器作为本月生产车间生产工人的职工福利发放，取暖器的成本为每台 400 元，市场不含税售价为每台 500 元，适用的增值税税率为 13%。

（4）该企业实行累积带薪缺勤制度，期末预计 10 名部门经理人员和 15 名销售人员将在下一年度休完本年未使用的带薪休假，预期支付的金额分别为 2.3 万元和 2.8 万元。

要求：根据上述资料，不考虑其他因素，分析回答下列小题。(答案中的金额单位用万元表示)

1. 根据期初资料和资料（1），下列各项中，该企业支付职工薪酬的相关会计处理表述正确的是（   ）。

   A. 贷记"应交税费"科目 22 万元

   B. 贷记"其他应收款"科目 12 万元

   C. 贷记"银行存款"科目 200 万元

   D. 借记"应付职工薪酬"科目 234 万元

2. 根据资料（2），下列各项中，关于该企业分配职工薪酬的会计处理表述不正确的是（   ）。

   A. 车间管理人员薪酬 50 万元计入管理费用

   B. 企业行政管理人员薪酬 30 万元计入管理费用

C. 专设销售机构人员薪酬 20 万元计入销售费用

D. 基本生产车间生产工人薪酬 150 万元计入生产成本

3. 根据资料（3），下列各项中，该企业确认和发放非货币性福利的会计处理正确的是（　　）。

A. 结转发放非货币性福利的产品成本：

借：主营业务成本　　　　　　　　　　　　　　4

贷：库存商品　　　　　　　　　　　　　　　　　　　4

B. 发放非货币性福利：

借：应付职工薪酬　　　　　　　　　　　　　5.65

贷：其他业务收入　　　　　　　　　　　　　　　　5

应交税费——应交增值税（销项税额）　　　　0.65

C. 发放非货币性福利：

借：应付职工薪酬　　　　　　　　　　　　　4.52

贷：库存商品　　　　　　　　　　　　　　　　　　　4

应交税费——应交增值税（销项税额）　　　　0.52

D. 确认非货币性福利：

借：生产成本　　　　　　　　　　　　　　　5.65

贷：应付职工薪酬　　　　　　　　　　　　　　　5.65

4. 根据资料（4），下列各项中，关于该企业累积带薪缺勤会计处理正确的是（　　）。

A. 借：管理费用　　　　　　　　　　　　　　2.3

销售费用　　　　　　　　　　　　　　2.8

贷：其他应付款　　　　　　　　　　　　　　　5.1

B. 借：生产成本　　　　　　　　　　　　　　5.1

贷：应付职工薪酬　　　　　　　　　　　　　　5.1

C. 借：管理费用　　　　　　　　　　　　　　2.3

销售费用　　　　　　　　　　　　　　2.8

贷：应付职工薪酬　　　　　　　　　　　　　　5.1

D. 借：管理费用　　　　　　　　　　　　　　5.1

贷：应付职工薪酬　　　　　　　　　　　　　　5.1

5. 根据资料（2）至（4），2019 年 12 月该企业应计入产品成本的职工薪酬金额是（　　）万元。

A. 205.65　　　　　B. 260.75　　　　　C. 255.1　　　　　D. 244.75

第 3 题

甲公司为增值税一般纳税人。2019 年 10 月，甲公司发生的有关经济业务如下：

（1）1 日，将一台暂时闲置的生产设备出租给乙公司。双方合同约定租期为 6 个月，每月不含增值税的租金 5 万元，租金一次性收取且提供后续服务。甲公司开具的增值税专用发票上注明的价款为 30 万元，增值税税额为 3.9 万元。该设备每月应计提折旧费 4 万元。

（2）8 日，销售 A 产品 10 000 件，每件标价为 1 000 元（不含增值税），每件生产成本为 800 元，由于是成批销售，给予购买方 10% 的商业折扣，开具的增值税专用发票上注明的价款为 900 万元，增值税税额为 117 万元，全部款项已收到并存入银行。

（3）8 日，销售 A 产品时领用单独计价的包装物一批，随同 A 产品出售。甲公司开具的增值税专用发票上注明的包装物价款为 2 万元，增值税税额为 0.26 万元，全部款项已收到并存入银行，包装物的实际成本为 1 万元。

（4）16 日，销售一批不需要用的原材料，甲公司开具的增值税专用发票上注明的价款为 4 万元，增值税税额为 0.52 万元，款项已收到并存入银行。该批原材料的实际成本为 3 万元。

要求：根据上述资料，不考虑其他因素，分析回答下列小题。(答案中的金额单位用万元表示)

1. 根据资料（1），甲公司 2019 年 10 月出租生产设备相关会计处理表述正确的是（   ）。

   A. 应确认其他业务收入 5 万元

   B. 应确认其他业务收入 33.9 万元

   C. 计提折旧费应计入管理费用 4 万元

   D. 计提折旧费应计入其他业务成本 4 万元

2. 根据资料（2），下列各项中，关于甲公司确认销售商品收入并结转售出商品成本的会计处理正确的是（   ）。

   A. 借：主营业务成本   720
   　　贷：库存商品   720

   B. 借：银行存款   1 130
   　　贷：主营业务收入   1 000
   　　　　应交税费——应交增值税（销项税额）   130

   C. 借：银行存款   1 017
   　　贷：主营业务收入   900
   　　　　应交税费——应交增值税（销项税额）   117

   D. 借：主营业务成本   800
   　　贷：库存商品   800

3. 根据资料（3），下列各项中，甲公司结转随同 A 产品销售的包装物成本时涉及的会计科目是（   ）。

   A. 其他业务成本　　　　　　　　　B. 周转材料

   C. 主营业务成本　　　　　　　　　D. 销售费用

4. 根据资料（4），下列各项中，关于甲公司销售原材料和结转成本的会计处理结果正确的是（　　）。

   A. "主营业务成本"科目贷方增加3万元

   B. "主营业务收入"科目借方增加4万元

   C. "其他业务成本"科目借方增加3万元

   D. "其他业务收入"科目贷方增加4万元

5. 根据资料（1）至（4），甲公司2019年10月利润表"营业成本"项目的本期金额是（　　）万元。

   A. 728　　　　　　B. 808　　　　　　C. 727　　　　　　D. 807

微信扫码，听基础课程

2021年初级会计资格考试试题（新大纲修订版）

单项选择题　本题共20小题，每小题2分，共40分。每小题的备选答案中，只有一个符合题意的正确答案。错选、不选均不得分。

1. 下列各项中，企业以实际发生的经济业务为依据，如实进行会计确认和计量，体现的会计信息质量要求是（　　）。
   A. 重要性　　　　　　B. 可靠性　　　　　　C. 可比性　　　　　　D. 及时性

2. 2020年11月，某企业结转已销商品成本10万元、已销原材料成本2万元、随同商品出售单独计价包装物成本1万元，报废固定资产净损失3万元。不考虑其他因素，该企业当月利润表中"营业成本"项目填列的本期金额为（　　）万元。
   A. 10　　　　　　　　B. 16　　　　　　　　C. 12　　　　　　　　D. 13

3. 某事业单位为增值税一般纳税人，2020年9月该单位对外提供技术服务。开出的增值税专用发票上注明技术服务收入为100 000元，增值税税额为6 000元，全部款项已存入银行。符合收入确认条件。下列各项中，该事业单位收到技术服务收入时，预算会计处理正确的是（　　）。

   A. 借：银行存款　　　　　　　　　　　　　　106 000
   　　　贷：事业收入　　　　　　　　　　　　　　　　　　　　106 000

   B. 借：资金结存——货币资金　　　　　　　　106 000
   　　　贷：事业预算收入　　　　　　　　　　　　　　　　　　106 000

   C. 借：资金结存——货币资金　　　　　　　　100 000
   　　　贷：事业预算收入　　　　　　　　　　　　　　　　　　100 000

   D. 借：银行存款　　　　　　　　　　　　　　106 000
   　　　贷：事业收入　　　　　　　　　　　　　　　　　　　　106 000

4. 2020年12月31日，某企业"固定资产"科目的借方余额为2 000万元，"累计折旧"科目的贷方余额为600万元，"固定资产减值准备"科目的贷方余额为400万元，"固定资产清理"科目的借方余额为100万元。不考虑其他因素，2020年12月31日的资产负债表中"固定资产"项目的期末余额为（　　）万元。
   A. 1 100　　　　　　 B. 900　　　　　　　 C. 1 400　　　　　　 D. 1 000

5. 某企业为增值税一般纳税人。2020年12月1日，"应交税费"科目所属各明细科目余额为0，当月购入材料取得增值税专用发票注明的增值税税额为78 000元，销售商品开具增值税专用发票注明的增值税税额为72 800元，计提房产税8 000元、车船税2 800元。不考虑其他因素，2020年12月31日资产负债表中"应交税费"项目的期末余额为（　　）元。
   A. 72 800　　　　　　B. 10 800　　　　　　C. 5 200　　　　　　 D. 5 600

6. 下列各项中，企业为购买材料申请签发银行承兑汇票支付的银行承兑手续费，应记入的会计科目是（　　）。

   A. 管理费用　　　　B. 财务费用　　　　C. 在途物资　　　　D. 原材料

7. 2020年8月1日，某上市公司所有者权益相关科目贷方余额为："股本"科目100 000万元（每股面值为1元），"资本公积（股本溢价）"科目3 000万元，"盈余公积"科目30 000万元。经股东大会批准，2020年8月3日该公司以每股3元的价格回购本公司股票2 000万股并注销。不考虑其他因素，该公司注销本公司股份时应冲减的盈余公积为（　　）万元。

   A. 6 000　　　　B. 1 000　　　　C. 2 000　　　　D. 3 000

8. 某企业为增值税一般纳税人，转让一项专利权，开具增值税专用发票上注明价款为15万元，增值税税额为0.9万元。该专利权初始入账成本为40万元，已累计摊销15万元，已计提减值准备4万元。不考虑其他因素，转让该项专利权应确认的净损失为（　　）万元。

   A. 10　　　　B. 5.1　　　　C. 6　　　　D. 6.9

9. 下列各项中，应通过"信用减值损失"科目核算的是（　　）。

   A. 转回已计提的存货跌价准备
   B. 计提应收账款坏账准备确认的损失
   C. 计提存货跌价准备确认的损失
   D. 计提无形资产减值准备确认的损失

10. 某企业出售原价为100万元，已计提折旧30万元的生产设备，收取价款50万元。发生清理费用2.5万元。不考虑相关税费及其他因素，下列各项中，该项业务对企业当期营业利润的影响是（　　）。

    A. 减少营业利润20万元
    B. 减少营业利润22.5万元
    C. 增加营业利润50万元
    D. 减少营业利润17.5万元

11. 下列各项中，按照会计科目反映的经济内容分类，属于成本类科目的是（　　）。

    A. 研发支出
    B. 其他业务成本
    C. 主营业务成本
    D. 销售费用

12. 下列各项中，反映"预计负债"项目期末余额的财务报表是（　　）。

    A. 资产负债表　　　　B. 现金流量表　　　　C. 利润表　　　　D. 所有者权益变动表

13. 某企业适用的所得税税率为25%。2020年该企业实现营业利润80万元，实现营业外收入10万元，实现的投资收益含国债利息收入6万元。不考虑其他因素，企业当年实现的净利润为（　　）万元。

    A. 67.5　　　　B. 69　　　　C. 63　　　　D. 66

14. 下列各项中，应在利润表的"研发费用"项目中列报的是（　　）。

    A. 计入制造费用的自行研发无形资产摊销额
    B. 尚在自行研发无形资产过程中发生的资本化支出
    C. 自行研发无形资产过程中发生的费用化支出

D. 计入管理费用的外购无形资产摊销额

15. 下列各项中，会使得企业流动负债金额减少的业务是（　　）。
    A. 向购货方预收销售商品货款
    B. 签发商业汇票抵付应付账款
    C. 转销确实无法支付的应付账款
    D. 计提应缴纳的城市维护建设税

16. 2020年9月1日，某建筑施工企业与客户签订一份施工合同，约定的不含增值税总价款为3 500万元，属于在某一时段内履行的单项履约义务：预计履行该合同将发生总成本2 000万元，按照已发生成本占估计总成本的比例确定履约进度。截至2020年12月31日，企业履行合同实际发生成本800万元。企业履行该合同已满足收入确认条件，不考虑其他因素。2020年该企业应确认的收入为（　　）万元。
    A. 1 400　　　　　B. 2 000　　　　　C. 2 100　　　　　D. 800

17. 2020年9月1日，某企业通过竞标赢得一个服务期为三年的客户，为取得该合同，企业聘请外部律师进行尽职调查，支付其相关费用20 000元；为参加投标支付差旅费10 000元；支付销售人员佣金50 000元，预计该支出未来能够收回。不考虑相关税费及其他因素，该企业应确认的合同取得成本为（　　）元。
    A. 60 000　　　　B. 50 000　　　　C. 20 000　　　　D. 30 000

18. 下列各项中，属于企业期间费用的是（　　）。
    A. 采购材料过程中发生的合理损耗
    B. 计提生产车间固定资产的折旧费
    C. 宣传推广新产品支付的广告费
    D. 销售商品给予客户的商业折扣

19. 下列各项中，关于有限责任公司资本公积的表述正确的是（　　）。
    A. 包含投资者出资额超过其在注册资本中所占份额的股东权益
    B. 可以直接用于企业利润分配
    C. 可以作为企业股利分配的依据
    D. 可以体现各投资者在企业所有者权益中所占的比例

20. 企业无力支付到期商业承兑汇票票款时，应将该应付票据的账面余额转入的会计科目是（　　）。
    A. 应付账款　　　B. 其他应付款　　　C. 短期借款　　　D. 营业外收入

多项选择题

本题共10小题，每小题2分，共20分。每小题的备选答案中，有两个或两个以上符合题意的正确答案。请至少选择两个答案，全部选对得满分，少选得相应分值，多选、错选、不选均不得分。

1. 下列各项中，关于"转让金融商品应交增值税"会计科目处理表述正确的有（　　）。
    A. 产生转让收益的，月末按应纳税额，贷记"应交税费——转让金融商品应交增值税"科目
    B. 产生转让损失的，按可结转下月抵扣税额，借记"应交税费——转让金融商品应交增值税"科目

C. 年末"应交税费——转让金融商品应交增值税"科目的借方余额应转入下年度继续抵减转让金融资产收益

D. 年末"应交税费——转让金融商品应交增值税"科目的借方余额应予转出冲减当年的投资收益

2. 下列各项中，企业有关现金股利的会计处理表述正确的有（　　）。

A. 分配现金股利时企业所有者权益减少　　B. 支付现金股利时企业所有者权益减少

C. 支付现金股利时企业资产减少　　D. 分配现金股利时企业负债增加

3. 下列各项中，企业应通过"其他应付款"科目核算的有（　　）。

A. 应付职工的生活困难补助　　B. 应付供货方的代垫运费

C. 应付出借包装物收取的押金　　D. 应付为职工代扣代缴的物业费

4. 下列各项中，应计入营业外支出的有（　　）。

A. 支付的会计师事务所审计费　　B. 支付的税收滞纳金

C. 报废无形资产发生的净损失　　D. 支付的董事会费

5. 下列各项中，属于政府负债计量属性的有（　　）。

A. 现值　　B. 重置成本　　C. 历史成本　　D. 公允价值

6. 下列各项中，属于会计核算职能的内容有（　　）。

A. 审查各项会计核算是否反映经济业务的真实状况

B. 归集并分配产品生产过程中发生的制造费用

C. 对财物的收发、增减和使用进行确认和计量

D. 审查各项经济业务是否符合国家法律规定

7. 下列各项中，关于企业无形资产摊销表述正确的有（　　）。

A. 当月报废的非专利技术当月应计提摊销

B. 对外出租使用寿命有限的非专利技术不计提摊销

C. 使用寿命不确定的非专利技术不计提摊销

D. 当月达到预定用途的专利权当月起计提摊销

8. 下列各项中，属于外来原始凭证的有（　　）。

A. 出差取得的住宿发票　　B. 生产产品领用材料填制的领料单

C. 出差取得的火车票　　D. 预借差旅费填制的借款单

9. 下列各项中，企业分配职工薪酬时应计入当期损益的有（　　）。

A. 专设销售机构人员薪酬　　B. 自营工程施工人员薪酬

C. 行政管理人员薪酬　　D. 基本生产车间管理人员薪酬

10. 下列各项中，属于制造业企业设置的成本项目有（　　）。

A. 停工损失　　B. 废品损失　　C. 直接材料　　D. 直接人工

判断题

本题共 10 小题，每小题 1 分，共 10 分。请判断每小题的表述是否正确。每小题答题正确的得 1 分，错答、不答均不得分，也不扣分。

1. 在支付手续费委托代销方式下，委托方按合同约定发出商品时应将库存商品转入发出商品。（　　）
2. 企业财务部门使用办公设备计提的折旧费用，应计入财务费用。（　　）
3. 企业报经批准后，应将无法查明原因的现金短缺净损失计入当期营业外支出。（　　）
4. 企业取得交易性金融资产所支付价款包含的已宣告但尚未发放的现金股利，应当作为应收股利单独核算。（　　）
5. 政府财务报告应当包括财务报表和其他应当在财务报告中披露的相关信息和资料。（　　）
6. 企业计提的分期付息到期还本的长期借款利息，应通过"应付利息"科目核算。（　　）
7. 职工离职时，其在职期间尚未用完的非累积带薪缺勤权利应获得企业现金补偿。（　　）
8. 对于已完成销售手续但购买单位在月末尚未提取的产品，企业应作为代管商品处理，不作为库存商品核算。（　　）
9. 企业在建工程领用自产的应税消费品计提的消费税，应通过"税金及附加"科目核算。（　　）
10. 企业以当年实现的净利润弥补以前年度亏损，应借记"盈余公积"科目，贷记"本年利润"科目。（　　）

不定项选择题

本题共 15 小题，每小题 2 分，共 30 分。每小题的备选答案中，有一个或一个以上符合题意的正确答案。每小题全部选对得满分，少选得相应分值，多选、错选、不选均不得分。

第 1 题

甲公司为一家上市公司，2019 年 2 月 1 日，甲公司向乙公司股东发行股份 1 000 万股（每股面值 1 元）作为支付对价，取得乙公司 20% 的股权。当日，乙公司净资产账面价值为 8 000 万元，可辨认净资产公允价值为 12 000 万元，甲公司所发行股份的公允价值为 2 000 万元，为发行该股份，甲公司向证券承销机构支付 200 万元的佣金和手续费。取得股权后，甲公司能够对乙公司施加重大影响。2019 年乙公司实现净利润 200 万元。

要求：根据上述资料，不考虑其他因素，分析回答下列小题。

1. 取得股权日，甲公司对乙公司长期股权投资的账面价值是（　　）。
   A. 2 200 万元　　　　B. 2 400 万元　　　　C. 2 000 万元　　　　D. 2 600 万元
2. 取得股权日甲公司应确认的"资本公积——股本溢价"科目金额为（　　）。
   A. 800 万元　　　　B. 1 000 万元　　　　C. 1 400 万元　　　　D. 1 600 万元
3. 取得长期股权投资对甲公司损益的影响金额为（　　）。
   A. 0 万元　　　　B. 400 万元　　　　C. 1 000 万元　　　　D. 1 600 万元

4. 甲公司对乙公司的长期股权投资后续计量采用（　　）。

   A. 权益法　　　　　B. 成本法　　　　　C. 公允价值计量　　　　　D. 实际利率法

5. 乙公司实现净利润200万元，甲公司的会计处理为（　　）。

   A. 借记"长期股权投资——损益调整"200万元

   B. 贷记"投资收益"200万元

   C. 借记"长期股权投资——损益调整"40万元

   D. 贷记"投资收益"40万元

第2题

甲公司为增值税一般纳税人。2020年1至6月发生无形资产相关交易或事项如下：

（1）甲公司自行研究开发一项F非专利技术已进入开发阶段，截至2020年初，"研发支出——资本化支出——F非专利技术项目"科目余额为470 000元。2020年1至6月，每月发生专职研发人员薪酬60 000元，共计360 000元；每月应负担专用设备折旧费2 400元，共计14 400元；共耗用原材料96 000元，以银行存款支付咨询费19 600元，取得的增值税专用发票注明的增值税税额分别为12 480元和1 176元。至6月29日该技术完成开发调试达到预定用途并交付行政管理部门使用。其间发生的开发性支出全部符合资本化条件。

（2）6月30日，甲公司预计F非专利技术摊销期为8年，残值为0，采用年限平均法按月进行摊销。

（3）6月30日，甲公司将其购买的一项专利权转让给乙公司，开具的增值税专用发票上注明的价款为600 000元、增值税税额为36 000元，全部款项636 000元已存入银行。该专利权的成本为720 000元，已摊销144 000元，未计提减值准备。

要求：

根据上述资料，不考虑其他因素，分析回答下列小题。

1. 根据资料（1），下列各项中，关于研发F非专利技术相关会计科目处理正确的是（　　）。

   A. 每月计提专用设备折旧时，借记"研发支出——资本化支出"科目2 400元

   B. 确认耗用原材料时，贷记"原材料"科目96 000元

   C. 以银行存款支付咨询费时，借记"研发支出——资本化支出"科目20 776元

   D. 每月分配专职研发人员薪酬时，借记"管理费用"科目60 000元

2. 根据资料（1），下列各项中，F非专利技术达到预定用途时的会计处理正确的是（　　）。

   A. 贷记"研发支出——资本化支出"科目960 000元

   B. 借记"管理费用"科目374 400元

   C. 借记"无形资产"科目960 000元

   D. 借记"无形资产"科目470 400元

3. 根据资料（1）和（2），下列各项中，6月30日摊销F非专利技术成本的会计处理正确的是（　　）。

   A. 借记"管理费用"科目10 000元
   B. 贷记"累计摊销"科目4 900元
   C. 贷记"累计摊销"科目10 000元
   D. 借记"管理费用"科目4 900元

4. 根据资料（3），下列各项中，出售专利权的会计科目处理正确的是（　　）。

   A. 贷记"应交税费——应交增值税（销项税额）"科目36 000元
   B. 借记"其他业务成本"科目576 000元
   C. 贷记"资产处置损益"科目24 000元
   D. 贷记"无形资产"科目720 000元

5. 根据资料（1）至（3），2020年6月利润表中"营业利润"项目本期金额增加了（　　）元。

   A. 24 000　　　　　B. 10 000　　　　　C. 38 000　　　　　D. 14 000

第3题

甲公司是一家制造业企业，为增值税一般纳税人，确认销售收入同时结转销售成本。2020年"应收账款"科目所属各明细科目的年初借方余额合计数为10万元，2020年发生相关经济业务如下：

（1）9月1日，向乙公司销售商品一批。开具的增值税专用发票上注明价款为20万元、增值税税额为2.6万元，款项尚未收到，满足收入确认条件。该批商品的实际成本为15万元。

（2）9月15日，收到乙公司寄来的面值为22.6万元、期限为2个月的不带息银行承兑汇票，用于抵付9月1日的货款。11月15日，票据到期，承兑银行按票面金额支付票款。

（3）12月1日，向乙公司销售一批原材料，开具的增值税专用发票上注明的价款为5万元、增值税税额为0.65万元，款项尚未收到，满足收入确认条件。该批原材料实际成本为3万元。

（4）12月初"坏账准备"科目贷方余额为0.2万元。12月31日，经测试确认，"坏账准备"科目应保持的贷方余额为0.5万元。

要求：根据上述资料，不考虑其他因素，分析回答下列小题。(答案中的金额单位用万元表示)

1. 根据资料（1），下列各项中，甲公司销售商品的会计处理正确的是（　　）。

   A. 借：应收票据　　　　　　　　　　　　　　　22.6
   　　贷：主营业务收入　　　　　　　　　　　　　　　　　22.6
   B. 借：应收账款　　　　　　　　　　　　　　　22.6
   　　贷：主营业务收入　　　　　　　　　　　　　　　　　20
   　　　　应交税费——应交增值税（销项税额）　　　　　　 2.6
   C. 借：应收账款　　　　　　　　　　　　　　　22.6
   　　贷：主营业务收入　　　　　　　　　　　　　　　　　22.6
   D. 借：主营业务成本　　　　　　　　　　　　　15
   　　贷：库存商品　　　　　　　　　　　　　　　　　　　15

2. 根据资料（2），下列各项中，甲公司收到银行承兑汇票会计处理正确的是（　　）。

   A. 借记"银行存款"科目 22.6 万元　　B. 借记"应收票据"科目 22.6 万元

   C. 贷记"其他货币资金"科目 20 万元　　D. 贷记"应收账款"科目 22.6 万元

3. 根据资料（3），下列各项中，甲公司销售材料相关会计处理结果正确的是（　　）。

   A. 原材料减少 3 万元　　B. 其他业务收入增加 5 万元

   C. 应收账款增加 5 万元　　D. 其他业务成本增加 3 万元

4. 根据资料（4），下列各项中，甲公司计提坏账准备的会计科目处理正确的是（　　）。

   A. 贷记"应收账款"科目 0.5 万元　　B. 借记"信用减值损失"科目 0.3 万元

   C. 借记"坏账准备"科目 0.3 万元　　D. 贷记"坏账准备"科目 0.5 万元

5. 根据期初资料、资料（1）至（4），2020 年 12 月 31 日甲公司资产负债表中"应收账款"项目的期末余额是（　　）万元。

   A. 15.35　　B. 15.15　　C. 27.75　　D. 27.95

微信扫码，听基础课程

2022年初级会计资格考试试题（新大纲修订版）

单项选择题　本题共20小题，每小题2分，共40分。每小题的备选答案中，只有一个符合题意的正确答案。错选、不选均不得分。

1. 下列各项中，企业应通过"其他货币资金"科目核算的是（　　）。
   A. 销售商品收到商业承兑汇票　　　　B. 用单位信用卡支付管理部门购书款
   C. 购买办公用品开出现金支票　　　　D. 采购原材料开出银行承兑汇票

2. 在记账凭证账务处理程序下，企业登记总分类账的直接依据是（　　）。
   A. 科目汇总表　　B. 汇总记账凭证　　C. 原始凭证　　D. 记账凭证

3. 某企业采用公允价值模式对投资性房地产进行后续计量。下列各项中，关于该企业投资性房地产会计处理表述正确的是（　　）。
   A. 设置"投资性房地产累计折旧"科目核算计提的折旧
   B. 自用房地产转为公允价值模式计量时，转换日的公允价值大于账面价值的差额计入当期损益
   C. 公允价值变动产生的损益记入"公允价值变动损益"科目
   D. 公允价值模式可以转为成本模式核算

4. 下列各项中，反映企业某一特定日期财务状况报表的是（　　）。
   A. 利润表　　B. 现金流量表　　C. 资产负债表　　D. 所有者权益变动表

5. 甲企业签订设备销售和安装合同，不含增值税的合同总价款为420万元。设备和安装的单独价格分别为324万元和108万元。销售设备应分摊的交易价格为（　　）万元。
   A. 108　　B. 105　　C. 324　　D. 315

6. 下列各项属于内部控制的基础和环境条件的是（　　）。
   A. 控制活动　　B. 风险评估　　C. 内部监督　　D. 内部环境

7. 企业存货发出计价采用月末一次加权平均法。2021年9月1日原材料期初结存数量为2 000件，单价为2万元；9月5日发出原材料1 500件；9月17日，购进原材料2 000件，单价为2.2万元；9月27日发出原材料1 000件。则该企业9月30日结存原材料的实际成本为（　　）万元。
   A. 3 150　　B. 0　　C. 3 300　　D. 3 000

8. 某企业盘盈一台生产设备，重置成本为30 000元。该企业按净利润的10%提取盈余公积。不考虑相关税费等因素，对留存收益的影响金额为（　　）元。
   A. 3 000　　B. 30 000　　C. 0　　D. 27 000

9. 某公司为增值税一般纳税人，2019年7月5日购入一台需要安装的机器设备，增值税专用发票注明的价款为600万元，增值税为78万元，以上款项以支票支付。安装过程中领用本公司原材

料 80 万元,该设备 2019 年 8 月 8 日达到预定可使用状态并交付车间使用。该固定资产预计使用 5 年,预计净残值率为 5%,同时对该固定资产采用年数总和法计提折旧,则 2020 年应当计提的折旧额为( )万元。

A. 215.33　　　　B. 172.26　　　　C. 200.98　　　　D. 196.45

10. 下列各项中,在所有者权益变动表中单独列示的项目是( )。

A. 营业利润　　　B. 净利润　　　C. 利润总额　　　D. 综合收益总额

11. 某有限责任公司由甲、乙两个股东各出资 140 万元设立,设立时注册资本总额为 280 万元,经过两年营运,该公司盈余公积和未分配利润合计为 80 万元,所有者权益总额为 360 万元。投资者丙有意加入,经各方协商同意丙投资者以 240 万元出资,投资后在注册资本中享有的份额为该有限责任公司接受投资后所有者权益总额的 1/3,则该有限责任公司在接受丙投资者投资时,应借记"银行存款"科目 240 万元,贷记( )。

A. "实收资本"科目 160 万元,"资本公积——资本溢价"科目 80 万元
B. "实收资本"科目 140 万元,"资本公积——资本溢价"科目 100 万元
C. "实收资本"科目 200 万元,"资本公积——资本溢价"科目 40 万元
D. "实收资本"科目 240 万元

12. 2021 年 4 月 1 日,某企业向银行借入一笔短期借款 1 000 000 元,期限为 6 个月,年利率为 6%,到期还本,利息按月计提、按季支付。2021 年 6 月末,该企业短期借款利息的会计处理正确的是( )。

A. 借：财务费用　　　　　　　　　　　　10 000
　　　应付利息　　　　　　　　　　　　 5 000
　　贷：银行存款　　　　　　　　　　　　　　　　15 000

B. 借：财务费用　　　　　　　　　　　　10 000
　　贷：银行存款　　　　　　　　　　　　　　　　10 000

C. 借：财务费用　　　　　　　　　　　　 5 000
　　　应付利息　　　　　　　　　　　　10 000
　　贷：银行存款　　　　　　　　　　　　　　　　15 000

D. 借：财务费用　　　　　　　　　　　　 5 000
　　贷：银行存款　　　　　　　　　　　　　　　　 5 000

13. 2021 年 1 月 1 日,甲公司购买一项管理用特许权,成本为 600 000 元,合同约定受益年限为 10 年,采用年限平均法按月进行摊销。甲公司摊销该无形资产对其 2021 年营业利润的影响金额为( )元。

A. 70 000　　　　B. 60 000　　　　C. 0　　　　D. 75 000

14. 2020 年 5 月 10 日,甲公司从上海证券交易所购入乙公司股票 20 万股,支付价款 200 万元,其

中包含已宣告但尚未发放的现金股利12万元，另支付相关交易费用1万元，取得增值税专用发票上注明的增值税税额为0.06万元。甲公司将该股票划分为交易性金融资产，则该交易性金融资产的初始入账金额为（　　）万元。

A. 201　　　　　　B. 200　　　　　　C. 188　　　　　　D. 201.06

15. A公司为增值税一般纳税人，适用的增值税税率为13%。A公司所售产品的单价为400元，若客户购买100件以上（含100件）可得到每件20元的商业折扣。2019年8月10日，A公司向B公司销售该产品300件，双方约定的现金折扣条件为2/10、1/20、N/30。预计B公司10天内付款的概率为90%，11天至20天内付款的概率为10%。不考虑其他因素，则销售时A公司应确认的收入为（　　）元。（假定计算现金折扣时不考虑增值税）

A. 120 000　　　　B. 111 720　　　　C. 114 000　　　　D. 117 600

16. 2021年12月，某企业"坏账准备"科目贷方余额为50万元，本月发生坏账损失30万元。12月31日确定本期预期信用损失余额为80万元。2021年12月31日应计提的坏账准备金额为（　　）万元。

A. 30　　　　　　B. 60　　　　　　C. 80　　　　　　D. 0

17. 企业采用权益法核算长期股权投资时，导致投资收益增加的是（　　）。

A. 被投资单位提取盈余公积　　　　B. 被投资单位实现净利润

C. 收到被投资单位分配的股票股利　　D. 收到被投资单位分配的现金股利

18. 2021年12月31日，会计科目余额如下："库存商品"科目借方余额为1 000万元，"原材料"科目借方余额为580万元，"材料成本差异"科目借方余额80万元，"工程物资"科目余额为150万元。不考虑其他因素，2021年12月31日"存货"项目期末余额栏的金额为（　　）万元。

A. 1 660　　　　　B. 1 580　　　　　C. 1 500　　　　　D. 1 650

19. 下列各项中，企业财产清查中盘亏和毁损的存货，按管理权限报经批准后，应计入营业外支出的是（　　）。

A. 管理不善造成的存货净损失　　　　B. 计量差错引起的存货盘亏

C. 外购存货运输途中发生的合理损耗　　D. 自然灾害造成的存货净损失

20. 2021年12月，甲公司持有乙公司有表决权股份的50%，长期股权投资的账面价值为8 000万元，采用成本法核算。2022年2月，乙公司宣告分配现金股利500万元，则甲公司2月末的长期股权投资账面价值为（　　）万元。

A. 7 750　　　　　B. 8 250　　　　　C. 8 000　　　　　D. 7 500

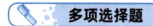

多项选择题 本题共 10 小题，每小题 2 分，共 20 分。每小题的备选答案中，有两个或两个以上符合题意的正确答案。请至少选择两个答案，全部选对得满分，少选得相应分值，多选、错选、不选均不得分。

1. 下列各项中，关于长期待摊费用的会计处理表述正确的有（ ）。
   A. 以租赁方式租入的使用权资产发生分摊期限为 2 年的改良支出，应借记"长期待摊费用"科目
   B. 摊销应贷记"长期待摊费用"科目
   C."长期待摊费用"科目按待摊费用项目进行明细核算
   D."长期待摊费用"科目期末贷方余额反映企业尚未摊销完毕的长期待摊费用

2. 下列企业会计人员行为中，属于遵守客观公正会计职业道德的有（ ）。
   A. 积极参与管理，促进企业可持续高质量发展
   B. 坚持以合法有效的原始凭证为依据进行会计处理
   C. 在处理社会公众的利益关系时，保持应有的独立性
   D. 刻苦钻研，不断提高业务技能水平

3. 下列关于企业职工薪酬的会计处理正确的有（ ）。
   A. 计提的生产工人的工会经费计入管理费用
   B. 累积带薪缺勤应在提供服务的当期按照预期支付的金额增加职工薪酬
   C. 自产产品发放给职工，应按产品的含税公允价值计入应付职工薪酬
   D. 根据短期利润分享计划支付给管理人员的提成属于利润分配

4. 下列关于产品成本计算方法适用范围表述中正确的有（ ）。
   A. 品种法适合单步骤、大量生产的企业
   B. 平行结转分步法适用于大量大批次需要计算各步骤半成品成本的企业
   C. 分批法适用于单件、小批生产的企业
   D. 逐步结转分步法适用于大量大批次需要计算各步骤半成品成本的企业

5. 下列各项资产减值准备中，一经确认在相应资产持有期间内不得转回的有（ ）。
   A. 生产性生物资产减值准备
   B. 无形资产减值准备
   C. 坏账准备
   D. 存货跌价准备

6. 下列关于会计账簿保管的表述正确的有（ ）。
   A. 会计账簿除需要与外单位核对外，禁止携带外出
   B. 会计账簿未经领导和会计负责人或者有关人员批准，非经管人员不能随意翻阅查看会计账簿
   C. 实行会计电算化的单位，不可仅以电子形式保存会计账簿
   D. 年度终了更换并启用新账后，对更换下来的旧账要整理装订，造册归档

7. 甲公司为制造业企业，与公司签订为期 10 年的租赁合同，将自有的一栋写字楼租赁给乙公司，每年末收取租金，每月按年限平均法计提折旧。下列各项中，关于甲公司的会计处理表述正确的有（　　）。
   A. 租金收入确认为主营业务收入
   B. 租金收入确认为其他业务收入
   C. 出租的写字楼应确认为投资性房地产
   D. 每月计提折旧确认为其他业务成本

8. 下列各项中，不会引起所有者权益总额发生增减变动的有（　　）。
   A. 宣告发放股票股利
   B. 资本公积转增资本
   C. 盈余公积转增资本
   D. 接受投资者追加投资

9. 下列各项中，应计入制造费用的有（　　）。
   A. 生产用固定资产的折旧费
   B. 生产车间管理用具的摊销
   C. 预计产品质量保证损失
   D. 管理用固定资产的折旧费

10. 某企业为专设销售机构销售人员提供免费使用汽车，下列各项中，关于该项非货币性福利按月计提折旧的会计处理表述正确的有（　　）。
    A. 借记"应付职工薪酬"科目，贷记"累计折旧"科目
    B. 借记"管理费用"科目，贷记"累计折旧"科目
    C. 借记"管理费用"科目，贷记"应付职工薪酬"科目
    D. 借记"销售费用"科目，贷记"应付职工薪酬"科目

判断题　本题共 10 小题，每小题 1 分，共 10 分。请判断每小题的表述是否正确。每小题答题正确的得 1 分，错答、不答均不得分，也不扣分。

1. 内部控制的目标是绝对保证企业经营管理合法合规，资产安全，财务报告及相关信息真实完整，提高经营效率和效果，促进企业实现发展战略。（　　）

2. 企业确认收入后发生的销售折让，且其不属于资产负债表日后事项的，销售折让形成的损失应计入销售费用。（　　）

3. 企业为取得建筑施工合同发生的预期能够收回的增量成本，应当作为合同取得成本，并确认为一项资产。（　　）

4. 企业在现金清查中发现的未查明原因的现金溢余，按管理权限和经批准后应冲减财务费用。（　　）

5. 企业以租赁方式租入的使用权资产发生的改良支出，应直接计入在建工程。（　　）

6. 企业报废无形资产形成的净损失计入资产处置损益。（　　）

7. 采用公允价值模式计量的投资性房地产不应计提折旧或摊销。企业应当以资产负债表日投资性房地产的公允价值为基础调整其账面价值，并将当期公允价值变动金额计入当期损益。（　　）

8. 企业采用权益法核算长期股权投资，被投资单位宣告发放现金股利时，应将本企业分得的股利确认为投资收益。（　　）

9. 企业溢价发行股票的交易费用应从溢价中抵扣，不足抵扣部分应依次冲减资本公积（股本溢价）、盈余公积和未分配利润。（　　）

10. 公司制企业以盈余公积弥补当年发生的亏损，应借记"盈余公积"科目，贷记"利润分配——盈余公积补亏"科目。（　　）

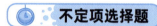

本题共 15 小题，每小题 2 分，共 30 分。每小题的备选答案中，有一个或一个以上符合题意的正确答案。每小题全部选对得满分，少选得相应分值，多选、错选、不选均不得分。

第 1 题

甲公司为增值税一般纳税人，2021 年度该公司发生的固定资产相关业务如下：

（1）1 月 8 日，购入一台需要安装的 M 设备，取得的增值税专用发票上注明的价款为 500 000 元，增值税税额为 65 000 元；另支付一笔安装费，取得的增值税专用发票上注明的价款为 40 000 元，增值税税额为 3 600 元，全部款项以银行存款支付。该设备预计可使用 5 年，预计净残值为 30 000 元，采用年限平均法计提折旧。1 月 10 日，M 设备达到预定可使用状态并交付生产车间使用。

（2）6 月 30 日，委托外单位对本企业的设备进行日常维护修理，其中行政管理部门的设备修理费为 30 000 元，销售部门的设备修理费为 10 000 元，取得的增值税专用发票上注明的价款为 40 000 元，增值税税额为 5 200 元，全部款项以银行存款支付。

（3）12 月 5 日，报废一台 N 设备，该设备原值为 800 000 元，已计提折旧 760 000 元，未发生资产减值损失。设备报废取得残值变价收入 20 000 元，开具的增值税专用发票上注明的增值税税额为 2 600 元，报废过程中发生自行清理费用 6 000 元，全部款项均已通过银行办理结算。

（4）12 月 31 日，对固定资产进行减值测试，2021 年 1 月购入的 M 设备存在减值迹象，预计可收回金额为 440 000 元。

要求：根据上述资料，不考虑其他因素，分析回答下列小题。

1. 根据资料（1），下列各项中，甲公司购入 M 设备的入账价值是（　　）元。

    A. 540 000　　　B. 605 000　　　C. 565 000　　　D. 500 000

2. 根据资料（1），下列各项中，甲公司购入 M 设备计提折旧的表述正确的是（　　）元。

    A. 自 2021 年 1 月开始计提折旧　　　B. 2021 年计提折旧 93 500 元

    C. 自 2021 年 2 月开始计提折旧　　　D. 每月折旧额为 8 500 元

3. 根据资料（2），下列各项中，甲公司支付设备修理费的会计处理正确的是（　　）。

    A. 确认管理费用 40 000 元　　　B. 确认制造费用 40 000 元

    C. 确认销售费用 10 000 元　　　D. 确认管理费用 30 000 元

4. 根据资料（3），下列各项中，甲公司报废 N 设备会计处理正确的是（　　）。

    A. 支付清理费用时：

    　　借：固定资产清理　　　　　　　　　　　　　　　6 000

```
        贷：银行存款                                          6 000
  B. 转入清理时：
       借：固定资产清理                40 000
         累计折旧                    760 000
        贷：固定资产                                         800 000
  C. 取得残值变价收入时：
       借：银行存款                    22 600
        贷：固定资产清理                                      20 000
         应交税费——应交增值税（销项税额）                       2 600
  D. 结转报废净损失时：
       借：资产处置损益                26 000
        贷：固定资产清理                                      26 000
```

5. 根据资料（1）和（4），下列各项中，12月31日关于M设备期末计量和报表填列正确的是（　　）。

   A. M设备应计提减值准备6 500元

   B. 期末M设备在资产负债表"固定资产"项目填列的金额为446 500元

   C. M设备的减值损失在以后会计期间不得转回

   D. 期末M设备在资产负债表"固定资产"目填列的金额为440 000元

第2题

甲公司提供施工服务，属于在某一时段内履行的履约义务，为取得施工合同发生的合同取得成本按照履约进度进行摊销。2021年7月至12月，发生的有关经济业务如下：

（1）7月31日，通过竞标取得一项为期2年的施工合同，合同总价款为1 000万元，施工费每半年支付250万元。为取得该合同，2021年7月甲公司以银行存款支付投标费2万元，投标人员差旅费1万元，销售人员佣金6万元，预期这些支出未来均能收回。

（2）截止到2021年12月31日，为该项合同累计发生施工成本120万元，预计还将发生施工成本480万元，甲公司按照实际发生的成本占预计总成本的比例确定履约进度。

（3）2021年12月31日，甲公司按照合同约定收到施工费250万元。

要求：根据上述资料，不考虑其他因素，回答下列问题。

1. 下列各项中，关于合同取得成本的表述正确的是（　　）。

   A. 合同取得成本是所签订合同的对象或内容本身所直接发生的费用

   B. 企业发生合同取得成本时应借记"合同取得成本"科目

   C. 企业发生合同取得成本时应借记"合同资产"科目

   D. 合同取得成本是企业为取得合同发生的、预期能够收回的增量成本

2. 根据资料（1），下列表述正确的是（　　）。

   A. 因订立该合同增加期间费用 9 万元　　B. 投标人员差旅费 1 万元应计入管理费用

   C. 投标费 2 万元应计入合同取得成本　　D. 销售人员佣金 6 万元应计入合同取得成本

3. 根据资料（2）和（3），下列各项表述正确的是（　　）。

   A. 主营业务收入增加 200 万元　　B. 甲公司的履约进度为 20%

   C. 主营业务成本增加 120 万元　　D. 合同负债增加 50 万元

4. 根据期初资料、资料（1）和（2），下列关于企业于 2021 年 12 月 31 日对合同取得成本摊销的会计处理中，正确的是（　　）。

   A. 借：销售费用　　　　　　　　　　　　　18 000
        贷：合同取得成本　　　　　　　　　　　　　　　　　18 000

   B. 借：销售费用　　　　　　　　　　　　　16 000
        贷：合同取得成本　　　　　　　　　　　　　　　　　16 000

   C. 借：管理费用　　　　　　　　　　　　　16 000
        贷：合同取得成本　　　　　　　　　　　　　　　　　16 000

   D. 借：销售费用　　　　　　　　　　　　　12 000
        贷：合同取得成本　　　　　　　　　　　　　　　　　12 000

5. 根据期初资料（1）至（3），影响"营业利润"的金额为（　　）万元。

   A. 78.2　　　　B. 71　　　　C. 75.8　　　　D. 73.4

第 3 题

2021 年，甲公司发生以下经济业务：

（1）收到当年现金销售收入 3 000 万元，收到上年的赊销款 50 万元，支付销售退款 20 万元。

（2）预付 1 050 万元，其中工程物资 300 万元，原材料 750 万元。另支付工程款 450 万。

（3）原材料采购支付 2 100 万元，支付上年的原材料款 2 400 万元，全部以银行存款支付。

（4）发放工资、奖金 800 万元，其中支付给生产工人 600 万元，支付给在建工程人员 200 万元。

要求：根据以上资料，不考虑其他因素，回答下列问题。

1. 以下属于现金流量表中"现金及现金等价物"是（　　）。

   A. 库存现金　　　　　　　　　　B. 三个月内到期的债券投资

   C. 银行存款　　　　　　　　　　D. 权益性投资

2. 根据资料（1），本期销售商品、提供劳务收到的现金金额是（　　）万元。

   A. 3 050　　　　B. 3 030　　　　C. 2 970　　　　D. 3 000

3. 根据资料（2）和（3），本期购买商品、接受劳务支付的现金金额是（　　）万元。

   A. 3 150　　　　B. 4 500　　　　C. 5 250　　　　D. 2 850

4. 根据资料（2）至（4），本期购建固定资产、无形资产和其他长期资产支付的现金金额是（　　）万元。

   A. 3 350　　　　　　B. 1 550　　　　　　C. 950　　　　　　D. 750

5. 根据资料（1）至（4），经营活动产生的现金流量净额（　　）万元。

   A. 减少 3 020　　　　B. 减少 2 820　　　　C. 增加 3 030　　　　D. 减少 5 250

微信扫码，听基础课程

小鱼带你看解析

单项选择题：

1~5: DACDB　6~10: BBBDD　11~15: CDABA　16：C

多项选择题：

1.AB　2.ABCD　3.ABCD　4.ABCD　5.BC　6.ABCD　7.ABCD　8.BCD　9.BCD

判断题：

1.×　2.×　3.√　4.×　5.√

一、单项选择题

1.【答案】 D

【解析】管理会计要素包括应用环境、管理会计活动、工具方法、信息与报告。

2.【答案】 A

【解析】谨慎性要求企业对交易或者事项进行会计确认、计量和报告时应当保持应有的谨慎，不应高估资产或者收益，低估负债或者费用。例如，企业对售出商品可能发生的保修义务确认预计负债，对可能承担的环保责任确认预计负债等，就体现了会计信息质量的谨慎性要求。

（小鱼点）预计负债是企业还没有发生，就已经提前做好了准备，体现了企业的"谨慎性"。

3.【答案】 C

【解析】A 选项，是指根据财务报告等提供的信息，运用定量分析和定性分析方法，对备选方案进行经济可行性分析，为企业经营管理等提供决策相关的信息；B 选项，是指利用财务报告等提供的信息，采用适当的方法，对企业在一定经营期间的资产运营、经济效益等经营成果，对照相应的评价标准，进行定量及定性对比分析，做出真实、客观、公正的综合评判；D 选项，是指根据财务报告等提供的信息，定量或定性地判断和推断经济活动的发展变化规律，以指导和调节经济活动，提高经济效益。A、B、D 三项都是会计的拓展职能。C 选项，监督职能是指对特定主体经济活动和相关会计核算的真实性、合法性和合理性进行审查。

（小鱼点）会计具有会计核算（算账）和会计监督（监督别人算账）两项基本职能，以及拓展职能（除了算账和监督别人算账以外的职能）。

4.【答案】D

【解析】A选项，公允价值是指市场参与者在计量日发生的有序交易中，出售一项资产所能收到或者转移一项负债所需支付的价格；B选项，历史成本是指取得或制造某项财产物资时所实际支付的现金或者现金等价物；C选项，现值是指对未来现金流量以恰当的折现率进行折现后的价值，是考虑货币时间价值因素等的一种计量属性；D选项，重置成本又称现行成本，是指按照当前市场条件，重新取得同样一项资产所需支付的现金或现金等价物金额。

（小鱼点）在初级会计考试中，重置成本只出现在固定资产盘盈的入账价值里。

5.【答案】B

【解析】会计核算的内容主要包括：（1）款项和有价证券的收付；（2）财物的收发、增减和使用；（3）债权、债务的发生和结算；（4）资本、基金的增减；（5）收入、支出、费用、成本的计算；（6）财务成果的计算和处理；（7）需要办理会计手续、进行会计核算的其他事项。

（小鱼点）会计的核算功能就是"算账"，至少应该有"账"，得跟钱有关，货物买卖合同的审核不涉及钱的变动，不属于会计核算的内容。

6.【答案】B

【解析】可靠性要求企业应当以实际发生的交易或者事项为依据进行会计确认、计量和报告，如实反映符合确认和计量要求的会计要素及其他相关信息，保证会计信息真实可靠、内容完整。

7.【答案】B

【解析】A选项，财务报告使用者主要包括投资者、债权人、政府及其有关部门和社会公众等；C选项，财务报告提供的信息应当如实反映企业所拥有或者控制的经济资源、对经济资源的要求权，以及经济资源及其要求权的变化情况，不能以虚假的数据欺骗投资者进行投资；D选项，会计目标是要求会计工作完成的任务或达到的标准，即向财务报告使用者提供企业财务状况、经营成果和现金流量等有关的会计信息，反映企业管理层受托责任履行情况，有助于财务报告使用者作出经济决策。

8.【答案】B

9.【答案】D

【解析】会计法律制度依靠国家强制力保证其贯彻执行。会计职业道德主要依靠行业行政管理部门监管执行和职业道德教育、社会舆论、传统习惯和道德评价来实现。

10.【答案】D

【解析】参与管理要求会计人员应当广泛宣传财经法律、法规、规章和国家统一的会计制度。充分发挥会计在企业经营管理中的职能作用，努力钻研相关业务，全面熟悉本单位经营活动和业务流程，建立健全企业内部控制、促进完善企业规章制度和业务流程，保障企业生产经营活动合法合规。

11.【答案】C

【解析】提高经营效率和效果要求企业合理恰当地处理效率和效果的关系，不能过分强调经济效果而使各项规章制度、管理程序等过于烦琐，不讲效率；反之，也不能只讲究提高经营管理效率，而忽视经济效果。

12.【答案】D

【解析】内部控制的主要作用是有利于提高会计信息质量，有利于合理保证企业合法合规经营管理，有助于提高企业生产经营效率和经济效益。D选项不属于内部控制的作用。

13.【答案】A

【解析】风险评估是实施内部控制的重要环节，是实施控制的对象内容。

14.【答案】B

15.【答案】A

【解析】内部控制缺陷按缺陷的影响程度分为重大缺陷、重要缺陷和一般缺陷，故A选项说法错误。

16.【答案】C

【解析】会计职业道德是会计法律制度的重要补充，会计法律制度是会计职业道德的最低要求，是会计职业道德的基本制度保障，故C选项错误。

二 多项选择题

1.【答案】AB

【解析】会计的基本职能包括会计核算和会计监督。

小鱼点 见DAY1单选题第3题。

2.【答案】ABCD

【解析】会计核算与会计监督是相辅相成、辩证统一的，会计核算是会计监督的基础，会计监督又是会计核算质量的保障。会计职能是指会计在经济管理过程中所具有的功能。会计具有会计核算和会计监督两项基本功能，还具有预测经济前景、参与经济决策、评价经营业绩等拓展职能。

小鱼点 会计职能就是"会计的主要功能"，包括会计的主要任务和辅助任务。会计的主要任务也就是基本职能，即算账和监督别人算账（核算和监督职能）；会计的辅助任务也就是拓展职能，所有非基本职能的任务都可以归到拓展职能中。

3.【答案】ABCD

【解析】会计主体是指会计工作服务的特定对象，是企业会计确认、计量和报告的空间范围。会计主体既可以是一个企业，也可以是由若干企业组成的集团公司，甚至可以是一个企业的分部。

小鱼点 会计主体就是"你到底给谁算账"，可以给一个完整的企业（法律主体）算账，也可以给企业的一个部门（会计主体）算账，只要约定清楚就行。

4.【答案】ABCD

5.【答案】BC

【解析】内部控制是指由企业董事会、监事会、经理层和全体员工实施的、旨在实现控制目标的过程。

6.【答案】ABCD

【解析】控制的过程涵盖三个方面，一是企业生产经营管理活动全过程的控制；二是企业风险控制的全过程，包括风险控制目标设定、风险识别、风险分析和风险应对等各环节的控制；三是信息收集、整理、传递与运用的全过程。

7.【答案】ABCD

【解析】货币计量是指会计主体在会计确认、计量、记录和报告时主要以货币作为计量单位，来反映会计主体的生产经营活动过程及其结果。

8.【答案】BCD

【解析】会计目标，是要求会计工作完成的任务或达到的标准。会计的基本目标是向财务报告使用者提供企业财务状况、经营成果和现金流量等有关的会计资料和信息，反映企业管理层受托责任履行情况，有助于财务报告使用者作出经济决策，达到不断提高企业事业单位乃至经济社会整体的经济效益和效率的目的和要求。故B、C、D三项正确。

9.【答案】BCD

【解析】A 选项错误,会计职业道德是会计法律制度的重要补充。会计法律制度是会计职业道德的最低要求,是会计职业道德的基本制度保障。

三 判断题

1.【答案】×

【解析】客观公正要求会计人员公正处理企业利益相关者和社会公众的利益关系,保持应有的独立性。

2.【答案】×

【解析】内部控制的实施主体由企业董事会、监事会、经理层和全体员工所构成。

3.【答案】√

4.【答案】×

【解析】会计的基本特征表现为以货币为主要计量单位和准确完整性、连续系统性两个方面。

5.【答案】√

微信扫码,听基础课程

单项选择题:
    1~5：BCBBD   6~10：DCCBC   11~15：DDABD   16~17：CC

多项选择题:
    1.ABCD   2.ABD   3.BD   4.BC   5.ABCD   6.BC   7.ABCD   8.ABC   9.AC
    10.BCD   11.ABC   12.ABCD   13.BC   14.AB   15.AB   16.AB   17.ABC

判断题:
    1.×   2.√   3.×   4.√   5.×   6.√   7.×   8.√   9.×   10.×   11.×   12.×

一、单项选择题

1.【答案】 B

【解析】本期盈余金额 = 50 + 100 − 25 − 20 = 105（万元）。

2.【答案】 C

【解析】现金清查中发生的无法查明原因的现金短缺，表明财务人员出现了管理问题，因此应计入管理费用，C 选项正确。

3.【答案】 B

【解析】用银行存款偿还贷款的会计处理：

借：短期借款
    贷：银行存款

资产减少的同时，负债也等额减少。

小鱼点 每发生一项经济业务，都会产生两方面的影响，这是会计借贷记账法的基础。

4.【答案】 B

【解析】 企业销售产品款项尚未收到，不涉及库存现金或银行存款业务。凡是不涉及现金或银行存款的业务，都应编制转账凭证。

<small>小鱼点</small> 转账凭证，是指用于记录不涉及库存现金和银行存款业务的记账凭证（不是银行存款的转账！只要跟钱没关系就编制转账凭证）。

5.【答案】 D

【解析】 试算平衡只是通过借贷金额是否平衡来检查账户记录是否正确的一种方法。不影响借贷双方平衡关系的错误包括：

（1）漏记某项经济业务，使本期借贷双方的发生额等额减少，借贷仍然平衡；

（2）重记某项经济业务，使本期借贷双方的发生额等额虚增，借贷仍然平衡；

（3）某项经济业务记录的应借、应贷科目正确，但借贷双方金额同时多记或少记，且金额一致，借贷仍然平衡；

（4）某项经济业务记错有关账户，借贷仍然平衡；

（5）某项经济业务在账户记录中，颠倒了记账方向，借贷仍然平衡；

（6）某借方或贷方发生额中，偶然发生多记和少记并相互抵销，借贷仍然平衡。

<small>小鱼点</small> 试算平衡只能查出来"是不是数字记错了"，而且即使是平衡的，也不能说明一定没有错误。只有在借、贷方中的一方记错了，另一方没有错的情况下，才能用试算平衡检查出来。

6.【答案】 D

【解析】 财产清查是指通过对货币资金、实物资产和往来款项等财产物资进行盘点或核对，确定其实存数，查明账存数与实存数是否相符的一种专门方法。A、B、C三项均属于财产清查的对象；D选项，无形资产不属于财产清查的对象。

<small>小鱼点</small> 财产清查一般是对"实物资产"的清查，主要是无形资产也没法清查。

7.【答案】 C

【解析】 成本类科目是对可归属产品生产成本、劳务成本等的具体内容进行分类核算的项目，主要有"生产成本""制造费用""劳务成本""研发支出"等科目。A、B、D三项均不属于成本类科目，而属于损益类科目；C选项，"制造费用"属于成本类科目。

<small>小鱼点</small> 成本类科目是原材料到库存商品的过渡科目，比如"生产成本""制造费用"等科目，成本类科目的本质是资产，因此其借贷规则也是借增贷减。

8.【答案】C

【解析】A 选项，不得将不同内容和类别的原始凭证汇总填制在一张记账凭证上；B 选项，填制记账凭证时若发生错误，应当重新填制；D 选项，除结账和更正错误的记账凭证可以不附原始凭证外，其他记账凭证必须附有原始凭证。

（小鱼点）请注意：除结账和更正错账的记账凭证可以不附原始凭证外，其他记账凭证必须附有原始凭证（主要是结账和更正错账也没有原始凭证）。

9.【答案】B

【解析】单位仅以电子形式保存会计档案的，原则上应从一个完整会计年度的年初开始执行，以保证其年度会计档案保存形式的一致性。

10.【答案】C

【解析】产品成本计算品种法（以下简称"品种法"）适用单步骤、大量生产的企业；品种法下，一般定期（每月月末）计算产品成本，成本计算期与财务报告期一致；品种法的成本核算对象是产品品种（而非产品批别）。

（小鱼点）如果产品的生产只有一个步骤，或者不需要分步骤计算产品成本，就可以使用"品种法"来计算产品成本，直接把单品种的成本计算出来。

比如，A 工厂的主要生产任务是吹气球，就是拿生产好的气球，吹成一个大气球，每天需要吹很多气球。A 工厂的产品有白气球和黑气球，生产步骤就一步，也就是充气。请注意，此时没有必要分步骤来计算产品成本，因为吹气球就一个生产步骤。那么此时，A 工厂可以按照不同的产品品种（白气球和黑气球）来计算成本。因此，品种法适用单步骤、大量生产的企业。

11.【答案】D

【解析】直接分配法下某辅助生产车间费用分配率 = 该辅助生产车间待分配费用 ÷ 各辅助车间以外的受益对象接受该辅助车间提供的劳务总量，因此供水车间的分配率 = 36 000÷（5 000－200）= 7.5(元／吨)。

12.【答案】D

【解析】政府会计主体应当编制决算报告和财务报告。

13.【答案】A

【解析】品种法适用于单步骤、大量生产的企业（A 选项正确）；分批法适用于单件、小批生产的企业（B 选项不正确）；分步法适用于大量大批多步骤生产的企业（C、D 两项不正确）。

14.【答案】B

【解析】分批法下，产品的成本计算期与产品生产周期基本一致，但与财务报告期不一致。

15.【答案】D

【解析】单位应用管理会计，应包括管理会计应用环境、管理会计活动、管理会计工具方法、管理会计信息与报告四项管理会计要素。

16.【答案】C

【解析】品种法，是指以产品品种作为成本核算对象，归集和分配生产成本，计算产品成本的一种方法。这种方法适用于单步骤、大量生产的企业，如发电、供水、采掘等企业。A、B 两项，适用于分批法核算；D 选项，适用于分步法核算。

17.【答案】C

【解析】"双功能"指的是政府会计应当实现预算会计和财务会计的双重功能。"双基础"指的是预算会计实行收付实现制，国务院另有规定的，从其规定；财务会计实行权责发生制。"双报告"指的是政府会计主体应当编制决算报告和财务报告。

二 多项选择题

1.【答案】ABCD

【解析】预算管理领域应用的工具方法一般包括滚动预算（C 选项）、零基预算（A 选项）、弹性预算（D 选项）、作业预算（B 选项）。

2.【答案】ABD

【解析】C 选项适用于分步法。

3.【答案】BD

【解析】转账凭证是指用于记录不涉及库存现金和银行存款业务的记账凭证。A、C 两项错误，将现金送存银行、以银行存款购入设备都涉及了库存现金或银行存款的业务，不应编制转账凭证；B、D 两项正确，结转售出商品销售成本、计提固定资产折旧不涉及库存现金和银行存款的业务，应编制转账凭证。

（小鱼点）见 DAY2 单选题第 4 题。

4. 【答案】BC

【解析】往来款项的清查一般采用发函询证的方法进行核对，主要包括应收、应付款项和预收、预付款项等。往来款项清查以后，将清查结果编制往来款项清查报告单，填列各项债权、债务的余额。对有争执的款项以及无法收回的款项，应在报告单上详细列明情况，以便及时采取措施进行处理，避免或减少坏账损失。

（小鱼点）发函询证就是写信询问，一般债权、债务方面的财产清查就需要写信问问对方，是否和本公司的记录一致。

5. 【答案】ABCD

【解析】制造费用分配标准包括生产工时、生产工资、机器工时、年度计划分配率。

6. 【答案】BC

【解析】会计账簿应按连续编号的页码顺序登记。记账时发生错误或隔页、缺号、跳行的，应在空页、空行处用红色墨水划对角线注销，或者注明"此页空白"或"此行空白"字样，并由记账人员和会计机构负责人（会计主管人员）在更正处签章。为了保持账簿记录的持久性和防止涂改，登记账簿必须使用蓝黑墨水或碳素墨水书写，不得使用圆珠笔（银行的复写账簿除外）或者铅笔书写。

（小鱼点）下列情况可以使用红墨水记账。红字代表负数：

（1）按照红字冲账的记账凭证，冲销错误记录。

（2）在不设借贷等栏的多栏式账页中，登记减少数。

（3）在三栏式账户的余额栏前，如未印明余额方向的，在余额栏内登记负数余额。

（4）根据国家规定可以用红字登记的其他会计记录。

7. 【答案】ABCD

【解析】财产清查的方法包括货币资金的清查、实物资产的清查和往来款项的清查。货币资金中库存现金采用实地盘点法，银行存款采用与开户行核对账目的方法；实物资产中多数财产、物资采用实地盘点法，露天煤炭、黄沙等采用技术推算法；往来款项一般采用发函询证的方法。

（小鱼点）举两个例子。

审计人员如何盘点羊群？一只一只地数可能数不过来（主要是羊长得都一样，也容易数错），因此就需要"技术推算法"，如在均匀分布的大草原上，从上往下拍一张照片，看每平方米大概分布了多少只羊，然后推算出草原上一共有多少羊。

审计人员如何盘点露天存放的煤炭？按照体积来进行推算即可。

8. 【答案】ABC

【解析】分批法是指以产品的批别作为产品成本核算对象来计算成本的一种方法，主要适用单件、小批生产的企业，如造船、重型机械制造和精密仪器制造等企业。采掘企业步骤单一、生产量大，适用品种法核算。

🐟小鱼点 品种法的特点：适用于单步骤、大量生产的企业。如 A 工厂的产品有白气球和黑气球，主要生产任务是吹气球，就是拿生产好的气球，吹成一个大气球，每天需要吹很多气球。没有必要分步骤来计算产品成本，因为吹气球就一个生产步骤。A 工厂可以按照不同的产品品种（白气球和黑气球）来计算成本。

分批法的特点："批"也可以理解为"订单"，一批就是一个订单。如 B 工厂的主要任务是生产豪华汽车，一个订单就是一辆豪华汽车。此时，B 工厂可以按照每个订单来单独核算成本，这样成本核算更加准确。

9. 【答案】AC
【解析】企业会计信息系统数据服务器的部署应当符合国家有关规定。数据服务器部署在境外的，应当在境内保存会计资料备份，备份频率不得低于每月一次。

10. 【答案】BCD
【解析】政府预算会计要素包括预算收入、预算支出与预算结余。净资产属于政府财务会计要素。

11. 【答案】ABC
【解析】政府负债的计量属性主要有历史成本、现值和公允价值。

🐟小鱼点 政府负债的计量属性无重置成本、可变现净值和名义金额。

12. 【答案】ABCD
【解析】政府会计中的非流动资产是指流动资产以外的资产，包括固定资产、在建工程、无形资产、长期投资、公共基础设施、政府储备资产、文物文化资产、保障性住房和自然资源资产等。

13. 【答案】BC
【解析】A、D 两项属于记账凭证账务处理程序的特点。

14. 【答案】AB
【解析】会计账簿按用途的不同，可分为序时账簿、分类账簿和备查账簿三类；按外形特征不同，可分为订本式账簿、活页式账簿和卡片式账簿三类；按账页格式的不同，可分为三栏式账簿、多栏式账簿和数量金额式账簿三类。

15.【答案】AB

【解析】C、D 两项，应采用三栏式账簿。

16.【答案】AB

【解析】下年度恢复财政直接支付额度后，单位以财政直接支付方式发生实际支出时，在预算会计中借记"行政支出""事业支出"等科目，贷记"资金结存——财政应返还额度"科目；同时在财务会计中借记"库存物品""固定资产""应付职工薪酬""业务活动费用""单位管理费用"等科目，贷记"财政应返还额度"科目。

17.【答案】ABC

【解析】分批法下成本计算期与产品生产周期基本一致，但与财务报告期不一致，D 选项错误。

三、判断题

1.【答案】×

【解析】科学事业单位按照规定从科研项目预算收入中提取项目管理费时，涉及现金收支业务，基于权责发生制要进行财务会计核算，基于收付实现制要进行预算会计核算。

2.【答案】√

3.【答案】×

【解析】集中核算型财务共享中心，处理业务大多是交易性业务流程，生产流程等核心高价值流程还未广泛纳入财务共享中心处理范围；集中管控型财务共享中心，能够实时生成各分、子公司财务信息，极大提高企业总部财务管控的效率，增强企业风险防范能力。

4.【答案】√

【解析】累计原始凭证是指一定时期内多次记录发生的同类型经济业务的原始凭证。其特点是在一张凭证上可以连续登记相同性质的经济业务，随时结出累计数及结余数，并按照费用限额进行费用控制。而限额领料单是对特定部门、车间在一定时期内的领用额进行控制的单据。

小鱼点 限额领料单为累计原始凭证，是过去几年常考的知识点。

5.【答案】×

【解析】原始凭证是指在经济业务发生或完成时取得或填制的，用以记录或证明经济业务的发生或完成情况的原始凭据。

> **小鱼点** 外来原始凭证就是发生了真实的经济业务后，对方开具的证明凭证，比如出租车票、火车票等。

6.【答案】 ✓

【解析】记账后发现记账凭证和账簿记录中应借、应贷会计科目无误，只是所记金额小于应记金额时，采用补充登记法。

> **小鱼点**
>
> （1）在结账前发现账簿记录有文字或数字错误，而记账凭证没有错误，应当采用划线更正法。核心关键词：结账前。如果在结账前只是在账簿上写错了，直接划掉重写就可以了。
>
> （2）红字更正法：①记账后发现记账凭证中应借、应贷会计科目有错误所引起的记账错误；②记账后发现记账凭证和账簿记录中应借、应贷会计科目无误，只是所记金额大于应记金额所引起的记账错误。核心关键词：记账后＋借贷科目错误或数字写大了。红字冲账，再编制一张更正的记账凭证入账。
>
> （3）记账后发现记账凭证和账簿记录中应借、应贷会计科目无误，只是所记金额小于应记金额时，采用补充登记法。核心关键词：记账后＋数字写小了。把少写的部分再编制一张凭证，补充一下就行。

7.【答案】 ✗

【解析】采用分批法核算产品成本的企业，按产品批别设置产品基本生产成本明细账和辅助生产成本明细账。账内按成本项目设置专栏，按车间设置制造费用明细账。

8.【答案】 ✓

【解析】变动成本法是指企业以成本性态分析为前提条件，仅将生产过程中消耗的变动生产成本作为产品成本的构成内容，将固定生产成本和非生产成本作为期间成本，直接由当期收益予以补偿的一种成本管理方法。

9.【答案】 ✗

【解析】平行结转分步法的成本核算对象是各种产成品及其经过的各生产步骤中的成本份额，而各步骤的产品生产成本并不伴随着半成品实物的转移而结转。

10.【答案】 ✗

【解析】记账凭证必须具备以下基本内容：①填制凭证的日期；②凭证编号；③经济业务摘要；④应借应贷会计科目；⑤金额；⑥所附原始凭证张数；⑦填制凭证人员、稽核人员、记账人员、会计机构负责人、会计主管人员签名或者盖章。记账凭证的各项内容必须完整，所以需要填写"摘要"栏。

135

11.【答案】×

【解析】属于无法查明的其他原因造成的现金短缺，应计入管理费用。

12.【答案】×

【解析】企业在财产清查中盘盈的固定资产，按管理权限报经批准处理前，应按其重置成本借记"固定资产"科目，贷记"以前年度损益调整"科目。

微信扫码，听基础课程

单项选择题：
    1~5：BCADD   6~10：CCDBB   11：A

多项选择题：
    1.ACD   2.AC   3.ABCD   4.AB   5.ABCD   6.ABD

判断题：
    1.√   2.×   3.×

不定项选择题：
    1.ABC   2.AD   3.AB   4.D   5.B

一、单项选择题

1.【答案】 B

【解析】 银行承兑汇票到期无力支付时，由银行代为支付，转入短期借款；商业承兑汇票到期无力支付的、无人为其代付的，转入应付账款。

小鱼点 银行承兑汇票是商业票据，其出票人是企业（买家），企业无力支付银行承兑汇票，指货款已经由银行支付给卖家，但企业没钱给银行，因此应付票据转为短期借款。

2.【答案】 C

【解析】 企业确认应收账款减值损失应记入"信用减值损失"科目。

小鱼点 "信用减值损失"这个科目表示当应收账款不能全额收回时形成的损失，是一个损益类科目，借方表示损失。

3.【答案】 A

【解析】 银行汇票是即期票据，企业收到票据就可以存入银行，因此借记"银行存款"科目；出票企业应将银行汇票计入其他货币资金，因为只有按规定存入银行的款项，银行才会为企业签发同等金额的银行汇票，此时款项依然在出票企业手中，只是换了一种存在方式。

4.【答案】D

【解析】A选项通过"应收票据"科目核算；B、C两项通过"银行存款"科目核算；D选项通过"其他货币资金"科目核算。

5.【答案】D

【解析】坏账准备期初余额为200万元，确认坏账时，借记"坏账准备"科目，贷记"应收账款"科目，使坏账准备减少235万元；"应收账款"科目的期末余额为8 000万元，按"应收账款"科目余额的5%计提坏账准备，则坏账准备的期末余额为400万元（8 000×5%），本期应当计提的坏账准备的金额＝400＋235－200＝435（万元）。

小鱼点 遇到与应收账款坏账准备有关的计算题，先写出分录。写分录时，大家需要弄清各步骤：

（1）第一步计提，借记"信用减值损失"科目，贷记"坏账准备"科目；

（2）第二步确认，借记"坏账准备"科目，贷记"应收账款"科目；

（3）第三步转回，借记"应收账款"科目，贷记"坏账准备"科目。

然后画出坏账准备的丁字账，写出借贷方的期初余额、期末余额、本期发生额，就可以倒推出本期应该计提的金额。

6.【答案】C

【解析】2014年年末坏账准备应有余额＝500－410＝90（万元），"坏账准备"科目已有余额30万元，所以应计提的坏账准备＝90－30＝60（万元），计提坏账准备时，确认的信用减值损失为60万元。

小鱼点 应收账款预计未来现金流量现值是应收账款未来能收回的价值，和账面价值之间的差额，需要计提坏账准备。

7.【答案】C

【解析】对于应收票据的贴现，企业通常应按实际收到的金额，借记"银行存款"科目；按贴现息部分，借记"财务费用"科目；按应收票据的票面金额，贷记"应收票据"科目。

小鱼点 贴现的意思，就是你拿着票去银行要钱。因为商业票据不是拿到票之后马上就能去要钱，如果你急需用钱，可以让银行先把钱垫付给你。当然，银行不会无偿垫钱给你，而是要收取手续费，该费用记入"财务费用"科目；费用类科目借方表示增加，因此借记"财务费用"科目，表示你花了一笔财务费用。

8.【答案】D

【解析】如果企业预付款项业务不多且未设置"预付账款"科目，企业预付给供应商的采购款项，应记入"应付账款"科目的借方核算。

小鱼点 根据"收对收，付对付"，如果企业不设置"预付账款"科目，可以将款项记入"应付账款"科目。"应付账款"科目表示该给没给，是负债类科目，而预付账款是资产，因此要记入"应付账款"科目的借方。记到贷方还是借方跟记到哪个科目中没关系，跟这个科目原来的性质有关。如果原来的科目是资产，则无论记到资产类科目还是负债类科目，增加都记入借方。

9.【答案】B

【解析】企业可用现金支付的款项有：（1）职工工资、津贴；（2）个人劳务报酬；（3）根据国家规定颁发给个人的科学技术、文化艺术、体育比赛等各种奖金（A选项）；（4）各种劳保、福利费用以及国家规定的对个人的其他支出（C选项）；（5）向个人收购农副产品和其他物资的价款（D选项）；（6）出差人员必须随身携带的差旅费；（7）结算起点（1 000元）以下的零星支出；（8）中国人民银行确定需要支付现金的其他支出。综上，此题选B。

10.【答案】B

【解析】甲公司本月应记入"其他应收款"科目的金额 =4+1.5+2=7.5（万元）。销售商品应收取的价款及增值税税额通过"应收账款"科目核算。

11.【答案】A

【解析】B、C、D三项均记入"坏账准备"账户的贷方。

A选项的会计分录为：

借：坏账准备

　　贷：应收账款

B选项的会计分录为：

借：应收账款

　　贷：坏账准备

借：银行存款

　　贷：应收账款

C选项，由于计提后的贷方金额大于计提前的贷方金额，故需要计提坏账准备，会计分录为：

借：信用减值损失

　　贷：坏账准备

D选项的会计分录为：

借：信用减值损失

　　贷：坏账准备

二、多项选择题

1.【答案】 ACD

【解析】加工回收后用于继续生产其他应税消费品的，加工收回时由乙企业代收代缴了一笔消费税，在最终加工成其他应税消费品时，还需要交一笔消费税。因此加工环节由乙企业代收代缴的消费税应计入应交税费，在最终缴纳消费税时进行抵减。

发出材料时：

借：委托加工物资　　　　　　　　　　　2 000 000

　　贷：原材料　　　　　　　　　　　　　　　　2 000 000

支付加工费时：

借：委托加工物资　　　　　　　　　　　400 000

　　应交税费——应交增值税（进项税额）　52 000

　　贷：银行存款　　　　　　　　　　　　　　　452 000

支付乙企业代扣代缴的消费税时：

借：应交税费——应交消费税　　　　　　800 000

　　贷：银行存款　　　　　　　　　　　　　　　800 000

2.【答案】 AC

【解析】在资产负债表日，存货应当按照成本与可变现净值孰低计量。成本与账面价值的区别是：成本是存货初始入账的价值，账面价值=账面余额-存货跌价准备，要注意区分。

3.【答案】 ABCD

【解析】其他货币资金主要包括银行汇票存款、银行本票存款、信用卡存款、信用证保证金存款、存出投资款和外埠存款等。

（小鱼点）会计中有很多叫"其他"的科目，如"其他货币资金""其他业务收入""其他应付款"。叫"其他"的，一般都是"剩余包圆儿"的意思，比如货币资金，主要的货币资金是银行存款、库存现金，但是还有一些货币资金，比如信用卡存款等，既不是银行存款也不是库存现金，如果一个一个地命名实在是太麻烦了，就用"其他货币资金"科目把剩余的全部包括在内了。

4.【答案】 AB

【解析】"应收票据"科目及"应付票据"科目核算的是商业汇票，包括银行承兑汇票和商业承兑汇票。银行汇票存款和银行本票存款属于"其他货币资金"科目核算的内容。

5.【答案】ABCD

【解析】企业可用现金支付的款项包括：职工工资、津贴；个人劳务报酬；根据国家规定颁发给个人的科学技术、文化技术、体育比赛等各种奖金；各种劳保、福利费用以及国家规定的对个人的其他支出；向个人收购农副产品和其他物资的价款；出差人员必须随身携带的差旅费；结算起点（1 000元）以下的零星支出；中国人民银行确定需要支付现金的其他支出。

6.【答案】ABD

【解析】代购货单位垫付的运杂费应通过"应收账款"科目核算，C选项错误；A、B、D三项均通过"其他应收款"科目核算。

三、判断题

1.【答案】√

【解析】"材料成本差异"科目借方登记购进材料所形成的超支差异以及发出材料应负担的节约差异，贷方登记购进材料所形成的节约差异以及发出材料应负担的超支差异。

2.【答案】×

【解析】对于此类赊销业务，应当进行相关的会计处理。

小鱼点 相关会计分录如下：

发出商品时：

借：发出商品

　　贷：库存商品

若销售该批商品的纳税义务已经发生，则应确认应交的增值税销项税额：

借：应收账款

　　贷：应交税费——应交增值税（销项税额）

3.【答案】×

【解析】应付银行承兑汇票到期，企业无力支付票款的，应将应付票据的账面余额转入短期借款。如果是应付商业承兑汇票到期，企业无力支付票款的，则转入应付账款。

四、不定项选择题

1.【答案】ABC

【解析】A选项表述正确，确认应收账款预期信用减值损失，借记"信用减值损失"科目，贷记"坏账准备"科目，信用减值损失的增加会导致营业利润减少；B选项表述正确，谨慎性原则要求不能虚增资产或收益，不能低估负债或费用，应收账款确认预期信用减值损失符合谨慎性会计信息质量要求；C 选项表述正确，将无法收回的应收账款作为坏账转销，借记"坏账准备"科目，贷记"应收账款"科目，不影响应收账款账面价值；D 选项表述错误，已计提的坏账准备在以后期间可以转回。综上，本题应选 A、B、C。

2. 【答案】AD

【解析】将甲客户所欠货款 5 万元作为坏账转销，相关分录如下：

借：坏账准备　　　　　　　　　　　　　　　　　　　　　5
　　贷：应收账款　　　　　　　　　　　　　　　　　　　　　　　5

综上，本题应选 A、D。

3. 【答案】AB

【解析】收回 2020 年已作坏账转销的应收乙客户货款 10 万元存入银行，相关分录如下：

借：应收账款　　　　　　　　　　　　　　　　　　　　　10
　　贷：坏账准备　　　　　　　　　　　　　　　　　　　　　　　10
借：银行存款　　　　　　　　　　　　　　　　　　　　　10
　　贷：应收账款　　　　　　　　　　　　　　　　　　　　　　　10

综上，本题应选 A、B。

4. 【答案】D

【解析】"坏账准备"科目本期发生额 =20（期末余额）-{30（期初贷方余额）-5 [资料（1）核销坏账] +10[资料（2）收回核销的坏账] }= -15（万元），故 D 选项正确。

5. 【答案】B

【解析】资产负债表"应收账款"项目"期末余额" =595 [应收账款年初借方余额 600-资料（1）核销应收账款 5]-20（坏账准备期末余额）=575（万元）。综上，本题应选 B。

微信扫码，听基础课程

单项选择题:
　　1~5: DAABB　6~10: CBABD　11~15: CABAB　16~20: ABADC
　　21~25: CCBCB　26~27: DA

多项选择题:
　　1.AB　2.ABCD　3.ABC　4.ABCD　5.AB

判断题:
　　1.√　2.×　3.×　4.×　5.√　6.√　7.√　8.×　9.×　10.√

不定项选择题:
　　第1题　1.ABC　2.BD　3.CD　4.CD　5.ABC
　　第2题　1.D　2.A　3.BD　4.D　5.B
　　第3题　1.AC　2.D　3.ABCD　4.B　5.ABD

一、单项选择题

1.【答案】D

【解析】存货应当按照成本（历史成本）进行初始计量。存货成本包括采购成本、加工成本和其他成本。A、B两项，属于存货的采购成本；C选项，属于存货的其他成本；D选项，存货采购入库后发生的仓储费用，应在发生时计入当期损益。

小鱼点 凡是"有助于存货形成的费用"都是存货的成本。比如入库前的运输费、装卸费和保险费，都有助于存货形成，因此要计入存货成本。如果是存货入库后的挑选整理费，则不应该计入存货成本。因为存货入库后的费用，已经无助于存货形成，因此要直接计入当期损益。在生产过程中，为达到下一个生产阶段所必需的仓储费用应计入存货成本。比如，某种酒类产品生产企业为使生产的酒达到规定的产品质量标准而必须发生的仓储费用，应计入酒的成本，而不应计入当期损益。

2.【答案】A

【解析】存货的采购成本,包括购买价、相关税费、运输费、装卸费、保险费以及其他可归属于存货采购成本的费用。农产品买价为 100 000 元,增值税进项税额扣除率为 9%,按照买价扣除进项税额后的差额计入农产品成本,则农产品入账价值 = 100 000×(1-9%)+500 = 91 500(元)。

小鱼点 关于收购农产品增值税的核算:

从农业生产者(农民)手中收购农产品,农民是不会开增值税专票的。此时,需要收购者向农民开出一张农产品收购发票。如果开出的收购发票是 100 元,那么进项税的扣除额 = 100×9%(或 10%)。

如果收购的农产品用于继续生产低税率(税率不超过 9%)的产品,那么使用 9% 的扣除率进行抵扣;如果收购的农产品用于继续生产高税率(税率超过 9%)的产品,那么使用 10% 的扣除率进行抵扣。

3.【答案】A

【解析】A 选项,不含增值税的交易费用作为投资收益的抵减,发生时借记"投资收益"科目。B 选项和 D 选项,应分别记入"应收股利"和"应收利息"科目。C 选项,可以抵扣的增值税进项税额记入"应交税费——应交增值税(进项税额)"科目。

4.【答案】B

【解析】销售毛利 = 280×15% = 42(万元)。

本月销售成本 = 280-42 = 238(万元)。

月末库存商品成本 = 150+300-238 = 212(万元)。

5.【答案】B

【解析】计划成本为 480 000 元,实际成本为 500 000 元,即超支了 20 000 元,应记入"材料成本差异"科目的借方。

采购时:

借:材料采购	500 000	
应交税费——应交增值税(进项税额)	65 000	
贷:银行存款		565 000

入库时:

借:原材料	480 000	
材料成本差异	20 000	
贷:材料采购		500 000

6.【答案】C

【解析】取得时发生的相关交易费用冲减投资收益,A 选项错误;按取得时的公允价值作为初始入账金额,B 选项错误;在资产负债表日,交易性金融资产的公允价值与账面余额之间的差额计入公允价值变动损益,D 选项错误。

7.【答案】B

【解析】(1)批准处理前:

借:待处理财产损溢   20 340
　　贷:原材料   18 000
　　　　应交税费——应交增值税(进项税额转出)   2 340

(2)批准处理后:

借:原材料   500
　　其他应收款   2 000
　　管理费用   17 840
　　贷:待处理财产损溢   20 340

8.【答案】A

【解析】存货采购过程中发生的运费、装卸费、保险费、包装费、运输途中的合理损耗、入库前的挑选整理费用等计入存货的采购成本;一般纳税人外购存货所负担的增值税可以抵扣,不计入存货的成本。故该批原材料的入账成本 = 50+0.3+0.2 = 50.5(万元)。

小鱼点 见 DAY4 单选题第 1 题。

9.【答案】B

【解析】增值税小规模纳税人购进材料时,增值税进项税不得抵扣,计入材料的入账成本。该批材料的入账成本 = 100+13+1 = 114(万元)。

10.【答案】D

【解析】本题问的是"交易性金融资产——成本"科目的金额。价款包含的已宣告但尚未发放的现金股利 600 000 元计入应收股利。相关交易费用和增值税都是另外支付,其中 360 000 元计入投资收益,增值税税额记入"应交税费——应交增值税(进项税额)"科目,均不影响交易性金融资产的入账价值。所以,甲公司取得乙公司股票时借记"交易性金融资产"科目的金额 = 26 000 000–600 000 = 25 400 000(元)。相关会计分录如下:

借：交易性金融资产——成本	25 400 000	
应收股利	600 000	
投资收益	360 000	
应交税费——应交增值税（进项税额）	21 600	
贷：其他货币资金——存出投资款		26 381 600

小鱼点（1）如果买股票的时候就已经确认将来要收到一笔利息，那么就相当于返现。比如你买了条100元的裙子，店主说："亲，给好评返现10元哦！"那你买裙子的时候就预估裙子的成本实际上为90元。股利也是如此。如果你买股票的时候，将来就预期要收到一部分股利，这部分股利就直接抵减成本，记入"应收股利"科目的借方。

（2）交易费用的处理：借记"投资收益"科目。交易费用是你让证券公司帮你买股票需要支付的佣金（手续费）。支付手续费，意味着还没挣钱就先亏一笔。根据会计"收入和成本配比"原则，买股票挣钱了要计入投资收益，那发生的成本就记入"投资收益"科目的借方。投资收益是损益类科目，借方表示损失。

11.【答案】C

【解析】资产负债表日，交易性金融资产应当按照公允价值计量，公允价值与账面余额之间的差额计入公允价值变动损益。相关账务处理：

借：交易性金融资产——公允价值变动	51 000	
贷：公允价值变动损益		51 000

小鱼点"交易性金融资产——公允价值变动"是交易性金融资产的二级科目，表示由于市价波动，带来交易性金融资产账面价值发生的变化。

"公允价值变动损益"是一个损益类科目，借方表示亏损，贷方表示收益，表示持有期间由于市价上下波动，带来的暂时性的损益。

12.【答案】A

【解析】2015年12月10日，购入交易性金融资产的入账价值为249万元，所以2015年该交易性金融资产的公允价值变动损益＝258－249＝9（万元）。由于交易费用是另外支付的，而且交易费用记入"投资收益"科目的借方，因此不影响交易性金融资产的入账价值。相关账务处理：

借：交易性金融资产——成本	249	
投资收益	0.6	
贷：其他货币资金		249.6
借：交易性金融资产——公允价值变动	9	
贷：公允价值变动损益		9

小鱼点 见 DAY4 单选题第 8 题。

13. 【答案】B

【解析】详见 DAY4 单选题第 10 题解析。

相关账务处理：

借：交易性金融资产——成本	92
应收股利	8
投资收益	2.5
应交税费——应交增值税（进项税额）	0.15
贷：其他货币资金——存出投资款	102.65

14. 【答案】A

【解析】金融商品转让按照卖出价扣除买入价（不需要扣除已宣告未发放现金股利和已到付息期未领取的利息）后的余额作为销售额计算增值税。转让金融商品应交增值税税额 =（35 500 000 − 30 200 000）÷（1+6%）×6% = 300 000（元）。

借：投资收益	300 000
贷：应交税费——转让金融商品应交增值税	300 000

小鱼点 金融商品转让按照卖出价扣除买入价（不需要扣除已宣告未发放现金股利和已到付息期未领取的利息）后的余额作为销售额计算增值税，即转让金融商品按盈亏相抵后的余额为销售额。

15. 【答案】B

【解析】相关账务处理：

（1）批准处理前：

借：待处理财产损溢	500 000
贷：库存商品	500 000

（2）批准处理后：

借：原材料	50 000
其他应收款	300 000
营业外支出	150 000
贷：待处理财产损溢	500 000

16. 【答案】A

【解析】小规模纳税人销售货物含税价为 6 180 元，价税分离，则不含税价 = 6 180 ÷（1+3%）=

6 000（元）。材料的计划成本是 5 000 元，材料成本差异率为 –6%，则其实际成本 = 5 000×（1–6%）= 4 700（元），销售材料应确认的损益 = 6 000 – 4 700 = 1 300（元）。

17.【答案】B

【解析】在会计期末，存货应当按照成本与可变现净值孰低进行计量，A、D 两项错误；已计提的存货跌价准备应在金额范围内转回，不得超出该金额，C 选项错误；当存货可变现净值低于存货成本时，应按存货可变现净值低于账面价值的差额，计提存货跌价准备，B 选项正确。

18.【答案】A

【解析】该企业资产负债表中"存货"项目期末余额填列的金额 = 55+35+65+8 = 163（万元）。

小鱼点 存货是指企业在日常活动中持有以备出售的产品或商品和处在生产过程中的在产品、在生产过程或提供劳务过程中耗用的材料或物料等，包括各类材料、在产品、半成品、产成品、商品以及包装物、低值易耗品、委托代销商品等。

"材料采购"是原材料的分身，核算的是计划成本核算中实际支付的钱。实际成本和计划成本之间的差额记入"材料成本差异"科目，借方（正数）表示"多花了"（超支差），贷方（负数）表示"少花了"（节约差）。"材料成本差异"的实质也是资产。"生产成本"也是存货的构成。

19.【答案】D

【解析】企业委托外单位加工物资的成本包括加工中实际耗用物资的成本、支付的加工费用及应负担的运杂费、支付的税费等，故委托加工物资成本包括 B、C 两项。A 选项，由于应税消费品加工完毕后直接用于销售，应计入加工物资成本；D 选项，应记入"销售费用"科目，不应包含在委托加工物资成本中。

小鱼点 委托加工的产品如果是"应税消费品"（即应该交消费税的消费品），受托方要"代收代缴消费税"（你委托谁加工，谁就给你交），等委托加工商品加工完毕，你直接卖掉，这一部分缴纳的消费税可以直接计入委托加工物资的成本（消费税是价内税，计入成本）。"收回后连续生产应税消费品"缴纳的消费税不计入委托加工物资成本，而是记入"应交税费——应交消费税"科目的借方。

20.【答案】C

【解析】存货采用先进先出法进行核算的企业，在物价持续上升的情况下，期末存货成本接近于市价，而发出成本偏低，进而高估企业当期利润和库存存货的价值。

小鱼点 先进先出法就是假设先买的先发货。如果物价持续上升，则意味着先买的存货价格低，后买的存货价格逐渐上升。假设先买的先发出，那么由于先买的存货成本低，则会高估利润。而库存的存货是后购入的，成本较高，从而会高估存货的库存价值。

21.【答案】 C

【解析】 A 选项表述正确,在会计期末,存货应当按照成本与可变现净值孰低进行计量;B 选项表述正确,以前计提存货跌价准备的影响因素消失的,减记的金额应当予以恢复,并在原计提的存货跌价准备金额内转回;C 选项表述错误,转回已计提的存货跌价准备时,借记"存货跌价准备"科目,贷记"资产减值损失"科目;D 选项表述正确,企业计提存货跌价准备时,借记"资产减值损失"科目,会减少企业当期营业利润。

小鱼点 存货发生减值时,需要将存货的成本和可变现净值进行比较,谁低就按照谁计价。

22.【答案】 C

【解析】 生产车间日常维修房屋领用的原材料应计入管理费用。

小鱼点 为什么生产车间固定资产大修理支出不计入制造费用呢?

制造费用将来要转入产品成本,固定资产修理一次可以使用多年,如果计入制造费用,将来转入当期生产产品的成本,这期产品成本也太贵了,所以直接在修理的当期费用化。

23.【答案】 B

【解析】 农业生产过程中发生的应归属于消耗性生物资产的费用,按照应分配的金额,借记"消耗性生物资产"科目,贷记"生产成本"科目。

24.【答案】 C

【解析】 取得交易性金融资产购买价款中,已到付息期但尚未领取的债券利息,应当单独确认为应收项目,C 选项错误。

25.【答案】 B

【解析】 本期材料成本差异率 =[− 2 +(110 − 120)]÷(30 + 120)×100% = − 8%,所以发出材料的实际成本为 =100×(1 − 8%) = 92(万元)。

26.【答案】 D

【解析】 A 选项,属于无形资产,判断无形资产摊销额计入哪个科目的标准是"谁受益谁承担";B 选项,行政部门的相关费用应计入管理费用;C 选项,在产品属于存货,因火灾造成的存货损失属于营业外支出;D 选项,车间管理人员的薪酬计入制造费用,制造费用计入产品生产成本。故本题选 D。

27.【答案】A

【解析】存货可变现净值＝330－30－15＝285（万元），A 存货的成本为 300 万元，成本高于可变现净值，应计提 15 万元的减值准备。由于期初已计提 32 万元，所以应冲减 17 万元的存货跌价准备。

二、多项选择题

1.【答案】AB

【解析】随同商品出售不单独计价的包装物成本记入"销售费用"科目；出租或出借包装物的押金，因归还包装物时需将押金退还给客户，因此记入"其他应付款"科目。

小鱼点）如果包装物随商品出售单独计价，表示未来将获得一笔收入。出售包装物的收入不是主营业务，因此要记入"其他业务收入"科目。根据"收入和成本配比"的原则，随同商品出售单独计价的包装物的成本要记入"其他业务成本"科目。如果包装物随商品出售不单独计价，就表示未来不会收到收入。没有收入，就不能计入其他业务成本。由于包装物做得好看是为了卖商品，所以要记入"销售费用"科目。

2.【答案】ABCD

【解析】企业发生存货盘亏及毁损时，按照存货的实际成本借记"待处理财产损溢"科目，贷记"库存商品"等科目。在按管理权限报经批准后应做如下账务处理：对于入库的残料价值，记入"原材料"科目；对于应由保险公司和过失人支付的赔款，记入"其他应收款"科目；扣除残料价值和应由保险公司、过失人赔款后的净损失，属于一般经营损失的部分记入"管理费用"科目，属于非常损失的部分记入"营业外支出"科目。

小鱼点）跟现金的盘查原理一样，存货的盘查包含两步：

（1）调账。无论是盘盈还是盘亏，都要先调账，保证"账实相符"，通过"待处理财产损溢"科目处理。

（2）报批。等查明盘亏和盘盈的原因以后，将原来"待处理财产损溢"科目冲销。

存货的盘亏如果是"正常经营损失"，如仓库里的苹果，一个月以后腐烂了一部分，这就属于正常经营损失，要记入"管理费用"科目。如果是"非常损失"，如被人偷走一部分，就要记入"营业外支出"科目。

3.【答案】ABC

【解析】D 选项，入库材料的节约差异应记入"材料成本差异"科目的贷方。

小鱼点）见 DAY4 单选题第 18 题。

4.【答案】ABCD

【解析】存货的计价方法有：先进先出法、个别计价法、移动加权平均法和月末一次加权平均法。材料采购过程中发生的保险费应计入材料成本，资产负债表日原材料应当按照成本与可变现净值孰低计量，外购库存商品应当按照实际成本计量。

5.【答案】AB

【解析】交易费用是指可直接归属于购买发行或处置金融工具新增的外部费用，包括支付给代理机构、咨询公司、券商、证券交易所和政府有关部门等的手续费和佣金及其他必要支出，不包括债券折价、溢价，融资费用，内部管理成本，持有成本。

三、判断题

1.【答案】√

【解析】企业持有交易性金融资产期间取得的投资收益应借记"应收股利"科目，贷记"投资收益"科目，表示有一笔应收未收的资产。

2.【答案】×

【解析】未满足收入确认条件的售出商品发生销售回退时，不确认收入，也不结转成本。
发出商品时：
借：发出商品
　　贷：库存商品
发生的商品退回，做相反分录：
借：库存商品
　　贷：发出商品

3.【答案】×

【解析】企业委托其他单位加工的产品收回后直接对外销售的，应将受托单位代收代缴的消费税计入委托加工产品的成本。

(小鱼点) 见DAY4单选题第19题。

4.【答案】×

【解析】采用月末一次加权平均法由于平时无法从账上提供发出和结存存货的单价及金额，因此不利于存货成本的日常管理与控制。

5.【答案】√

6.【答案】√

（小鱼点）"移动加权平均法"就是每次发货之前，都要按照库存存货的情况，计算一次加权平均价格。因此，采用移动加权平均法计算发出存货成本，可以在月度内随时结转发出存货的成本。

7.【答案】√

（小鱼点）材料采用计划成本法核算时，材料的收入、发出及结存，按照计划成本计价。月末，计算本月发出材料应负担的成本差异并进行分摊，根据领用材料的用途计入相关资产的成本或当期损益，从而将发出材料的计划成本调整为实际成本。

8.【答案】×

【解析】收回出租包装物因不能使用而报废的残料价值，应通过"其他业务成本"科目核算。

（小鱼点）见 DAY4 多选题第 2 题。

9.【答案】×

【解析】材料采购月末发出的超支差记入"材料成本差异"科目的贷方。

10.【答案】√

材料已验收入库，但发票账单尚未收到时，月末应按暂估价值入账，下月初做相反分录冲回，待收到发票账单后再按实际金额记账。

（小鱼点）赊销时，无法确定材料成本，材料已经验收入库（货已入库，钱没支付，要给多少钱不确定）。

（1）月末仍未收到单据时，材料按暂估价值入账。

借：原材料

　　贷：应付账款——暂估应付账款

（2）下月初红字冲销原会计分录。

借：原材料（金额红字）

　　贷：应付账款——暂估应付账款（金额红字）

（3）后收到发票账单时。

借：原材料

　　　应交税费——应交增值税（进项税额）

　　贷：银行存款等

四 不定项选择题

第1题

1. 【答案】 ABC

【解析】A 选项处理正确，材料应按照扣除合理损耗后的实际数量入库，即 2 000 千克（2 020-20）；B、C 两项处理正确，外购材料成本 = 购买价款 + 相关税费 + 其他相关费用（如运输费、装卸费等），增值税一般纳税人购买材料支付的增值税可以抵扣，购入的甲材料成本 = 32 320+2 680 = 35 000（元），材料入库数量为 2 000 千克，甲材料单位成本为 17.5 元/千克（35 000÷2 000）；D 选项处理错误，运输途中的合理损耗，不影响存货的总成本，但实际入库数量减少，导致存货的单位成本增加。

小鱼点 合理损耗不影响存货的整体入账价值，影响单位存货的价值。

2. 【答案】 BD

【解析】采用托收承付方式销售材料的，在办妥托收手续时确认收入，销售材料取得的收入计入其他业务收入，账务处理为：

借：应收账款　　　　　　　　　　　　　　　　　　　　　2 260
　贷：其他业务收入　　　　　　　　　　　　　　　　　　2 000
　　　应交税费——应交增值税（销项税额）　　　　　　　　260

小鱼点 销售原材料不是企业的主要业务，因此要计入其他业务收入。

3. 【答案】 CD

【解析】生产车间一般耗用原材料属于为生产产品产生的间接费用，应计入制造费用；生产产品耗用原材料直接计入生产成本。

小鱼点 相关账务处理为借记"生产成本""制造费用"科目，贷记"原材料"科目。

4. 【答案】 CD

【解析】期初结存数量为 2 000 千克，单位成本为 15 元/千克；本月购进的数量为 2 000 千克，单位成本为 17.5 元/千克。发出材料采用月末一次加权平均法，故材料的单位成本 =（月初库存材料成本 + 本月购进各批材料成本）÷（月初库存材料数量 + 本月各批进货数量之和）=（2 000×15 + 2 000×17.5）÷（2 000+2 000）= 16.25（元/千克）；销售材料的收入计入其他业务收入，成本计入其他业务成本，本月共销售材料 100 千克，单位成本为 16.25 元/千克，则其他业务成本增加 1 625 元。

小鱼点："月末一次加权平均"就是按照本期全部购入的存货，计算一次加权平均价格，然后按照计算出来的加权平均价计算发出存货的价值。月末一次加权平均价格的计算只和进货有关，和存货的发出无关。

5.【答案】ABC

【解析】本月期初结存数量为 2 000 千克，购进材料 2 000 千克，共发出材料 3 200 千克（100＋3 000＋100），则结存材料 800 千克，材料单位成本为 16.25 元／千克，则月末结存甲材料的成本为 13 000 元（800×16.25），大于其可变现净值 12 800 元，应计提存货跌价准备 200 元；列入资产负债表"存货"项目的原材料金额＝原材料账面余额－存货跌价准备＝13 000－200＝12 800（元）。

第 2 题

1.【答案】D

【解析】企业取得交易性金融资产所支付价款中，包含的已宣告但尚未发放的现金股利或已到付息期但尚未领取的债券利息，应当单独确认为应收项目；支付的相关交易费用在发生时计入当期损益，冲减投资收益。所以甲公司购入交易性金融资产的入账金额 ＝2 000－50＝1 950（万元）。

2.【答案】A

【解析】甲公司收到购买价款中包含的现金股利计入应收股利。分录如下：

借：其他货币资金　　　　　　　　　　　　　50
　　贷：应收股利　　　　　　　　　　　　　　　　　　50

3.【答案】BD

【解析】持有乙公司的交易性金融资产发生公允价值下降时，分录如下：

借：公允价值变动损益　　　　　　　　　　150
　　贷：交易性金融资产——公允价值变动　　　　　　150

4.【答案】D

【解析】出售该交易性金融资产的会计分录为：

借：其他货币资金　　　　　　　　　　　　2 500
　　交易性金融资产——公允价值变动　　　　150
　　贷：交易性金融资产——成本　　　　　　　　　1 950
　　　　投资收益　　　　　　　　　　　　　　　　　700

出售该交易性金融资产影响损益的金额为 700 万元，D 选项正确。

5.【答案】B

【解析】从购入到出售该交易性金融资产累计应确认的投资收益金额 = -5+700=695（万元），B 选项正确。

第 3 题

1.【答案】AC

【解析】使用银行汇票购买材料，应通过"其他货币资金"科目进行核算。

A 选项会计分录为：

借：其他货币资金	35 000
贷：银行存款	35 000

B、C 项会计分录为：

借：原材料	29 500
应交税费——应交增值税（进项税额）	3 250
贷：其他货币资金	32 750

D 选项会计分录为：

借：银行存款	2 250
贷：其他货币资金	2 250

2.【答案】D

【解析】资料（2）的会计分录为：

借：原材料	110 000
应交税费——应交增值税（进项税额）	14 300
贷：实收资本	100 000
资本公积—资本溢价	24 300

3.【答案】ABCD

【解析】四种会计处理均正确。

4.【答案】B

【解析】本题采用先进先出法，期初库存 500 千克，月末共领用 300 千克，每千克成本均为

200元,则生产产品领用=220×200=44 000(元);车间一般耗用=50×200=10 000(元);行政管理部门领用=20×200=4 000(元);销售部门领用=10×200=2 000(元)。

5.【答案】ABD

【解析】盘亏材料,应通过"待处理财产损溢"科目进行核算,A选项错误。会计处理如下:

借:待处理财产损溢	1 000	
贷:原材料		1 000

批准后处理:

借:其他应收款——个人	100	
——保险公司	500	
管理费用	400	
贷:待处理财产损溢		1 000

微信扫码,听基础课程

单项选择题:
　　1~5: CCCDC　6~10: ADADC　11~15: CCCBD　16~17: BA

多项选择题:
　　1.AD　2.ABCD　3.ABD　4.ABC　5.AB　6.ABCD

判断题:
　　1.√　2.×　3.√　4.×　5.√　6.√　7.×　8.√

不定项选择题:
　　第1题　1.BCD　2.BC　3.CD　4.BC　5.B
　　第2题　1.ABC　2.AD　3.AD　4.BCD　5.B
　　第3题　1.D　2.B　3.AC　4.ABD　5.D
　　第4题　1.AC　2.D　3.CD　4.ABC　5.B

一、单项选择题

1.【答案】 C

【解析】 在年数总和法下,年折旧率=尚可使用年限÷预计使用寿命的年数总和×100%。2018年6月30日购入设备一台。

2018年7月至2019年6月是折旧的第一年,因此年折旧率=8÷(1+2+3+4+5+6+7+8)=$\frac{8}{36}$。第一年的折旧额=(固定资产原价−预计净残值)×年折旧率=(400 000−40 000)×8÷36=80 000(元)。

2019年7月至2020年6月是折旧的第二年,年折旧率=7÷(1+2+3+4+5+6+7+8)=$\frac{7}{36}$,第二年的折旧额=(400 000−40 000)×7÷36=70 000(元)。

2020年7月至2021年6月是折旧的第三年,年折旧率=6÷(1+2+3+4+5+6+7+8)=$\frac{6}{36}$,第三年的折旧额=(400 000−40 000)×6÷36=60 000(元)。

2020年应计提的折旧额 = 70 000÷12×6+60 000÷12×6 = 65 000（元）。

小鱼点 年数总和法也是一种加速折旧方法，即一开始的时候折旧多，后来折旧少。计算步骤：

（1）年数总和法要先计算使用年限之和：比如一台机器可以使用五年，那么年数总和 = 1+2+3+4+5 = 15（年）。

（2）第一年的折旧率 = $\frac{5}{15}$ ×100%。

第二年的折旧率 = $\frac{4}{15}$ ×100%。

第三年的折旧率 = $\frac{3}{15}$ ×100%。

第四年的折旧率 = $\frac{2}{15}$ ×100%。

第五年的折旧率 = $\frac{1}{15}$ ×100%。

（3）第一年的折旧额 =（原值–预计净残值）× 第一年的折旧率。

第二年的折旧额 =（原值–预计净残值）× 第二年的折旧率。

……

2.【答案】C

【解析】已提足折旧仍继续使用的固定资产，无须再计提折旧；已达到预定使用状态的固定资产，自达到预定可使用状态的次月开始计提折旧。所以当月计提折旧的金额 =（960–60）×1% = 9（万元）。

小鱼点 首先，固定资产的价值是指固定资产的剩余账面价值，由于960万元包含已经提足折旧额仍继续使用的60万元，因此，当前需要计提折旧的固定资产账面价值需要减掉这60万元；同时，这960万元包括上月已经达到预定可使用状态尚未投入使用的20万元，这20万元本月需要计提折旧，因此需要计提折旧的资产的账面价值 = 960–60 = 900（万元）。按照月折旧率1%计提折旧，当月计提的折旧额 = 900×1% = 9（万元）。

3.【答案】C

【解析】制造业企业出租无形资产属于其他业务，不属于主营业务，不计入主营业务收入，也不是"天上掉馅饼"，因此也不计入营业外收入，A、D两项错误。已出租的无形资产的所有权仍在出租企业手里，应视为该企业的资产继续计提摊销，B选项错误。

4.【答案】D

【解析】采用双倍余额递减法计提固定资产折旧时，在固定资产使用寿命到期前两年内，将固定资产账面净值扣除预计净残值后的余额平均摊销，则前三年不考虑预计净残值；当月增加的固定资产，当月不计提折旧，下月起开始计提折旧，则应从 2013 年 1 月 1 日开始计提折旧；在双倍余额递减法下，年折旧率 = 2÷预计使用寿命（年）×100% = 2÷5×100% = 40%。因此，2013 年应计提的折旧额 = 100×40% = 40（万元）；2014 年应计提的折旧额 =（100－40）×40% = 24（万元）。

小鱼点（1）双倍余额递减法要先计算折旧率，双倍余额递减法的折旧率 = 2÷5×100% = 40%。

（2）第一年折旧额 = 100×40% = 40（万元）。

第二年折旧额 =（100－40）×40% = 24（万元）。

第三年折旧额 =（100－40－24）×40% = 14.4（万元）。

（3）最后两年，余额平摊。如果有预计净残值，则预计净残值在最后两年扣减，即（100－40－24－14.4－预计净残值）÷2。

5.【答案】C

【解析】 资产负债表中，固定资产应根据"固定资产"科目的期末余额，减去"累计折旧"和"固定资产减值准备"科目的期末余额后的金额，以及"固定资产清理"科目的期末余额填列。2018 年 12 月 31 日，该公司资产负债表中"固定资产"项目期末中应列报的金额 = 1 000－400－80＋20 = 540（万元）。

小鱼点 固定资产的处置要先转入"固定资产清理"科目，后续无论发生处置损失还是处置收益，都先记入"固定资产清理"科目，最后把"固定资产清理"科目借方余额转入"资产处置损益"科目贷方，贷方余额转入"资产处置损益"科目借方。

6.【答案】A

【解析】 A 选项正确，经营出租的生产设备计提的折旧计入其他业务成本；B 选项错误，企业当月新增的固定资产，当月不计提折旧，下月开始计提折旧；C 选项错误，生产线的日常修理费用计入管理费用；D 选项错误，设备报废清理费用计入固定资产清理。

小鱼点 A 选项，经营出租的生产设备获得的租金计入其他业务收入，根据"收入和成本配比"原则，经营出租的生产设备计提的折旧计入其他业务成本。C 选项，固定资产的日常修理就相当于"割双眼皮"，稍微修理一下，下午还得工作；固定资产的改扩建就相当于"换肾"，需要将固定资产转入在建工程。因此在日常修理期间，需要继续计提折旧，而改扩建期间则不需要。

7.【答案】D

【解析】 生产线扩建后的入账价值 = 1 000－300＋800 = 1 500（万元），D 选项正确。

小鱼点 改扩建的账务处理：

借：在建工程 700

　　累计折旧 300

贷：固定资产		1 000
借：在建工程	800	
贷：银行存款等		800
借：固定资产	1 500	
贷：在建工程		1 500

8.【答案】 A

【解析】 存货盘亏时，在批准处理前先调账，借记"待处理财产损溢"科目，报批后再冲掉。无形资产出售和报废都通过"资产处置损益"科目进行处理。固定资产减值借记"资产减值损失"科目，贷记"固定资产减值准备"科目。

9.【答案】 D

【解析】 2021年甲公司该项无形资产的摊销额＝365÷10＝36.5（万元）。

10.【答案】 C

【解析】 A选项错误，使用寿命不确定的无形资产不应摊销；B选项错误，使用寿命有限的无形资产自可供使用的当月起开始摊销；C选项正确，无形资产的摊销方法应反映其经济利益的预期实现方式，无法可靠地确定预期实现方式的，应当采用年限平均法（直线法）摊销；D选项错误，企业管理用无形资产的摊销金额计入管理费用，出租的无形资产摊销金额计入其他业务成本，无形资产包含的经济利益通过所生产的产品或其他资产实现的，其摊销金额应计入相关资产成本。

小鱼点 使用寿命无限的无形资产就不用摊销了（主要是不知道摊销几年），但是需要在每期期末进行减值测试（测试到底还值不值钱），如果发生减值，则需要计提减值准备。无形资产在当月开始摊销，固定资产在下月开始折旧。出租无形资产跟出租固定资产一样，由于都不是企业的主要业务，因此租金收入计入其他业务收入。那么根据"收入和成本配比"原则，出租无形资产摊销的成本要计入其他业务成本。

11.【答案】 C

【解析】 研究阶段发生的支出160万元和开发阶段不符合资本化条件的支出120万元（300－180）应全部计入当期损益，借记"管理费用"科目；开发阶段符合资本化条件的支出180万元应计入无形资产的成本。因此，应计入当期损益的金额＝160＋120＝280（万元）。

小鱼点 企业自行研究开发的无形资产包含两个阶段：

（1）研究阶段：研究阶段全部费用化。因为研究阶段基本上是光研究不产出，没法计入成本，直接计入当期损益就可以了。

（2）开发阶段：开发阶段也要区分是不是满足资本化条件。如开发阶段请专家吃饭，这部分支出也没法计入无形资产成本。

12.【答案】C

【解析】因自然灾害毁损设备时的账务处理为：

设备转入清理：

借：固定资产清理	140	
累计折旧	60	
贷：固定资产		200

支付清理费用：

| 借：固定资产清理 | 5 | |
| 贷：银行存款 | | 5 |

收回设备的价款：

| 借：银行存款 | 100 | |
| 贷：固定资产清理 | | 100 |

结转设备发生的净损失：

| 借：营业外支出 | 45 | |
| 贷：固定资产清理 | | 45 |

该公司因自然灾害毁损设备对当期损益的影响金额为 -45 万元。

小鱼点 "固定资产清理"科目的借方余额表示固定资产的账面价值还剩这些，如果没有相应的收益来补偿这些剩余价值，那么这些借方余额就只能算报废了，因此借方余额要转入营业外支出。

13.【答案】C

【解析】A 选项不计入，生产车间固定资产日常修理费计入管理费用；B 选项不计入，生产车间固定资产更新改造支出通过"在建工程"科目核算；C 选项计入，经营租入的固定资产的改良支出，记入"长期待摊费用"科目；D 选项不计入，融资租入的固定资产视为企业自有资产，发生的改良支出计入固定资产成本。

小鱼点 如何理解"长期待摊费用"？

如果企业租入了一项固定资产，租期为 10 年。租入后发生了更新改造支出，如果是自有的固定资产，更新改造时的支出要计入固定资产成本。可现在这项固定资产不是企业的，而是租入的，此时，就有了"长期待摊费用"科目，各项支出可以在固定资产的租期 10 年内进行摊销。

14.【答案】B

【解析】转让专利权时的账务处理为：

借：银行存款　　　　　　　　　　　　　　　　106
　　累计摊销　　　　　　　　　　　　　　　　150
　　贷：无形资产　　　　　　　　　　　　　　　　　200
　　　　应交税费——应交增值税（销项税额）　　　　6
　　　　资产处置损益　　　　　　　　　　　　　　　50

资产处置损益是利润总额的一部分，企业转让专利权对利润总额的影响为 50 万元。

（小鱼点）出售无形资产和出售固定资产的账务处理有很大区别。出售固定资产通过"固定资产清理"科目进行核算；处置无形资产时，已收钱就直接计入银行存款，没收钱就直接计入损益，但要区分是"坏"，还是"卖"：

（1）"卖"——资产处置损益。

（2）"坏"——营业外支出。

无形资产也是可以"坏"的，比如商标不值钱了。

15.【答案】D

【解析】固定资产更新改造满足资本化条件的，应当计入固定资产成本，如有被替换的部分，应同时将被替换部分的账面价值从该固定资产原账面价值中扣除。不满足资本化的，在发生时计入当期损益。

该设备更新改造时的账面价值 = 500 − 300 = 200（万元）。

被替换部件的账面价值 = 200÷500×10 = 4（万元）。

因此，改良后的入账价值 = 200 + 30 − 4 = 226（万元）。

（小鱼点）对于固定资产后续支出涉及替换原固定资产的某组成部分，当发生的后续支出符合固定资产确认条件时，应将其计入固定资产成本，同时将被替换部分的账面价值扣除。这样可以避免将替换部分和被替换部分的成本同时计入固定资产成本，导致固定资产成本变高。

请注意：被替换部分的剩余残料计入银行存款或原材料，而非冲减在建工程，因此被替换部分资产无论是否有残料收入等经济利益的流入，都不会影响最终固定资产的入账价值。

16.【答案】B

【解析】本题考核无形资产的取得。研究阶段的支出应计入管理费用，开发阶段符合资本化条件的支出计入无形资产成本，不符合的计入管理费用。申请专利手续费计入无形资产成本。

（小鱼点）见 DAY5 单选题第 11 题。

17.【答案】A

【解析】以前减记存货价值的影响因素消失的，减记的金额应当予以恢复，并在原已计提的存货跌价准备金额内转回。无形资产、固定资产计提的减值准备，在资产持有期间均不得转回。交易性金融资产不计提减值准备。

> **小鱼点** 和应收账款的减值、存货的减值相比，固定资产的减值一旦确定，未来不得转回。对于应收账款、存货等流动性较强的资产，价格有所波动是正常现象，而且即使计提了减值准备也只和当期的损益有关，因此可以将原来计提的减值准备在计提的跌价准备金额内进行恢复。而固定资产、无形资产等非流动资产的价格波动不会很大，一旦计提减值，以后年度的折旧和摊销都要根据减值后的金额进行计提，所以对固定资产、无形资产计提的减值是比较慎重的，一旦确认后不得转回。

二、多项选择题

1. 【答案】AD

【解析】A 选项正确，外购无形资产的成本包括购买价款、相关税费以及直接归属使该项资产达到预定用途所发生的其他支出，但不包括可以抵扣的增值税税额；B 选项错误，使用寿命有限的无形资产自可供使用的当月起开始摊销，本题的无形资产应该自 2017 年 1 月起开始摊销；C 选项错误，D 选项正确，该项无形资产应计提自 2017 年 1 月到 2017 年 12 月共 1 年的摊销额，该无形资产的应计摊销总额为 880 万元，使用年限为 5 年，预计净残值为 0，则该无形资产的年摊销额 = 880÷5 = 176（万元）。

> **小鱼点** 企业应当于取得无形资产时分析、判断其使用寿命。使用寿命有限的无形资产应进行摊销，使用寿命不确定的无形资产不应摊销。
>
> 使用寿命有限的无形资产，其净残值通常视为 0。对于使用寿命有限的无形资产，企业应当按月进行摊销。自可供使用（即其达到预定用途）的当月起开始摊销，处置当月不再摊销。无形资产的摊销方法有年限平均法（即直线法）、生产总量法等。企业选择的无形资产摊销方法，应当反映与该项无形资产有关的经济利益的预期实现方式。无法可靠地确定预期实现方式的，应当采用年限平均法（直线法）摊销。

2. 【答案】ABCD

【解析】车辆购置税和契税都是因购买固定资产直接发生的，应当直接计入固定资产成本。进口设备的关税是不可以抵扣的，应当计入固定资产成本。自营建造固定资产达到预定可使用状态前的利息支出符合资本化条件的也应当计入固定资产成本。

3. 【答案】ABD

【解析】固定资产使用寿命、预计净残值和折旧方法的改变应当作为会计估计变更。

4. 【答案】ABC

【解析】企业行政管理部门为组织和管理生产经营活动而发生的管理费用，应作为当期损益处理，不计入固定资产的成本。

5.【答案】 AB

【解析】 A 选项和 B 选项两种情况均属于企业使用中的固定资产，均应计提折旧。

(小鱼点) 除以下情况外，企业应当对所有固定资产计提折旧：

（1）已提足折旧仍继续使用的固定资产；

（2）单独计价入账的土地；

（3）改扩建期间的固定资产；

（4）提前报废的固定资产。

6.【答案】 ABCD

【解析】 双倍余额递减法是在不考虑固定资产预计净残值的情况下，用原价减累计折旧后的余额和双倍的直线法折旧率计算固定资产折旧的一种方法。一般在固定资产使用寿命到期前 2 年内，将固定资产账面净值扣除预计净残值后的余额平均摊销。

年折旧率 = 2÷6×100% = 33.33%。

2018 年折旧额 = 1 800×（2÷6×100%）= 600（万元）。

2019 年折旧额 =（1800−600）×（2÷6×100%）= 400（万元）。

(小鱼点)（1）双倍余额递减法要先计算折旧率：双倍余额递减法的折旧率 = 2÷6×100%。

（2）第一年折旧额 = 1 800×2÷6 = 600（万元）。

　　　第二年折旧额 =（1800−600）×2÷6 = 400（万元）。

　　　第三年折旧额 =（1800−600−400）×2÷6 = 266.67（万元）。

　　　第四年折旧额 =（1800−600−400−266.67）×2÷6 = 177.78（万元）。

（3）最后两年，余额平摊。

如果有预计净残值，预计净残值在最后两年扣减。即（1800−600−400−266.67−177.78−5）÷2 = 175.275（万元）。

三、判断题

1.【答案】 √

【解析】 已达到预定可使用状态但尚未办理竣工决算的固定资产，应当按照估计价值确定其成本，并计提折旧；待办理竣工决算后，再按照实际成本调整原来估计的价值，但不需要调整原已计提折旧额。

(小鱼点) 什么是已达到预定可使用状态但尚未办理竣工决算的固定资产？

固定资产已经建设完成且已经达到预期可使用状态，但是暂时没有办理竣工决算手续。有些企业为了不计提折旧，会延迟办理竣工决算。因此规定，即使没有办理相关手续，固定资产也要按照暂估价值计提折旧。

2.【答案】×

【解析】对于固定资产的盘亏损失，扣除经保险赔偿或过失人赔偿后的净损失，应计入营业外支出（而非管理费用）。

（小鱼点）固定资产出现盘亏时，如果有人赔就计入其他应收款，不然就计入营业外支出。因为固定资产的盘亏是企业"意料之外"的，因此要计入营业外支出。

3.【答案】√

（小鱼点）资本化支出要计入固定资产成本，而费用化支出直接计入期间费用。

4.【答案】×

【解析】经营租赁租入固定资产的改良支出，计入长期待摊费用（而非管理费用），在本期和以后各期进行合理摊销。

（小鱼点）见 DAY5 单选题第 13 题。

5.【答案】√

【解析】自用房屋属于企业固定资产，其清理过程中应支付的相关清理费用，借记"固定资产清理"科目，贷记"银行存款"科目。

（小鱼点）见 DAY5 单选题第 5 题。

6.【答案】√

7.【答案】×

【解析】企业对固定资产进行更新改造时，应计算被替换部件的账面价值并冲减在建工程。

（小鱼点）见 DAY5 单选题第 13 题。

8.【答案】√

四　不定项选择题

第 1 题

1. 【答案】BCD

【解析】6 月 30 日结束研究，确认研发支出：

借：研发支出——费用化支出　　　　　　　　　　600 000
　　贷：银行存款　　　　　　　　　　　　　　　　　　　　600 000

6 月 30 日（即研究阶段结束当月末），结转研究阶段的支出：

借：管理费用　　　　　　　　　　　　　　　　600 000
　　贷：研发支出——费用化支出　　　　　　　　　　　　600 000

12 月 2 日结束开发，确认符合资本化条件的开发支出（暂不考虑应交税费）：

借：研发支出——资本化支出　　　　　　　　　300 000
　　贷：银行存款　　　　　　　　　　　　　　　　　　　　300 000

12 月 2 日，该技术研发完成并形成无形资产：

借：无形资产　　　　　　　　　　　　　　　　300 000
　　贷：研发支出——资本化支出　　　　　　　　　　　　300 000

2. 【答案】BC

【解析】无形资产自达到预定用途当月起开始摊销，即从 2019 年 12 月开始，A 选项错误；该企业研发的 M 非专利技术用于行政管理部门，应计入管理费用，B 选项正确；该专利技术使用直线法摊销，可用年限为 5 年，则 2019 年 12 月的摊销额 = 300 000÷5÷12 = 5 000（元），故 C 选项正确、D 选项错误。

3. 【答案】CD

【解析】N 设备不需要安装，不计入在建工程，A、B 两项错误；购入不需要安装的固定资产时，应按支付的购买价款、使固定资产达到预定可使用状态前所发生的可归属于该项资产的运输费、装卸费和专业人员服务费等，作为固定资产成本，记入"固定资产"科目借方，C、D 两项正确。

4. 【答案】BC

【解析】固定资产成本 = 800 000 + 3 000 = 803 000（元），D 选项错误；

应交增值税 = 104 000 + 270 = 104 270（元），A 选项错误。

5. 【答案】B

【解析】固定资产当月增加，当月不计提折旧，从下月开始计提折旧，N 设备 2019 年无累计折旧。

资产负债表中"固定资产"项目＝固定资产－累计折旧－固定资产减值准备＝803 000（元）；无形资产当月增加当月摊销，M 非专利技术 2019 年摊销额是 5 000 元。资产负债表中"无形资产"项目＝无形资产－累计摊销－无形资产减值准备＝300 000－5 000＝295 000（元）。

第 2 题

1.【答案】 ABC

【解析】 中央冷却系统停止使用转入更新改造的会计分录为：

借：在建工程	1 180	
累计折旧	1 220	
贷：固定资产		2 400

2.【答案】 AD

【解析】 2020 年 3 月末旧压缩机账面价值＝480－（480÷2 400）×1 220＝236（万元），终止确认旧压缩机的会计分录为：

借：营业外支出——非流动资产处置损失	236	
贷：在建工程		236

3.【答案】 AD

【解析】 根据资料（2）可得出以下会计分录：

购入新压缩机时：

借：工程物资	610	
应交税费——应交增值税（进项税额）	78.9	
贷：银行存款		688.9

安装新压缩机时：

借：在建工程	610	
贷：工程物资		610

工程领用原材料时：

借：在建工程	30	
贷：原材料		30

4.【答案】 BCD

【解析】 根据资料（3），支付工程安装费的会计分录为：

借：在建工程	36	

　　　　应交税费——应交增值税（进项税额）　　　　　　3.24
　　　　贷：银行存款　　　　　　　　　　　　　　　　39.24

5.【答案】 B

【解析】 根据资料（1）至（3），中央冷却系统更新改造后的入账价值 = 1 180 − 236 + 610 + 30 + 36 = 1 620（万元）。

第3题

1.【答案】 D

【解析】 购入工程物资建造不动产，增值税进项税额可以抵扣。甲企业购入工程物资的入账成本 = 100 + 5 = 105（万元），D 选项正确。相关账务处理如下：

　　借：工程物资　　　　　　　　　　　　　　　　105[100+5]
　　　　应交税费——应交增值税（进项税额）　　　　13.45[13+0.45]
　　　　贷：银行存款　　　　　　　　　　　　　　　118.45

2.【答案】 B

【解析】 建造固定资产领用自产水泥的账务处理为：

　　借：在建工程　　　　　　　　　　　　　　　　20
　　　　贷：库存商品　　　　　　　　　　　　　　　　20（成本价领用）

3.【答案】 AC

【解析】 车库的入账价值 = 100 + 5 + 30 + 39 + 20 = 194（万元），预计净残值为 2 万元，采用直线法计提折旧，所以年折旧额 =（194 − 2）÷ 20 = 9.6（万元），车库 6 月份完工，所以从 7 月份开始计提折旧，2020 年计提折旧期是 6 个月，所以 2020 年的计提折旧额 = 9.6 ÷ 2 = 4.8（万元），车库年末账面价值 = 194 − 4.8 = 189.2（万元）。

4.【答案】 ABD

【解析】 外购货物用于工程安装建造的进项税额不需要转出，C 选项错误。

5.【答案】 D

【解析】 车库的入账金额 = 174.8 + 15 + 50 + 30 = 269.8（万元）。

第4题

1.【答案】 AC

【解析】 不符合资本化条件的相关支出应当在发生时直接费用化。

支出相关费用时：

借：研发支出——费用化支出

　　贷：银行存款

期末将"研发支出——费用化支出"科目的余额转入"管理费用"科目。

2.【答案】 D

【解析】 符合资本化条件的相关支出应当资本化计入相关资产成本：

借：研发支出——资本化支出	500 000	
贷：应付职工薪酬		500 000
借：研发支出——资本化支出	100 000	
应交税费——应交增值税（进项税额）	13 000	
贷：银行存款		113 000

期末，将"研发支出——资本化支出"转为无形资产：

借：无形资产	600 000	
贷：研发支出——资本化支出		600 000

3.【答案】 CD

【解析】 收取租金时：

借：银行存款	21 200	
贷：其他业务收入		20 000
应交税费——应交增值税（销项税额）		1 200

计提摊销时：

借：其他业务成本	10 000[600 000÷5÷12]	
贷：累计摊销		10 000

小鱼点 见 DAY5 单选题第6题。

4.【答案】 ABC

【解析】 "研发费用"项目增加 80 000 元（50 000+600 000÷5÷12×3）[资料（1）至（4）]；"营业收入"项目增加 20 000 元[资料（3）和（4）]；"营业成本"项目增加 10 000 元[资料（3）和（4）]；"管理费用"科目下的"研发费用"的发生额以及"管理费用"科目下无形资产摊销的发生额均在利润表"研发费用"项目填列。

5. 【答案】B

【解析】该项非专利技术的账面价值 = 600 000 − 600 000÷5÷12×4 = 560 000（元）。

微信扫码，听基础课程

单项选择题：
  1~5：CDAAD 6~10：BBBCB 11~15：CADAC 16~18：CDC
多项选择题：
  1.BD 2.ACD 3.BCD 4.AD 5.ABCD 6.BC 7.BC 8.CD 9.ABCD
判断题：
  1.× 2.√ 3.√ 4.√ 5.× 6.× 7.√ 8.× 9.√
不定项选择题：
  第1题 1.AC 2.B 3.A 4.ABC 5.B
  第2题 1.AB 2.D 3.BCD 4.B 5.CD

一、单项选择题

1.【答案】C

【解析】"固定资产"项目反映在资产负债表日，企业固定资产的期末账面价值和企业尚未清理完毕的固定资产清理净损益。固定资产期末余额＝固定资产期初余额－累计折旧－固定资产减值准备±固定资产清理。在建工程应在"在建工程"项目列示。本题"固定资产"项目的金额＝3 000－750－200＋30＝2 080（万元）。

2.【答案】D

【解析】本题采用双倍余额递减法折旧，设备可使用6年，则前4年（6－2）根据每期期初固定资产原值减去累计折旧后的余额，以直线法折旧率乘以2（"1÷6"为直线法，"2÷6"即为双倍余额递减法）进行折旧，这4年不考虑预计净残值；最后2年，将账面价值（账面净值－预计净残值）进行平摊。

  按照一般做题方法，应该分别计算第一年、第二年、第三年和第四年的折旧额，再用计算出的固定资产账面净值扣除预计净残值后的余额除以2得出2019年的折旧额。然而题目告知了截止第四年年底（2018年）固定资产的账面净值为237.03万元，即固定资产的原值减去前4年的折旧额后的余额是237.03万元，则2019年（第五年）的折旧额=（账面净值－预计净残值）÷2=（237.03－40.03）÷2=98.5（万元）。

3.【答案】A

【解析】处置时应当确认的投资收益＝出售价款（不含税）－交易性金融资产的账面价值＝1 210－1 200＝10（万元）。相关会计分录如下：

（1）3月15日，购入股票时：

借：交易性金融资产	1 000
应收股利	100
投资收益	20
贷：其他货币资金	1 120

（2）6月30日的会计分录：

借：交易性金融资产——公允价值变动	200
贷：公允价值变动损益	200

（3）8月19日，出售股票时：

借：其他货币资金	1 210
贷：交易性金融资产	1 200
投资收益	10

4.【答案】A

【解析】因溢价购入该债券，初始确认时"债权投资——利息调整"科目在借方，后续相应的摊销在贷方，所以2021年末确认投资收益的金额＝690－20＝670（万元）。会计分录为：

借：应收利息	690
贷：投资收益	670
债权投资——利息调整	20

5.【答案】D

【解析】取得该项长期股权投资时，甲公司付出相关资产应确认的损益＝2 200－（2 000－800）＝1 000（万元）；由于乙公司宣告分派现金股利而确认的投资收益＝4 000×70%＝2 800（万元），甲公司2020年度取得及持有该项股权投资对损益的影响金额＝1 000+2 800＝3 800（万元）。

6.【答案】B

【解析】因取得该项投资后甲公司能够控制乙公司，所以将甲公司的此项投资作为长期股权投资核算，并采用成本法进行后续计量。乙公司宣告分派现金股利和实现净利润对长期股权投资的账面价值没有影响，因此该项投资 2021 年 12 月 31 日的账面价值为 500 万元。

甲公司取得长期股权投资的会计分录：

借：长期股权投资	500	
贷：银行存款		500

乙公司宣告分派现金股利的会计分录：

借：应收股利	65	
贷：投资收益		65

7.【答案】B

【解析】A 选项，初始投资成本 = 10 000×80% = 8 000（万元）；B 选项，后续计量采用成本法，B 公司宣告分配现金股利时，A 公司应确认投资收益 1 600 万元；D 选项，处置 B 公司股权确认的投资收益 = 9 000 − 8 000 = 1 000（万元）。

8.【答案】B

【解析】甲公司对乙公司长期股权投资的初始投资成本 = 2 100×2+660 − 230 = 4 630（万元）。其中，660 万元是承担的债务，最终要支付，应视为支付的对价，所以要加上；230 万元是包含在买价中的已宣告但尚未发放的现金股利，要单独计入应收股利中。会计分录为：

借：长期股权投资	4 630	
应收股利	230	
贷：股本		2 100
资本公积——股本溢价		2 100
应付账款		660
借：资本公积——股本溢价	60	
贷：银行存款		60

9.【答案】C

【解析】同一控制下企业合并形成的长期股权投资，合并方以支付现金、转让非现金资产或承担债务方式作为合并对价的，应在合并日按取得被合并方所有者权益在最终控制方合并财务报表中的账面价值的份额作为初始投资成本计量。长期股权投资的初始投资成本 = 被投资方相对于最终控制方而言的可辨认净资产账面价值份额 = 8 000×60% = 4 800（万元）。企业为企业合并发生的审计、法律服务、评估咨询等中介费用以及其他相关费用应作为当期损益计入管理费用。

10.【答案】B

【解析】同一控制下的企业合并，计入资本公积的金额为长期股权投资初始投资成本和发行股票面值之差并扣除支付承销商佣金的金额。长期股权投资初始投资成本 =10 000×60%＝6 000（万元），甲公司取得该股权投资时应确认的"资本公积——股本溢价"金额＝6 000－1 200×1－150＝4 650（万元）。会计分录如下：

借：长期股权投资	6 000
贷：股本	1 200
资本公积——股本溢价	4 800
借：资本公积——股本溢价	150
贷：银行存款	150

律师尽职调查费用在发生时计入当期损益，不影响资本公积。

11.【答案】C

【解析】甲公司取得乙公司的 20% 股权，能够对乙公司实施重大影响，甲公司应该将其作为权益法核算的长期股权投资进行账务处理；在取得股权日，甲公司按照付出对价的公允价值 3 000 万元确认长期股权投资初始投资成本；初始投资成本 2 000 万元与应享有乙公司可辨认净资产公允价值的份额 3 200 万元（16 000×20%）比较，前者小于后者，因此应按照差额调整长期股权投资账面价值。因此取得股权日，甲公司长期股权投资的账面价值是 3 200 万元。

12.【答案】A

【解析】企业为企业合并发生的审计、法律服务、评估咨询等中介费用及其他相关管理费用，应当于发生时借记"管理费用"科目，即计入当期损益。

13.【答案】D

【解析】D 选项，同一企业只能采用一种模式对所有投资性房地产进行后续计量，不得同时采用两种计量模式。

14.【答案】A

【解析】在成本模式下，应当按照固定资产或无形资产的有关规定，对投资性房地产进行后续计量，按期（月）计提折旧或摊销，将该投资性房地产折旧的金额记入"其他业务成本"科目，将取得的租金收入记入"其他业务收入"科目，成本模式下是不受公允价值变动的影响的，所以最终影响利润总额的金额＝其他业务收入（租金收入）－其他业务成本（折旧）=6×12－1 000÷20=22（万元）。会计分录如下：

借：其他业务成本　　　　　　　　　　　　　　　　　　50
　　贷：投资性房地产累计折旧　　　　　　　　　　　　　　50
借：银行存款　　　　　　　　　　　　　　　　　　　　72
　　贷：其他业务收入　　　　　　　　　　　　　　　　　　72

15. **【答案】** C

【解析】 2022年12月31日，在减值测试前投资性房地产的账面价值＝10 000－10 000÷20＝9 500（万元），可收回金额为9 200万元，应计提减值准备的金额＝9 500－9 200＝300（万元），与该写字楼相关的交易或事项对甲公司2022年度营业利润的影响金额＝租金收入－折旧金额－减值金额＝1 000－10 000÷20－300＝200（万元）。相关会计分录为：

（1）确认2022年租金收入：
借：银行存款　　　　　　　　　　　　　　　　　　1 000
　　贷：其他业务收入　　　　　　　　　　　　　　　　　1 000

（2）计提2022年折旧：
借：其他业务成本　　　　　　　　　　　　　　　　　500
　　贷：投资性房地产累计折旧　　　　　　　　　　　　　500

（3）2022年12月31日计提减值准备：
借：资产减值损失　　　　　　　　　　　　　　　　　300
　　贷：投资性房地产减值准备　　　　　　　　　　　　　300

16. **【答案】** C

【解析】 投资性房地产无论采用成本模式还是公允价值模式进行后续计量，取得的租金收入均记入"其他业务收入"科目。

17. **【答案】** D

【解析】 作为存货的非投资性房地产转换为采用公允价值模式后续计量的投资性房地产时，转换日公允价值大于账面价值的差额应计入其他综合收益，转换日公允价值小于账面价值的差额应计入公允价值变动损益。

18. **【答案】** C

【解析】 购入办公楼作为投资性房地产核算，A选项错误；办公楼的折旧金额计入其他业务成本，B选项错误；当年应计提的折旧金额＝2 200×（1－5%）÷20÷12×10＝87.08（万元），C选项正确；资产负债表日计提减值前投资性房地产的账面价值＝2 200－87.08＝2 112.92（万元），可收回金额小于其账面价值，应按账面价值与可收回金额孰低计量，故该办公楼在 2020 年 12 月 31 日的账面价值为 2 000 万元，D 选项错误。

二、多项选择题

1.【答案】 BD

【解析】A 选项，单位对外捐赠库存物品、固定资产等非现金资产的，在财务会计中应将资产的账面价值转入"资产处置费用"科目，如未支付相关费用，预算会计不作账务处理。C 选项，通常情况下，单位应当将被处置资产账面价值转销计入资产处置费用，并按照"收支两条线"将处置净收益上缴财政。

2.【答案】 ACD

【解析】采用权益法核算的长期股权投资，投资方对于被投资方的净资产的变动应调整长期股权投资的账面价值。相关账务处理如下：

借：长期股权投资——投资成本	4 200[14 000×30%]
管理费用	50
贷：银行存款	4 000[3 950+50]
营业外收入	250
借：长期股权投资——损益调整	600[2 000×30%]
贷：投资收益	600
借：长期股权投资——其他综合收益	30[100×30%]
贷：其他综合收益	30

3.【答案】 BCD

【解析】成本法核算的长期股权投资，持有期间被投资单位宣告发放现金股利，投资企业应当进行的处理是：借记"应收股利"科目，贷记"投资收益"科目，不会引起长期股权投资账面价值发生增减变动。A 选项错误。

4.【答案】 AD

【解析】A 选项，权益法核算的长期股权投资，收到被投资单位分配的股票股利，只引起每股账面价值的变动，长期股权投资账面价值总额不发生变动；选项 D，被投资单位所有者权益总额未发生变化，投资方不做会计处理。

5.【答案】 ABCD

【解析】本题考查了投资性房地产的概念、确认条件、确认时点和计量模式。

6.【答案】BC

【解析】A 选项，用于生产的厂房属于固定资产；D 选项，已经出租的房地产才能作为投资性房地产核算，准备对外出租的房地产不属于投资性房地产。

7.【答案】BC

【解析】甲公司 2020 年应确认的租金收入 =150×6÷12=75（万元），A 选项错误；办公楼出租前的账面价值 =5 000－2 000＝3 000（万元），出租日转换为以公允价值模式计量的投资性房地产，公允价值与账面价值的差额应确认的其他综合收益 =4 000－3 000＝1 000（万元），B 选项正确，D 选项错误；2020 年 6 月 30 甲公司应按照当日办公楼的公允价值确认投资性房地产 4 000 万元，C 选项正确。

8.【答案】CD

【解析】企业将自用房地产转换为以公允价值计量的投资性房地产时，转换日公允价值与原账面价值的差额，如果是借方差额，计入公允价值变动损益；如果是贷方差额，则计入其他综合收益。

9.【答案】ABCD

【解析】自行营造的林木类生产性生物资产，达到预定生产经营目的前发生的造林费、抚育费、营林设施费、良种试验费、调查设计费和应分摊的间接费用等必要支出均计入成本。

三、判断题

1.【答案】×

【解析】小企业应按其账面余额减除可收回的金额后确认的无法收回的长期债券投资，作为长期债券投资损失处理，应当于实际发生时计入营业外支出，同时冲减长期债券投资账面余额。

2.【答案】√

3.【答案】√

【解析】长期股权投资的初始投资成本大于投资时应享有被投资单位可辨认净资产公允价值份额的，不调整已确认的初始投资成本；长期股权投资的初始投资成本小于投资时应享有被投资单位可辨认净资产公允价值份额的，应按其差额，借记"长期股权投资"科目，贷记"营业外收入"科目。

4.【答案】√

5. 【答案】×

【解析】同一控制下的企业合并，合并成本为在合并日取得被合并方所有者权益相对于最终控制方而言的账面价值。

6. 【答案】×

【解析】企业租入的土地使用权，不属于企业的自有资产，转租后不能作为投资性房地产核算。

7. 【答案】√

8. 【答案】×

【解析】自行营造的林木类生产性生物资产的成本，包括达到预定生产经营目的前发生的造林费、抚育费、营林设施费、良种试验费、调查设计费和应分摊的间接费用等必要支出。

9. 【答案】√

四、不定项选择题

第1题

1. 【答案】AC

【解析】甲公司和A公司为同一母公司最终控制下的两家公司，因此此次合并为同一控制下的企业合并。甲公司取得长期股权投资应按应享有母公司合并财务报表中的A公司账面价值的份额计算确定。相关账务处理如下：

借：长期股权投资　　　　　　　　　　　　　　450
　　资本公积——股本溢价　　　　　　　　　　 50
　　贷：银行存款　　　　　　　　　　　　　　　　　　500

2. 【答案】B

【解析】购入交易性金融资产的会计分录：

借：交易性金融资产——成本　　　　　　　　1 200
　　应收股利　　　　　　　　　　　　　　　　 24
　　投资收益　　　　　　　　　　　　　　　　　8
　　贷：其他货币资金　　　　　　　　　　　　　　　1 232

3. 【答案】A

【解析】长期股权投资初始投资成本 = 4 600 – 580×0.25 = 4 455（万元）；享有被投资单位可辨认净资产公允价值份额 = 18 000×25% = 4 500（万元）。初始投资成本小于享有被投资单位可辨认净资产公允价值份额，因此调整入账价值为 4 500 万元。故 12 月 31 日账面价值 = 4 455+45+（600–400）×25% = 4 550（万元）。甲公司购入 C 公司股票的会计分录：

借：长期股权投资——投资成本	4 455
应收股利	145
贷：银行存款	4 600
借：长期股权投资——投资成本	45
贷：营业外收入	45

4. 【答案】ABC

【解析】实现净利润时：

借：长期股权投资——损益调整	150 [600×25%]
贷：投资收益	150

宣告分派现金股利时：

借：应收股利	100 [400×25%]
贷：长期股权投资——损益调整	100

5. 【答案】B

【解析】出售 C 公司长期股权投资的会计分录：

借：银行存款	5 000
贷：长期股权投资——投资成本	4 500
——损益调整	50
投资收益	450

第 2 题

1. 【答案】AB

【解析】企业对被投资单位具有重大影响的长期股权投资，应该采用权益法进行核算。长期股权投资的初始投资成本小于投资时应享有被投资单位可辨认净资产公允价值份额的，应该调整长期股权投资的初始投资成本，其差额应该记入"营业外收入"科目；长期股权投资的初始投资成本大于投资时应享有被投资单位可辨认净资产公允价值份额的,不调整已确认的初始投资成本。

2.【答案】D

【解析】2020年1月,购入长期股权投资应享有被投资单位可辨认净资产的公允价值份额为4 500万元(15 000×30%),小于初始投资成本5 000万元,所以不调整已确认的初始投资成本,按照5 000万元入账,会计分录如下:

借:长期股权投资——投资成本	5 000
贷:银行存款	5 000

3.【答案】BCD

【解析】根据资料(2)至(4),甲公司相关账务处理如下:

2020年度乙公司实现净利润2 000万元:

借:长期股权投资——损益调整	600[2 000×30%]
贷:投资收益	600

2021年3月15日,乙公司宣告发放现金股利,甲公司可分派到100万元:

借:应收股利	100
贷:长期股权投资——损益调整	100

2021年4月15日,甲公司收到乙公司分派的现金股利100万元:

借:银行存款	100
贷:应收股利	100

2021年3月31日,乙公司其他债权投资的公允价值增加200万元:

借:长期股权投资——其他综合收益	60[200×30%]
贷:其他综合收益	60

4.【答案】B

【解析】2021年3月31日甲公司长期股权投资的账面价值=5 000+600−100+60=5 560(万元)。

5.【答案】CD

【解析】出售长期股权投资的账务处理如下:

借:银行存款	6 000
贷:长期股权投资——成本	5 000
——损益调整	500

——其他综合收益	60
投资收益	440
借：其他综合收益	60
贷：投资收益	60

微信扫码，听基础课程

单项选择题：

1~5：ABCDA　6~10：CABBD　11~15：ABCDD　16~17：BD

多项选择题：

1.AB　2.AD　3.ABC　4.BCD　5.AB　6.BC　7.ABCD　8.ACD　9.BD
10.ABC　11.ABCD　12.BCD　13.ABCD

判断题：

1.√　2.×　3.×　4.×　5.×　6.√　7.√　8.×　9.√　10.×　11.√
12.√　13.√　14.√　15.√

不定项选择题：

第1题　1.AC　2.ABC　3.AB　4.C　5.C
第2题　1.B　2.BCD　3.C　4.C　5.A

一、单项选择题

1.【答案】A

【解析】A选项属于企业垫付款，发放工资时从应付职工薪酬中扣还，计入其他应收款，不属于企业职工薪酬的组成内容。C选项为短期薪酬中的辞退福利，与B、D两项同属于职工薪酬的组成部分。

2.【答案】B

【解析】企业将自产的空气净化器作为福利发放给职工，应按照该产品的含税公允价值计入相关资产成本或当期损益，同时确认应付职工薪酬。账务处理为：

借：应付职工薪酬——非货币性福利	11.3	
贷：主营业务收入		10
应交税费——应交增值税（销项税额）		1.3
借：主营业务成本	7.5	
贷：库存商品		7.5

> **小鱼点** 企业把自产的产品发给员工当工资，就相当于销售给员工，这种行为叫"视同销售"，发放给管理人员计入管理费用，发放给生产工人计入生产成本，其他同理。

相关会计分录如下：

第一步计提，借：生产成本 / 制造费用 / 管理费用等
　　　　　　贷：应付职工薪酬——非货币性福利

第二步发放，借：应付职工薪酬——非货币性福利
　　　　　　贷：主营业务收入
　　　　　　　　应交税费——应交增值税（销项税额）

第三步结转成本，借：主营业务成本
　　　　　　　　贷：库存商品

3.【答案】 C

【解析】 借款利息不采用预提方式，可在支付时直接计入当期损益，即计入财务费用。还款时直接支付本金和利息，借记"短期借款""财务费用"科目，贷记"银行存款"科目，三个月利息为 300 000×6%÷12×3＝4 500（元）。

4.【答案】 D

【解析】 企业从应付职工薪酬中扣除代垫的职工家属医药费，会计分录如下：

借：应付职工薪酬——工资
　　贷：其他应收款——代垫医药费

该业务会导致企业的应付职工薪酬减少，其他应收款减少，D 选项正确。

5.【答案】 A

【解析】 长期借款按合同利率计算确定的应付未付利息，如果属于分期付息的，记入"应付利息"科目；如果属于到期一次还本付息的，记入"长期借款——应计利息"科目。该企业 2022 年 12 月 31 日应计提长期借款利息 =100 000×4.8%÷12=400（元），A 选项正确。

6.【答案】 C

【解析】 企业将自有房屋无偿提供给本企业行政管理人员使用，在计提折旧时：

借：管理费用
　　贷：应付职工薪酬——非货币性福利

借：应付职工薪酬——非货币性福利
　　贷：累计折旧

7.【答案】A

【解析】"应付职工薪酬"为负债类科目，借方记减少，贷方记增加。计提时增加记入贷方，发放时减少记入借方。A选项是发放，B、C、D三项均为计提。

小鱼点 应付职工薪酬的处理都包含两部分：

（1）计提。无论用什么发工资，都先计提职工薪酬，确认费用等：

借：生产成本/管理费用等

　　贷：应付职工薪酬

（2）确认。确认是实际发放工资的过程，无论用什么当工资，都先借记"应付职工薪酬"科目，把原来计提的工资冲掉。

8.【答案】B

【解析】车船税不计入固定资产成本，而是通过税金及附加进行核算。

计算应缴纳税金：

借：税金及附加

　　贷：应交税费——应交车船税

用银行存款支付税金：

借：应交税费——应交车船税

　　贷：银行存款

小鱼点 "税金及附加"是损益类科目，借记"税金及附加"表示企业的成本增加。企业应交的房产税、城镇土地使用税、车船税均记入"税金及附加"科目。

9.【答案】B

【解析】其他应付款是指企业除应付票据、应付账款、预收账款、应付职工薪酬、应交税费、应付利息、应付股利等经营活动以外的其他各项应付、暂收的款项，如应付经营租赁固定资产的租金、租入包装物租金、存入保证金等。A选项，应缴纳的教育费附加通过"应交税费"科目核算；B选项，根据法院判决应支付的合同违约金通过"其他应付款"科目核算；C选项，应付由企业负担的职工社会保险费通过"应付职工薪酬"科目核算；D选项，代扣代缴的职工个人所得税通过"应交税费"和"应付职工薪酬"科目核算。

小鱼点 个人所得税本来是员工工资的一部分，因此原来都是应付职工薪酬的一部分。

比如，员工每个月企业应发工资10 000元：

借：生产成本/管理费用等　　　　　　　　　　10 000

　　贷：应付职工薪酬　　　　　　　　　　　　　　10 000

但是这10 000元工资中，员工需要支付500元的个人所得税，而员工的个人所得税通常由企业代为缴纳：

　　借：应付职工薪酬　　　　　　　　　　　　　　　　500

　　　　贷：应交税费——应交个人所得税　　　　　　　　　　500

10.【答案】D

【解析】税金及附加核算企业经营活动发生的消费税、城市维护建设税、资源税、教育费附加及房产税、城镇土地使用税、车船税、印花税等相关税费。A选项，自产自用应税矿产品应缴纳的资源税记入"生产成本"或"制造费用"科目；B选项，销售商品应缴纳的增值税应该通过"应交税费——应交增值税（销项税额）"科目核算；C选项，进口环节应缴纳的消费税应该计入该项物资的成本；D选项，应交的城市维护建设税，应通过"税金及附加"科目核算。

小鱼点 有助于存货、固定资产形成的都应该计入成本，比如资源税，自产自用的矿产品资源税有助于产品形成，因此要计入产品成本。

11.【答案】A

【解析】销售商品时不符合收入确认条件，但已开具了增值税专用发票，表明纳税义务已经发生，应确认应交的增值税销项税额，只对应该缴纳的增值税确认应收账款和应交增值税（销项税额）。

　　借：应收账款
　　　　贷：应交税费——应交增值税（销项税额）

12.【答案】B

【解析】缴纳上月应交未交的增值税的账务处理为：

借：应交税费——未交增值税
　　贷：银行存款

小鱼点 "应交税费——应交增值税"科目期末无余额。

（1）如果期末贷方销项税额为100万元，借方进项税额为80万元，那么本期销项税额大于进项税额，期末应交增值税为20万元，将贷方余额20万元转入"应交税费——未交增值税"科目：

　　借：应交税费——应交增值税（转出未交增值税）　　　　20
　　　　贷：应交税费——未交增值税　　　　　　　　　　　　　　20

（2）缴纳上月应交未交的增值税：

　　借：应交税费——未交增值税　　　　　　　　　　　　　20
　　　　贷：银行存款　　　　　　　　　　　　　　　　　　　　　　20

13. 【答案】C

【解析】企业计算应交房产税的账务处理为：

借：税金及附加

　　贷：应交税费——应交房产税

小鱼点　见 DAY7 单选题第 8 题。

---

14. 【答案】D

【解析】取得的增值税专用发票尚未经过认证，计入待认证进项税额。

小鱼点　"待抵扣进项税额"用于核算一般纳税人已取得增值税扣税凭证并经税务机关认证，按照现行增值税制度规定准予以后期间从销项税额中抵扣的进项税额；"进项税额"用于记录一般纳税人购进货物、加工修理修配劳务、服务、无形资产或不动产而支付或负担的、准予从当期销项税额中抵扣的增值税额；"待转销项税额"核算一般纳税人销售货物、提供加工修理修配劳务、服务、无形资产或不动产，已确认相关收入（或利得）但尚未发生增值税纳税义务而需要于以后期间确认为销项税额的增值税额；"待认证进项税额"核算一般纳税人由于未经税务机关认证而不得从当期销项税额中抵扣的进项税额。

---

15. 【答案】D

【解析】委托加工物资收回后用于连续生产应税消费品的消费税可以抵扣：

借：应交税费——应交消费税

　　贷：银行存款等

小鱼点　委托加工的产品如果是应税消费品（即应该交消费税的消费品），受托方要"代收代缴消费税"（你委托谁加工，谁就给你交），等委托加工商品加工完毕，你直接卖掉，这一部分缴纳的消费税可以直接计入委托加工物资的成本（消费税是价内税，计入成本）。"收回后连续生产应税消费品"缴纳的消费税不计入委托加工物资成本，而是记入"应交税费——应交消费税"科目的借方。

---

16. 【答案】B

【解析】A 选项，预交增值税用来核算一般纳税人转让／出租等跟不动产相关的项目或服务按规定应预缴的增值税；C 选项，待认证进项税额核算一般纳税人由于未经税务机关认证而不得从当期销项税额中抵扣的进项税；D 选项，待转销项税额用来核算一般纳税人销售货物、提供加工修理修配劳务、服务、无形资产或不动产，已确认相关收入或利得但尚未发生增值税纳税义务而需要在以后期间确认为销项的增值税额。

17.【答案】D

【解析】A 选项应计入应付股利，B 选项应计入其他应收款，C 选项应计入应付账款。

二、多项选择题

1.【答案】AB

【解析】A、B 两项均为应付款，但都不属于货款，应计入其他应付款。C 选项计入应付职工薪酬，D 选项是应收未收的款项，不属于货款项，应计入其他应收款。

2.【答案】AD

【解析】企业应当设置"税金及附加"科目来核算企业经营活动发生的消费税、城市维护建设税、教育费附加（A 选项）、资源税、房产税、城镇土地使用税（D 选项）、车船税、印花税等相关税费。B 选项，增值税属于价外税，通过"应交税费"科目核算。C 选项，对于土地增值税，因为企业对房地产核算方法不同，企业应交土地增值税的账务处理也有所区别：一般企业转让厂房等固定资产时，通过"应交税费——应交土地增值税"科目进行核算；房地产开发经营企业销售房地产等存货应缴纳的增值税应通过"税金及附加"科目核算。

3.【答案】ABC

【解析】城市维护建设税和教育费附加都是在增值税和消费税的基础上计征的，城市维护建设税 =（60+30）×7% = 6.3（万元）（C 选项）；教育费附加 =（60+30）×3% = 2.7（万元）（B 选项）；税金及附加 = 30+25+6.3+2.7 = 64（万元）（A 选项）；在计算应交税费时，贷记"应交税费——应交房产税"科目，支付时转入借方，借记"应交税费——应交房产税"科目（D 选项）。

4.【答案】BCD

【解析】一般纳税人购进货物发生非正常损失的，进项税额不得抵扣，应按规定转出。进项抵扣时，借记"应交税费——应交增值税（进项税额）"科目，转出时贷记"应交税费——应交增值税（进项税额转出）"科目。

小鱼点 如果本期贷方销项税额为 100 万元，借方进项税额为 80 万元，本期交了上期的增值税 50 万元，那么借方有"应交税费——应交增值税（已交税金）"50 万元，表示本期多交了 30 万元的进项税。由于"应交税费——应交增值税"科目期末无余额，要把借方多交的 30 万元转出：

借：应交税费——未交增值税　　　　　　　　　　　　30
　　贷：应交税费——应交增值税（转出多交增值税）　　30

借方的未交增值税，表示当期没交的增值税减少。"应交税费——应交增值税（转出多交增值税）"科目没有实际意义，只是用来转出多交增值税，其他时候用不上。

5. 【答案】AB

【解析】离职后福利是指企业为获得职工提供的服务而在职工退休或与企业解除劳动关系后，提供的各种形式的报酬和福利，属于短期薪酬和辞退福利的除外，C 选项错误；离职后福利不包括长期利润分享计划，D 选项错误。

6. 【答案】BC

【解析】A、D 两项属于流动负债。

7. 【答案】ABCD

【解析】"应付职工薪酬"科目核算企业的应付职工薪酬。职工薪酬包括短期薪酬、离职后福利、辞退福利和其他长期职工福利。短期薪酬包括：职工工资、奖金、津贴和补贴、职工福利费、医疗保险费、工伤保险费、住房公积金、工会经费和职工教育经费、短期带薪缺勤、短期利润分享计划、其他短期薪酬。离职后福利包括设定提存计划和设定受益计划。其他长期职工福利包括长期带薪缺勤、长期残疾福利、长期利润分享计划。A、C 两项属于短期薪酬，B 选项属于辞退福利，D 选项属于其他长期职工福利，都应通过"应付职工薪酬"科目核算。

（小鱼点）只要是在企业里任职的人员，包括全职、兼职、劳务派遣人员，都是职工。职工薪酬，是指给予职工的各种形式的报酬，全部通过"应付职工薪酬"科目来进行核算。

8. 【答案】ACD

【解析】"应付职工薪酬"科目核算企业的应付职工薪酬。职工薪酬包括短期薪酬、离职后福利、辞退福利和其他长期职工福利。短期薪酬包括：职工工资、奖金、津贴和补贴、职工福利费、医疗保险费、住房公积金、工会经费和职工教育经费、短期带薪缺勤、短期利润分享计划、其他短期薪酬。职工出差报销的差旅费应计入管理费用。

（小鱼点）报销的差旅费并不属于"工资"的一部分，因此不通过"应付职工薪酬"科目进行核算。

9. 【答案】BD

【解析】税金及附加反映企业经营业务应负担的消费税、城市维护建设税、教育费附加、资源税、土地增值税及房产税、车船税、城镇土地使用税等相关税费。A 选项，拥有产权房屋缴纳的房产税计入税金及附加；B 选项，企业应交的城市维护建设税计入税金及附加；D 选项，商用货物缴纳的车船税计入税金及附加；C 选项，销售货物缴纳的增值税记入"应交税费——应交增值税（销项税额）"科目。

（小鱼点）房产税是每年都需要缴纳的费用，要记入"税金及附加"科目。

10. 【答案】ABC

【解析】（1）A 选项，开出商业承兑汇票购买原材料：

借：原材料

　　应交税费——应交增值税（进项税额）

　　贷：应付票据

增加"应付票据"科目余额。

（2）B 选项，转销已到期无力支付票款的商业承兑汇票：

借：应付票据

　　贷：应付账款

减少"应付票据"科目余额。

（3）C 选项，转销已到期无力支付票款的银行承兑汇票：

借：应付票据

　　贷：短期借款

减少"应付票据"科目余额。

（4）D 选项，支付银行承兑汇票手续费：

借：财务费用

　　贷：银行存款

不影响"应付票据"科目余额。

（小鱼点）如果企业在购买商品的时候，给对方开出一张商业承兑汇票或银行承兑汇票来进行结算，这张尚未支付的票据就计入应付票据。

11.【答案】ABCD

【解析】出租包装物时收取的押金需在归还包装物时退还给客户，因此计入其他应付款；欠缴的房租款属于应付款，是非主营业务，计入其他应付款；帮员工代扣代缴的社保费是从员工工资扣除，因此也计入其他应付款；存入的保证金满足条件后要返还给对方，计入其他应付款。

（小鱼点）应收账款可以简单地理解为出售商品、提供劳务等收取的款项，其他应收款可以理解为除了应收账款、应收票据以外的应收未收的款项。

12.【答案】BCD

13.【答案】ABCD

【解析】A、B、C、D 四项均是长期借款账务处理中可能涉及的核算科目。

三、判断题

1.【答案】✓

【解析】 企业应当在职工发生实际缺勤的会计期间确认与非累积带薪缺勤相关的职工薪酬。

2.【答案】 ✗

3.【答案】 ✗

【解析】 短期借款计提利息的会计分录为：

借：财务费用
　　贷：应付利息

所以，计提的短期借款利息不计入短期借款的账面余额。

4.【答案】 ✗

【解析】 企业对于确实无法支付的应付账款应予以转销，按其账面余额计入营业外收入。

（小鱼点）如果应付账款不用付了，那就是"天上掉馅饼"，便把原来的应付账款转入"营业外收入"科目。

5.【答案】 ✗

【解析】 对于累积带薪缺勤，企业应当在职工提供了服务从而增加了其未来享有的带薪缺勤权利时，确认与累积带薪缺勤相关的职工薪酬，并以累积未行使权利而增加的预期支付金额计量；对于非累积带薪缺勤，企业应在职工实际发生缺勤的会计期间确认与非累积带薪缺勤相关的应付职工薪酬。

（小鱼点）带薪缺勤就是年休假、病假等，缺勤还发钱。如果是累积带薪缺勤，今年不休明年还能继续休，需要在累积带薪缺勤的当期确认应付职工薪酬。

6.【答案】 ✓

【解析】 应偿还的商业承兑汇票到期，企业无力支付时，应将应付票据账面余额转作应付账款；应偿还的银行承兑汇票到期，企业无力支付时，应将应付票据账面余额转作短期借款。

（小鱼点）如果你使用银行承兑汇票购买商品，到期之后银行会把钱直接打给卖方，然后银行来找你要钱。此时，你的应付票据就变成了对银行的欠款，记入"短期借款"科目。

7.【答案】 ✓

【解析】 长期借款利息费用应当在资产负债表日按照实际利率法计算确定，实际利率与合同利率差异较小的，也可以采用合同利率计算确定利息费用。

8. 【答案】×

【解析】企业初次购入增值税税控系统专用设备，按规定可抵减增值税应纳税额：

借：应交税费——应交增值税（减免税款）

　　贷：管理费用

🐟小鱼点　例如，本期花 600 元购进了税控专用设备：

借：固定资产　　　　　　　　　　　　　　　　600

　　贷：银行存款　　　　　　　　　　　　　　　　　600

这 600 元将来可以在应交税费中全额抵扣，并冲减企业的管理费用：

借：应交税费——应交增值税（减免税款）　　　　600

　　贷：管理费用　　　　　　　　　　　　　　　　　600

应交增值税借方发生额，相当于未来交税的时候可以抵扣的部分，也就是未来少交 600 元增值税。

9. 【答案】√

【解析】如果企业的短期借款利息是按月支付或者到期一次还本付息，但是数额不大的，可以不采用预提的方法，而是在实际支付或收到银行的计息通知时，直接计入当期损益。

🐟小鱼点　"应付利息"科目核算的是借款后应该偿还的利息。只有计提利息（该给没给）才通过"应付利息"科目进行核算，如果到期直接支付利息，不通过"应付利息"科目核算，而是直接贷记"银行存款/库存现金"科目。

10. 【答案】×

【解析】当职工提供了服务，从而增加了其未来享有的带薪缺勤权利时，本期尚未用完的带薪缺勤权利可以在未来期间使用，因此属于累积带薪缺勤。

🐟小鱼点　对于非累积带薪缺勤，因为今年没休且明年也不能补休，没休也不多发工资，因此无须进行会计处理。

11. 【答案】√

【解析】职工福利费属于短期薪酬的核算内容，所以外商投资企业从净利润中提取的职工福利应通过"应付职工薪酬"科目核算。

🐟小鱼点　见 DAY7 多选题第 7 题。

12. 【答案】✓

（小鱼点）小规模纳税人取得增值税专用发票不得抵扣进项税，但是小规模纳税人找税务机关代开增值税专用发票时，需要按照专用发票上注明的税额缴纳销项税。

13. 【答案】✓

（小鱼点）什么是"累积带薪缺勤"？今年该休假的没休，导致多工作了几天，这几天的假明年可以继续休。而"非累积带薪缺勤"，指的是今年该休的假没休，明年就不能休了。

14. 【答案】✓

15. 【答案】✓

（小鱼点）设定提存计划是指向独立的基金缴存固定费用后，企业不再承担进一步支付义务的离职后福利计划。

"离职后福利"就是养老保险和失业保险。养老保险和失业保险不属于短期薪酬的范围，因为不是"12个月内全部予以支付"。"设定提存计划"就是企业从每个月的工资中"提出一部分""存起来"给职工缴纳的养老保险。职工退休以后直接从社保基金中领取退休金。

四、不定项选择题

第1题

1. 【答案】AC

【解析】企业为员工免费提供租住宿舍，应根据受益对象计入销售费用。

计提时：

借：销售费用	23 200
贷：应付职工薪酬	23 200

支付时：

借：应付职工薪酬	23 200
贷：银行存款	23 200

2. 【答案】ABC

【解析】根据资料（2）可以得知10日发放上月计提过的应付职工薪酬，合并分录为：

借：应付职工薪酬	480 000
贷：银行存款	465 000
应交税费——应交个人所得税	12 000

| 其他应收款——代垫医药费 | 3 000 |

3.【答案】AB

【解析】非累积带薪缺勤，是指不能结转到下期的带薪缺勤（A 选项），本期尚未用完的带薪缺勤权利将予以取消，并且职工离开企业时也无权获得现金补偿。由于职工提供服务本身不能增加其能够享受的福利，企业在职工未缺勤时不应当计提相关费用和负债（B 选项），确认时应按受益对象借记"销售费用"科目。

4.【答案】C

【解析】对于设定提存计划，企业应当根据在资产负债表日为换取职工在会计期间提供的服务而应向单独主体缴存的提存金。向独立的基金缴存固定费用后，企业不再承担进一步的支付义务，属于离职后福利。资料（4）提到的各项职工福利中，只有养老保险属于离职后福利。

5.【答案】C

【解析】根据资料（1）至（4），资料（1）增加销售费用 23 200 元；资料（2）本月发放上月计提的工资，增加的是上月的销售费用，与本月无关；资料（3）视同职工出勤，通常情况下不必进行账务处理；资料（4）计提本月工资，增加的是本月的销售费用。该企业 3 月增加的销售费用 = 23 200＋560 000＋112 000＋53 200＋25 200＝773 600（元）。

第 2 题

1.【答案】B

【解析】支付职工工资时：

借：应付职工薪酬	286	
贷：银行存款	250	
应交税费——应交个人所得税	6	
其他应付款	30	

2.【答案】BCD

【解析】计提本月货币性职工薪酬：

借：生产成本	210	（直接生产产品人员薪酬）
制造费用	30	（车间管理人员薪酬）
管理费用	40	（企业行政管理人员薪酬）
销售费用	20	（专设销售机构人员薪酬）

贷：应付职工薪酬　　　　　　　　　　　　　　　　　　　　300

3.【答案】C

【解析】购买商品时：

借：库存商品　　　　　　　　　　　　　　　　　　　　　　2
　　应交税费——应交增值税（进项税额）　　　　　　　　　0.26
　　贷：银行存款　　　　　　　　　　　　　　　　　　　　　2.26

计提职工福利时：

借：生产成本　　　　　　　　　　　　　　　　　　　　　　2.26
　　贷：应付职工薪酬　　　　　　　　　　　　　　　　　　　2.26

实际发放时：

借：应付职工薪酬　　　　　　　　　　　　　　　　　　　　2.26
　　贷：库存商品　　　　　　　　　　　　　　　　　　　　　2
　　　　应交税费——应交增值税（进项税额转出）　　　　　0.26

4.【答案】C

【解析】确认累积带薪缺勤：

借：管理费用　　　　　　　　　　　　　　　　　　　　　　4
　　销售费用　　　　　　　　　　　　　　　　　　　　　　8
　　贷：应付职工薪酬　　　　　　　　　　　　　　　　　　　12

5.【答案】A

【解析】该企业12月末"应付职工薪酬"科目余额＝286－286＋300＋2.26－2.26＋12＝312(万元)。

微信扫码，听基础课程

单项选择题：
　　1~5：DACDA　6~10：CBACA　11~15：DDDAA　16~20：CBCAA　21~25：CADAC

多项选择题：
　　1.BC　2.BCD　3.ABCD　4.ABC　5.ACD　6.BD　7.ACD　8.AB　9.AD
　　10.ABCD　11.ABCD　12.ACD

判断题：
　　1.×　2.×　3.×　4.×　5.√　6.×　7.√　8.×

不定项选择题：
　　第1题　1.C　2.B　3.B　4.B　5.BC
　　第2题　1.BCD　2.AD　3.C　4.ABD　5.CD
　　第3题　1.B　2.A　3.AC　4.C　5.B
　　第4题　1.ABD　2.BCD　3.ABC　4.A　5.C

一、单项选择题

1.【答案】 D

【解析】留存收益包含盈余公积和未分配利润。A选项股本溢价影响资本公积，与留存收益无关；B、C两项均为留存收益内部的增减变动，不影响留存收益总额。D选项会导致盈余公积减少、资本增加，致使留存收益的总额减少。

2.【答案】 A

【解析】所有者权益主要包括实收资本、资本公积和留存收益，留存收益包括盈余公积和未分配利润。提取盈余公积为留存收益内部的增减变动，不影响所有者权益总额。因此，所有者权益总额＝5 150+150＝5 300（万元）。

3.【答案】 C

【解析】在溢价发行股票的情况下，企业发行股票取得的收入中，股票面值的部分作为股本处理，超出股票面值的溢价收入应记入"资本公积——股本溢价"科目。

4. 【答案】D

【解析】实收资本属于所有者权益类账户，借减贷增。因此，期末余额 = 期初余额 + 本期贷方发生额 – 本期借方发生额。

5. 【答案】A

【解析】被投资方接受投资者投入的无形资产，以双方确认的价值记入"无形资产"科目（协定价值与公允价值相等），按在注册资本中投资方应享有的份额记入"实收资本"科目，超出部分记入"资本公积——资本溢价"科目。本题中甲投资的专利权占乙有限责任公司注册资本的35%，所以1 600×35%＝560（万元），则乙企业的会计分录为：

借：无形资产	600	
贷：实收资本		560
资本公积——资本溢价		40

6. 【答案】C

【解析】自用房地产或存货转换为采用公允价值模式计量的投资性房地产，转换日的公允价值大于原账面价值的，其差额作为其他综合收益核算。处置该项投资性房地产时，原计入其他综合收益的部分应当转入当期损益。其余三项均为以后会计期间不能重分类进损益的其他综合收益。

7. 【答案】B

【解析】股本是以股票的面值总额入账的，即按每股股票面值与发行股票总数的乘积，贷记"股本"科目。

8. 【答案】A

【解析】股票回购两步走：（1）回购；（2）注销。

相关账务处理：

（1）回购时：

借：库存股	1 500	
贷：银行存款		1 500

（2）注销时：

借：股本	1 000	

资本公积——股本溢价　　　　　　　　　　　　　　　　500
　　　贷：库存股　　　　　　　　　　　　　　　　　　　　　　1 500

小鱼点　因为股份有限公司的股票都是在二级市场上流通的股票，所以股份有限公司想要减少股本，就只能在二级市场上购买股票（回购），并于回购后注销。回购股票有两个步骤：

（1）回购：就是按照市价，购买股票。"库存股"这个科目是股本的备抵科目，因此库存股增加就表示股本减少了。

（2）注销：回购股票后，经过股东大会批准，进行库存股的注销，也就是把回购后的股票对应的"股本"进行减少，并冲减"资本公积——股本溢价"科目；如果不够冲减，则继续冲减"盈余公积""利润分配——未分配利润"科目。

9.【答案】 C

【解析】 结转后，"利润分配——未分配利润"科目如为借方余额，表示累积未弥补的亏损金额；如为贷方余额，表示累积未分配的利润金额。

小鱼点　利润的核算过程：

（1）月末结账，需要将收入和费用都转入"本年利润"科目中：将全部的收入类科目转入"本年利润"的贷方，将所有费用类科目转入"本年利润"的借方。如果余额在贷方，表明当年实现了盈利。"本年利润"科目核算的就是当年实现的利润是多少。

（2）将"本年利润"科目余额转入"利润分配——未分配利润"科目中，表示历年来累积的未分配利润。

10.【答案】 A

【解析】 "未分配利润"项目期末余额＝680－600＋1 500－150＝1 430（万元）。

小鱼点　资本公积转增资本和未分配利润没关系。

11.【答案】 D

【解析】 A 选项错误，资本公积转增资本的账务处理：

借：资本公积
　　贷：实收资本／股本

B 选项错误，不作账务处理，不影响所有者权益总额。

C 选项错误，盈余公积补亏的账务处理：

借：盈余公积
　　贷：利润分配——盈余公积补亏

所有者权益总额不变。

D 选项正确，接受投资者追加投资的账务处理：

借：银行存款

　　贷：实收资本/股本

所有者权益总额增加。

12.【答案】D

【解析】"实收资本"属于所有者权益类科目，借方表示减少，贷方表示增加。所以，"实收资本"科目的期末余额＝期初余额＋本期贷方发生额－本期借方发生额。

13.【答案】D

【解析】A 选项错误，盈余公积弥补亏损的账务处理：

借：盈余公积

　　贷：利润分配——盈余公积补亏

B 选项错误，盈余公积转增资本的账务处理：

借：盈余公积

　　贷：实收资本（或股本）

C 选项错误，回购股票确认库存股的账务处理：

借：库存股

　　贷：银行存款

D 选项正确，股份有限公司溢价发行股票扣除交易费用后的股本溢价的账务处理：

借：银行存款

　　贷：股本

　　　　资本公积——股本溢价

14.【答案】A

【解析】企业接受投资者作价投入的固定资产/无形资产，应按投资合同或协议约定的价值（不公允的除外）作为固定资产/无形资产的入账价值，超过部分计入资本公积（资本溢价或股本溢价）。本题中，合同约定的价值与公允价值相符，甲公司接受 A 公司和 B 公司投入的资产，把合同约定金额与增值税进项税额作为实收资本，分别登记 A 公司和 B 公司的实收资本金额。

15.【答案】A

【解析】企业为减少注册资本而收购本公司股份的，应按实际支付的金额，借记"库存股"科目，贷记"银行存款"等科目。

16. 【答案】C

【解析】A 选项错误，资本公积转增股本的账务处理为：

借：资本公积

　　贷：股本

是所有者权益内部的一增一减，不会使所有者权益的总额发生变动。

B 选项错误，盈余公积转增股本的账务处理为：

借：盈余公积

　　贷：股本

是所有者权益内部的一增一减，不会使所有者权益的总额发生变化。

C 选项正确，向投资者宣告分配现金股利的账务处理为：

借：利润分配——应付现金股利或利润

　　贷：应付股利

使所有者权益总额减少。

D 选项错误，盈余公积补亏的账务处理为：

借：盈余公积

　　贷：利润分配——盈余公积补亏

是所有者权益内部的一增一减，不会使所有者权益的总额发生变动。

17. 【答案】B

【解析】留存收益是指企业从历年实现的利润中提取或形成的留存于企业的内部积累，包括盈余公积和未分配利润两类。

A 选项错误，提取法定盈余公积的账务处理为：

借：利润分配——提取法定盈余公积

　　贷：盈余公积

属于留存收益内部的一增一减，不影响留存收益总额。

B 选项正确，宣告分配现金股利的账务处理为：

借：利润分配——分配现金股利

　　贷：应付股利

留存收益总额减少，负债增加。

C 选项错误，提取任意盈余公积的账务处理为：

借：利润分配——提取任意盈余公积

　　贷：盈余公积

属于留存收益内部的一增一减，不影响留存收益总额。

D选项错误，用盈余公积弥补亏损的账务处理为：

借：盈余公积

　　贷：利润分配——盈余公积补亏

属于留存收益内部的一增一减，不影响留存收益总额。

（小鱼点）什么是留存收益？

企业进行了一年的经营，产生了一个"本年利润蛋"，这个"蛋"可以切成以下几个部分：

（1）弥补以前年度亏损。(超过5年的亏损就要用税后利润来弥补）

（2）提取盈余公积。

（3）向投资者分配利润：分配现金股利或股票股利。

（4）剩下的部分就是当年剩余的利润，即未分配利润。

留存收益是指留在企业以后能用的钱，包括盈余公积和未分配利润。

18.【答案】C

【解析】企业应以净利润为基数提取盈余公积，则本年提取的盈余公积 = 750×（10%+5%） = 112.5（万元），年末未分配利润 = 75+750-112.5-60 = 652.5（万元）。

19.【答案】A

【解析】"所有者权益合计"项目期末余额填列的金额 = 80+20+35+5 = 140（万元）。

20.【答案】A

【解析】其他权益工具核算企业发行的除普通股以外的归类为权益工具的各种金融工具、企业发行的普通股通过"股本"科目以及"资本公积——股本溢价"科目核算，不通过"其他权益工具"科目核算。

21.【答案】C

【解析】该公司发行股票记入"资本公积——股本溢价"科目的金额 = 5 000×6-900-5 000×1 = 24 100（万元）。相关账务处理如下：

发行股票时：

借：银行存款	30 000	
贷：股本		5 000
资本公积——股本溢价		25 000

支付佣金时：

借：资本公积——股本溢价　　　　　　　　　　　　　　900
　　贷：银行存款　　　　　　　　　　　　　　　　　　　　900

> 小鱼点　如何区分"发行股票"的佣金和"购买股票"的佣金？

发行股票是企业在证券交易所把股票上市，企业需要借助证券公司（券商）来IPO，因此需要给证券公司支付手续费。根据"收入和费用配比"原则，发行股票的收益记入"资本公积——股本溢价"科目，因此支付的手续费要冲减"资本公积——股本溢价"科目。而购买股票是个人在证券公司开户，通过证券公司账户购买股票的行为。个人购买股票的收益记入"投资收益"科目的贷方，因此根据"收入和费用配比"原则，购买股票的费用记入"投资收益"科目的借方。

22.【答案】A

【解析】留存收益包括盈余公积和未分配利润两部分，这两部分中的任意一个向外瓜分都会影响留存收益，除非内部发生增减变动。A选项，资本公积转增资本与留存收益没有关系，只是同时隶属于所有者权益；B、C两项是将盈余公积向留存收益以外瓜分，会导致盈余公积减少；D选项，用利润分配股票股利会导致利润减少，股本增加，也是在向外瓜分。

23.【答案】D

【解析】留存收益包含盈余公积和未分配利润两类。二者之间相互转换不影响留存收益。A选项，盈余公积减少，未分配利润增加，属于内部增减；B选项，盈余公积增加，未分配利润减少；C选项，属于所有者权益内部的增减变动，变动部分与留存收益无关；D选项，盈余公积减少，资本增加，导致留存收益总额减少，所有者权益不变。

24.【答案】A

【解析】留存收益包括盈余公积和未分配利润，该企业年末留存收益 = 500 + 100 - 50 = 550（万元）。

> 小鱼点　见DAY8单选题第17题。

25.【答案】C

【解析】企业接受生产设备投资的账务处理：

借：固定资产　　　　　　　　　　　　　　　　　　　　200 000
　　应交税费——应交增值税（进项税额）　　　　　　　　26 000
　　贷：实收资本　　　　　　　　　　　　　　　　　　　180 000
　　　　资本公积　　　　　　　　　　　　　　　　　　　 46 000

二、多项选择题

1.【答案】 BC

【解析】企业留存收益包括盈余公积和未分配利润，盈余公积包括法定盈余公积和任意盈余公积，其他不属于留存收益。

2.【答案】 BCD

【解析】A 选项错误，分派现金股利的账务处理：

借：应付股利

　　贷：银行存款

涉及资产和负债同时减少，不会导致所有者权益总额减少。

B 选项正确，宣告分派现金股利的账务处理：

借：利润分配——应付现金股利

　　贷：应付股利

会导致所有者权益总额减少。

C 选项正确，企业发生亏损，会导致所有者权益总额减少。

D 选项正确，投资者撤资，涉及资产和所有者权益同时减少。

3.【答案】 ABCD

【解析】A 选项正确，所有者凭借所有者权益能够参与企业利润的分配；B 选项正确，公司的所有者权益又称为股东权益；C 选项正确，企业接受投资者投入的资产，在该资产符合资产确认条件时，就相应地符合了所有者权益的确认条件；D 选项正确，企业接受投资者投入的资产，当该资产的价值能够可靠计量时，所有者权益的金额也就可以确定。

4.【答案】 ABC

【解析】A 选项，通过"利润分配"科目核算，分配现金股利的账务处理：

借：利润分配——应付现金股利或利润

　　贷：应付股利

B 选项，通过"利润分配"科目核算，提取法定盈余公积的账务处理：

借：利润分配——提取法定盈余公积

　　贷：盈余公积——法定盈余公积

C 选项，通过"利润分配"科目核算，用盈余公积弥补亏损的账务处理：

借：盈余公积

　　贷：利润分配——盈余公积补亏

D 选项，不通过"利润分配"科目核算，盈余公积转增资本的账务处理：

借：盈余公积

　　贷：实收资本（或股本）

5.【答案】ACD

【解析】A 选项正确，用盈余公积转增资本的账务处理：

借：盈余公积

　　贷：实收资本／股本

盈余公积减少，使留存收益总额减少。

B 选项错误，提取法定盈余公积的账务处理：

借：利润分配——提取法定盈余公积

　　贷：盈余公积

属于留存收益内部的一增一减，不会引起企业留存收益总额增减变动。

C 选项正确，向投资者宣告分配现金股利的账务处理：

借：利润分配——应付现金股利或利润

　　贷：应付股利

未分配利润减少，使留存收益总额减少。

D 选项正确，本年度实现净利润在年末时对本年利润进行结转，账务处理：

借：本年利润

　　贷：利润分配——未分配利润

未分配利润增加，使留存收益的总额增加。

6.【答案】BD

【解析】（1）回购股票的账务处理：

借：库存股	3 000
贷：银行存款	3 000

（2）注销库存股的账务处理：

借：股本	1 000
资本公积——股本溢价	2 000
贷：库存股	3 000

小鱼点　见 DAY8 单选题第 8 题。

7.【答案】ACD

【解析】甲公司接受无形资产投资的账务处理：

借：无形资产　　　　　　　　　　　　　　　　　　　　100 000
　　应交税费——应交增值税（进项税额）　　　　　　　 6 000
　　贷：实收资本　　　　　　　　　　　　　　　　　　　90 000[900 000×10%]
　　　　资本公积　　　　　　　　　　　　　　　　　　　16 000[100 000+6 000-90 000]

8.【答案】AB

【解析】A 选项，溢价发行股票，取得的收入等于股票面值部分作为股本处理，超出股票面值的溢价收入应记入"资本公积——股本溢价"科目；B 选项，投资者出资额超出其在注册资本（或股本）中所占份额的部分应计入资本公积；C 选项，处置固定资产净收益计入资产处置损益；D 选项，资产负债表日，交易性金融资产应当按照公允价值计量，公允价值的变动计入公允价值变动损益。

（小鱼点）什么是"资本公积"？用两个字来概括，就是"多了"。

比如企业注册资本总额为 100 万元，所占份额的 20% 是 20 万元，照理说投入 20 万元就能够拿到 20% 的份额。但是现在由于这个企业的前景超好，抢着要股份的人很多，可能需要 50 万元才能拿下本来价值 20 万元的 20% 的股份。此时，你花了 50 万元，但是你还是只有 20% 的股份，剩下的 30 万元，就是"多花了"，记入"资本公积——资本溢价"科目。

借：银行存款　　　　　　　　　　　　　　　　　　　　500 000
　　贷：实收资本　　　　　　　　　　　　　　　　　　　200 000
　　　　资本公积——资本溢价　　　　　　　　　　　　　300 000

9.【答案】AD

【解析】留存收益包括盈余公积和未分配利润。

A 选项正确，盈余公积转增资本的账务处理：

借：盈余公积
　　贷：实收资本／股本

会减少留存收益总额。

B 选项错误，净利润弥补亏损不做专门的账务处理，是留存收益内部的增减变动，不影响留存收益总额。

C 选项错误，资本公积转增资本的账务处理：

借：资本公积
　　贷：实收资本

不会导致留存收益总额发生增减变动。

D 选项正确，盈余公积发放现金股利的账务处理：

借：盈余公积/股本

　　贷：应付股利

支付给投资者现金股利时：

借：应付股利

　　贷：银行存款

会减少留存收益总额。

10. 【答案】ABCD

【解析】所有者权益按其来源可分为所有者投入的资本、其他综合收益、留存收益等，通常由实收资本（或股本）、其他权益工具、资本公积、其他综合收益、专项储备、留存收益构成。

11. 【答案】ABCD

【解析】留存收益是指企业从历年实现的利润中提取或形成的留存于企业的内部积累，包括盈余公积和未分配利润两类。企业提取的盈余公积经批准可用于弥补亏损、转增资本或发放现金股利或利润等。利润分配是指企业根据国家有关规定和企业章程、投资者协议等，对企业当年可供分配的利润所进行的分配。"利润分配——未分配利润"科目如为贷方余额，表示累积未分配的利润金额；如为借方余额，则表示累积未弥补的亏损金额。

小鱼点 见 DAY8 单选题第 9 题。

12. 【答案】ACD

【解析】企业提取的盈余公积经批准可用于弥补亏损、转增资本、发放现金股利或利润等，B 选项错误。

三、判断题

1. 【答案】×

【解析】所有者权益变动表中的"综合收益总额"项目反映净利润和其他综合收益扣除所得税影响后的净额相加后的合计金额。

2. 【答案】×

【解析】企业未及时缴纳企业所得税所支付的税收滞纳金应借记"营业外支出"科目。

3. 【答案】×

【解析】如果期初未分配利润是借方余额，计提时才需要包含期初的余额。

小鱼点 当年盈利才计提盈余公积，而且按照当年的盈利来计提，不包含以前年度的盈利。

4.【答案】×

【解析】企业向投资者宣告发放现金股利时，借记"利润分配"科目，贷记"应付股利"科目，不确认为费用。

小鱼点 关于分配现金股利：在宣告的时候，所有者权益总额已经减少了，而实际发放时，所有者权益总额不变。和应收账款计提坏账一样，都是在计提的时候所有的影响已经产生了。

5.【答案】√

6.【答案】×

【解析】企业分配股票股利通过"股本"科目核算，企业分配现金股利通过"应付股利"科目核算。

7.【答案】√

【解析】公司的资本公积可以用来转增股本，但是不能用来给股东分配现金股利。

8.【答案】×

四 不定项选择题

第1题

1.【答案】C

【解析】甲公司应确认对乙公司股权投资的初始投资成本 = 4 800×60% = 2 880（万元）。

2.【答案】B

【解析】在合并日当天，甲公司的账务处理为：

借：长期股权投资——成本　　　　　　　　　　　　　2 880
　　贷：股本　　　　　　　　　　　　　　　　　　　　1 000
　　　　资本公积——股本溢价　　　　　　　　　　　　1 880

支付券商佣金：

借：资本公积——股本溢价　　　　　　　　　　　　　300
　　贷：银行存款　　　　　　　　　　　　　　　　　　300

因此应确认资本公积——股本溢价的金额 = 1 880 - 300 = 1 580（万元）。

3. 【答案】B

【解析】在合并日当天，甲公司支付有关审计等中介机构费用 120 万元的账务处理为：

借：管理费用   120

 贷：银行存款   120

4. 【答案】B

【解析】甲公司对乙公司的长期股权投资属于同一控制下的企业合并，后续使用成本法进行核算。

5. 【答案】BC

【解析】甲公司对长期股权投资的后续计量采用成本法。2020 年 3 月 20 日，乙公司宣告发放 100 万元现金股利，甲公司的账务处理为：

借：应收股利   60[100×60%]

 贷：投资收益   60

第 2 题

1. 【答案】BCD

【解析】发行股票的账务处理：

借：银行存款   23 280

 贷：股本   6 000

   资本公积——股本溢价   17 280

计入资本公积的金额＝6 000×4－6 000×1－720＝17 280（万元）。

2. 【答案】AD

【解析】经股东大会或类似机构决议，用资本公积转增资本时的账务处理：

借：资本公积   800

 贷：股本   800

3. 【答案】C

【解析】企业回购股票的账务处理：

借：库存股   5 000[1000×5]

 贷：银行存款   5 000

4. 【答案】ABD

【解析】冲销库存股的账务处理：

借：股本　　　　　　　　　　　　　　　　　　　1 000[1000×1]
　　资本公积——股本溢价　　　　　　　　　　　　4 000
　　贷：库存股　　　　　　　　　　　　　　　　　　　　　　5 000[1000×5]

5.【答案】CD

【解析】期末"股本"项目账面余额＝5 000+6 000+800－1 000＝10 800（万元）；"资本公积"项目账面余额＝10 000+17 280－800－4 000＝22 480（万元）；"库存股""盈余公积""未分配利润"项目账面余额均未发生变化。

第3题

1.【答案】B

【解析】发行股票应计入资本公积＝200×4－200×1－200×4×2%＝584（万元）。

2.【答案】A

【解析】回购库存股的账务处理：

借：库存股　　　　　　　　　　　　　　　　　　300
　　贷：银行存款　　　　　　　　　　　　　　　　　　300

注销库存股的账务处理：

借：股本　　　　　　　　　　　　　　　　　　　100
　　资本公积——股本溢价　　　　　　　　　　　　200
　　贷：库存股　　　　　　　　　　　　　　　　　　　　300

3.【答案】AC

【解析】提取盈余公积属于所有者权益内部增减变动；宣告发放现金股利影响所有者权益总额，发放现金股利不影响所有者权益总额。

4.【答案】C

【解析】当年应提取的盈余公积＝(2 000－2 000×25%)×10%＝150（万元）。

5.【答案】B

【解析】年末所有者权益总额＝3 000+200+584－300+2 000－2 000×25%－50＝4 934（万元）。

第4题

1.【答案】 ABD

【解析】 用盈余公积转增股本时：

借：盈余公积	400	
贷：股本		400

宣告分配现金股利时：

借：利润分配——应付现金股利或利润	200	
贷：应付股利		200

支付现金股利时：

借：应付股利	200	
贷：银行存款		200

C选项不正确。

2.【答案】 BCD

【解析】 回购股票时：

借：库存股	3 000 [1000×3]	
贷：银行存款		3 000

注销股票时：

借：股本	1 000	
资本公积——股本溢价	2 000	
贷：库存股		3 000

3.【答案】 ABC

【解析】 结转净利润时：

借：本年利润	2 000	
贷：利润分配——未分配利润		2 000

提取法定盈余公积时：

借：利润分配——提取法定盈余公积	200	
贷：盈余公积——法定盈余公积		200

结转未分配利润时：

借：利润分配——未分配利润	200	
贷：利润分配——提取法定盈余公积		200

4.【答案】A

【解析】未分配利润科目余额 =1 000(期初)－200(现金股利)+1 800(期末结转)=2 600(万元)。

5.【答案】C

【解析】期初所有者权益 =10 000+50 000+3 000+1 000=64 000（万元），期末所有者权益 = 64 000（期初）－200(现金股利)－1 000×3(回购股票)+2 000（实现净利润）=62 800（万元）。

微信扫码，听基础课程

单项选择题：
   1~5：AABBA　6~10：ACCCB　11~15：ABCDA　16~20：BBDAB　21~25：BBBAA
   26~28：CCD

多项选择题：
   1.CD　2.ABCD　3.ABCD　4.BC　5.ABD　6.ABCD　7.ACD　8.ABC　9.AC
   10.ABC　11.ABC　12.ABCD　13.BCD　14.BCD　15.BCD　16.CD　17.ABCD
   18.AB　19.BD　20.ABCD

判断题：
   1.×　2.√　3.√　4.×　5.×　6.√　7.√　8.√　9.√　10.×　11.×
   12.√　13.√　14.×　15.√　16.×　17.×　18.×　19.×

不定项选择题：
   第1题　1.BD　2.ABCD　3.ACD　4.AD　5.C
   第2题　1.CD　2.A　3.CD　4.BD　5.AD

一、单项选择题

1.【答案】 A

【解析】"营业收入"项目，反映企业经营主要业务和其他业务所确认的收入总额。本项目应根据"主营业务收入"科目和"其他业务收入"科目的发生额分析填列。

本题"营业收入"项目的本期金额的列报金额＝3 000＋200＝3 200（万元）。

2.【答案】 A

【解析】营业利润＝营业收入－营业成本－税金及附加－销售费用－管理费用－研发费用－财务费用＋其他收益＋投资收益（－投资损失）＋净敞口套期收益（－净敞口套期损失）＋公允价值变动收益（－公允价值变动损失）－信用减值损失－资产减值损失＋资产处置收益（－资产处置损失）＝

1 200−800−50−100−10+20−30+60=290（万元）。因自然灾害造成的固定资产净损失 25 万元和违约罚款 15 万元均计入营业外支出，不影响营业利润。

3.【答案】B

【解析】A 选项，随同商品出售单独计价的包装物成本计入其他业务成本；B 选项，预计产品质量保证损失计入销售费用；C 选项，因产品质量原因发生的销售退回冲减当期销售收入和成本；D 选项，业务招待费计入管理费用。

4.【答案】B

【解析】企业生产车间发生的机器设备日常修理费计入管理费用。故选 B。

（小鱼点）跟"生产车间"固定资产相关的费用：

（1）固定资产折旧费——制造费用；

（2）固定资产大修理支出——管理费用。

为什么生产车间固定资产大修理支出不计入制造费用？

制造费用将来要转入产品成本中，固定资产修理一次可以使用多年，如果计入制造费用，将来得转入当期生产产品的成本，那么这期产品的成本会很高，所以直接在修理的当期费用化。

5.【答案】A

【解析】当合同仅有两个可能结果时，按照最可能发生金额估计可变对价金额，所以甲公司应确认的交易价格=400+100=500（万元）。

6.【答案】A

【解析】收入确认"五步法"主要包括：①识别与客户订立的合同；②识别合同中的单项履约义务；③确定交易价格；④将交易价格分摊至各单项履约义务；⑤履行各单项履约义务时确认收入。其中①②⑤主要与收入的确认有关，③④主要与收入的计量有关。

7.【答案】C

【解析】营业外收入主要包括非流动资产毁损报废收益（因自然灾害发生毁损等）、与企业日常活动无关的政府补助、盘盈利得（报经批准后计入营业外收入的金额）、捐赠利得（企业接受捐赠）等。C 选项，发生盘盈的存货借记"原材料""库存商品"等科目，贷记"待处理财产损溢"科目；按管理权限报经批准后，借记"待处理财产损溢"科目，贷记"管理费用"科目。

8.【答案】C

【解析】企业就该商品享有现时收款权利，即客户就该商品负有现时付款义务，属于在某一时点履行履约义务确认收入。

9.【答案】C
【解析】销售费用的金额 = 3+10+2=15（万元），企业支付的诉讼费 0.8 万元应计入管理费用；代垫运杂费 2 万元计入应收账款；随同商品出售单独计价包装物成本 5 万元应计入其他业务成本。

10.【答案】B
【解析】期间费用是指企业日常活动中发生的不能计入特定核算对象的成本，而应计入发生当期损益的费用，包括销售费用、管理费用和财务费用。

11.【答案】A
【解析】A 选项，交易性金融资产持有期间价格变动计入公允价值变动损益，影响营业利润；B 选项，固定资产盘亏计入营业外支出，影响利润总额，不影响营业利润；C 选项，向投资者分配现金股利计入应付股利，不影响营业利润；D 选项，固定资产盘盈计入以前年度损益调整，按前期差错进行更正处理，不影响营业利润。

（小鱼点）营业利润就是与日常活动相关的利润，不包括营业外收支。营业外收支如同"天上掉馅饼"，不是日常发生的。

12.【答案】B
【解析】（1）利润总额 = 营业利润 + 营业外收入 – 营业外支出 = 6 000+150–70 = 6 080（万元）；
（2）应纳税所得额 = 6 080–100+20 = 6 000（万元）；（3）净利润 = 6 080–6 000×25% = 4 580（万元）。

（小鱼点）净利润的计算过程：
（1）计算利润总额。
（2）按照税法规定，调整会计利润：税法上规定不能扣减的，要"+"；税法上规定不收税的，要"–"。
（3）所得税费用 = 调整完的会计利润 × 所得税税率。
（4）净利润 = 利润总额 – 所得税费用。

13.【答案】C
【解析】截至 2017 年年底，累计完工进度为 60%，则应确认的劳务总收入 = 300×60% = 180（万元）。2016 年时已经确认了 80 万元的劳务收入，所以 2017 年该企业该项业务应确认的收入 = 180–80 = 100（万元）。

小鱼点 履约进度=已经发生的成本÷总成本。

请注意，履约进度是按照成本来计算，而不是按照已经收到的收入占全部收入的比例来计算。

14.【答案】D

【解析】所得税费用=当期所得税+递延所得税=应纳税所得额×适用税率+[(递延所得税负债的期末余额−递延所得税负债的期初余额)−(递延所得税资产的期末余额−递延所得税资产的期初余额)]=800×25%+[(280−200)−(150−110)]=240（万元）。

小鱼点 关于所得税费用的计算题，只要记住这些公式即可：

（1）（会计上的）所得税费用=（税法上的）当期所得税+递延所得税。

（2）（税法上的）当期所得税=会计利润进行税法上的调整后×25%。

（3）递延所得税=递延所得税负债（应该多缴纳的费用）−递延所得税资产（可以少缴纳的费用）。

15.【答案】A

【解析】企业出租无形资产，如果合同或协议规定一次性收取使用费，且不提供后续服务，那么应当视同该项资产一次性确认收入。出租专利权应一次性确认其他业务收入10万元[10.6÷(1+6%)]。

16.【答案】B

【解析】国债利息收入为纳税调减项目，税收滞纳金是纳税调增项目。

应纳税所得额=1 350−150+3=1 203（万元）。

所得税费用=1 203×25%=300.75（万元）。

小鱼点 所得税费用的计算过程：

（1）按照税法规定，调整会计利润：税法上规定不能扣减的，要"+"，税法上规定不收税的，要"−"。

（2）所得税费用=调整完的会计利润×所得税税率。

17.【答案】B

【解析】已确认销售收入的售出商品发生销售折让，且不属于资产负债表日后事项的，应在发生时冲减当期销售商品收入，如按规定允许扣减增值税税额的，还应冲减已确认的应交增值税销项税额。由于商品并未退回，所以不需要冲减已经结转的成本，则本月甲企业的主营业务成本为150万元。

18.【答案】D

【解析】A选项，税收罚款支出计入营业外支出，不影响营业利润，影响利润总额；B选项，当期确认的所得税费用不影响营业利润，影响净利润；C选项，接受现金捐赠计入营业外收入，不影响营业利润，影响利润总额；D选项，管理不善造成的库存现金短缺计入管理费用，影响营业利润。

19. 【答案】A

【解析】企业发生的产品广告费计入销售费用。

小鱼点 跟广告、宣传相关的费用计入销售费用。

20. 【答案】B

【解析】企业已经发出但不符合收入确认条件的商品成本借记"发出商品"科目，贷记"库存商品"科目。

小鱼点 什么时候已经发出商品但不确认收入？

会计小刘有个包，想送去二手店卖掉，但二手店说只有卖掉了以后才能把钱给小刘。这种"寄售商品"，就是小刘已经把包送到了店里，却不能确认收入，只有最终卖掉以后才能确认收入。因此小刘在把包送到店里时，借记"发出商品"科目，贷记"库存商品"科目。

21. 【答案】B

【解析】现金盘亏经报批计入管理费用，公益性捐赠支出、固定资产盘亏、天灾导致的存货损失、税收滞纳金都计入"营业外支出"。因此营业外支出 = 200 000 + 30 000 + 5 000 + 10 000 = 245 000（元）。

小鱼点 （1）现金盘盈：

借：待处理财产损溢

　　贷：其他应付款（应支付给有关人员或单位的）

　　　　营业外收入（无法查明原因）

（2）存货盘盈：

借：待处理财产损溢

　　贷：管理费用

（3）固定资产盘盈：

借：固定资产（重置成本入账）

　　贷：以前年度损益调整（前期差错）

22. 【答案】B

【解析】合同没取得就不会发生的成本是合同取得成本，如销售佣金。无论合同是否取得都会发生的费用，如管理费用、销售费用，不计入合同取得成本，而是计入当期损益。本题管理费用 = 35 000 + 24 000 = 59 000（元），销售费用 = 80 000（元）。

小鱼点 "合同取得成本"的特点是：只有签订了合同，才会有支出，没合同就不会有支出，而且这部分支出要随着合同的履行逐步进行摊销。而无论取不取得合同都要付出的费用，直接计入当期损益。

23.【答案】B

【解析】表结法下,各损益类科目每月月末只需结计出本月发生额和月末累计余额,不结转到"本年利润"科目,只有在年末时才将全年累计余额结转入"本年利润"科目,从而减少了转账环节和工作量。账结法下,月末需编制转账凭证,将在账上结计出的各损益类科目的余额结转入"本年利润"科目。各月均可通过"本年利润"科目提供当月及本年累计的利润额,但是增加了转账环节和工作量。

小鱼点 账结法也就是"结账法"。为什么会计月底会忙呢?因为要"结账"。结账就是把收入和费用都转入"本年利润"科目中,因此,在账结法下,每个月都可以看出当月的盈利或亏损。

24.【答案】A

【解析】出售单独计价的包装物的成本 2 万元计入其他业务成本;管理用无形资产摊销额 3 万元计入管理费用;出租包装物的摊销额 0.2 万元计入其他业务成本;出租闲置固定资产的折旧费 2 万元计入其他业务成本。

小鱼点 见 DAY4 多选题第 3 题。

25.【答案】A

【解析】国债利息是免税收入,应调减应纳税所得额;税收滞纳金不得税前抵扣,应调增应纳税所得额。所以该企业所得税费用 =(500−10+5)×25% = 123.75(万元)。

26.【答案】C

【解析】委托代销商品确认收入时点为收到乙公司开具的代销清单时,因此 A 选项错误,C 选项正确。

(1)2020 年 10 月 9 日,只做发出商品处理,不确认收入。

借:发出商品——乙公司　　　　　　　　　　　　800 000
　　贷:库存商品——A 商品　　　　　　　　　　　　　　800 000

(2)2020 年 12 月 31 日,收到乙公司开具的代销清单时:

借:应收账款　　　　　　　　　　　　　　　　1 130 000
　　贷:主营业务收入　　　　　　　　　　　　　　　1 000 000
　　　　应交税费——应交增值税(销项税额)　　　　　130 000

并且结转相关成本,

借:主营业务成本　　　　　　　　　　　　　　　800 000
　　贷:发出商品　　　　　　　　　　　　　　　　　　800 000

结算代销手续费,

借：销售费用	100 000	
应交税费——应交增值税（进项税额）	6 000	
贷：应收账款		106 000

27.【答案】C

28.【答案】D

【解析】会计期末，企业应将"投资收益""公允价值变动损益""资产处置损益"等科目的净损失转入"本年利润"科目的借方。

二、多项选择题

1.【答案】CD

【解析】结转本年实现的净利润的账务处理：

借：本年利润	5 000 000	
贷：利润分配——未分配利润		5 000 000

结转"利润分配"科目所属明细科目余额的账务处理：

借：利润分配——未分配利润	1 500 000	
贷：利润分配——提取法定盈余公积		500 000
——应付现金股利		1 000 000

小鱼点 见 DAY8 单选题第 9 题。

2.【答案】ABCD

【解析】营业利润＝营业收入－营业成本－税金及附加－销售费用－管理费用－研发费用－财务费用＋其他收益＋投资收益（－投资损失）＋净敞口套期收益（－净敞口套期损失）＋公允价值变动收益（－公允价值变动损失）－信用减值损失－资产减值损失＋资产处置收益（－资产处置损失）

A 选项计入其他业务成本（包含在营业成本中）；B 选项计入其他业务收入（包含在营业收入中）；C 选项计入投资收益；D 选项计入管理费用。

3.【答案】ABCD

【解析】A、D 两项均为出租业务，应确认为其他业务收入；B 选项在会计上等同销售处理，计入其他业务收入，结转其他业务成本；C 选项为非主营业务的销售行为，计入其他业务收入。

4.【答案】BC

【解析】制造费用的内容比较复杂，包括物料消耗（A 选项）、车间管理人员的薪酬，车间管理用的房屋和设备的折旧费、租赁费和保险费，车间管理用具摊销，车间管理用的照明费、水费、取暖费，劳动保护费、设计制图费、试验检验费、差旅费、办公费、季节性停工损失、修理期间的停工损失（D选项）等。直接用于产品生产自制的燃料和生产工人工资计入生产成本。

5.【答案】ABD

【解析】合同履约成本是指企业为履行当前或预期取得的合同所发生的、属于收入准则规范范围并且按照该准则应当确认为一项资产的成本。销售人员佣金属于合同取得成本，C选项错误。

6.【答案】ABCD

【解析】企业应当考虑商品的性质，采用实际测量的完工进度（A选项）、评估已实现的结果、时间进度、已完工或交付的产品（B选项）等产出指标，或采用投入的材料数量（C选项）、花费的人工工时、花费的机器工时（D选项）、发生的成本和时间进度等投入指标确定恰当的履约进度，并且在确定履约进度时，应当扣除那些控制权尚未转移给客户的商品和服务。

7.【答案】ACD

【解析】制造费用指企业为生产产品和提供劳务而发生的各项间接费用，如企业生产部门产生的水电费、固定资产折旧、无形资产摊销、管理人员的职工薪酬等费用。B选项，生产车间生产工人工资是直接从事产品生产的工人的职工薪酬，应计入生产成本。

小鱼点 见DAY9单选题第4题。

8.【答案】ABC

【解析】A、B、C三项，"所得税费用""投资收益""营业外支出"均属于损益类科目，期末余额需要结转至"本年利润"科目；D选项，制造费用是企业在生产产品过程中发生的各种间接费用，期末余额结转至"生产成本"科目。

小鱼点 见DAY8单选题第9题。

9.【答案】AC

【解析】国债利息收入属于纳税调整减少额，罚款支出属于纳税调整增加额。

（1）应纳税所得额=1 500−100+50=1 450（万元）。

（2）所得税费用=1 450×25%=362.5（万元）。

相关账务处理：

借：所得税费用　　　　　　　　　　　　　　　　　　362.5
　　贷：应交税费——应交所得税　　　　　　　　　　　　　　362.5

小鱼点 见DAY9单选题第12题。

10. 【答案】ABC

【解析】合同没取得就不会发生的成本计入合同取得成本，无论合同是否取得都会发生的费用计入当期损益。D 选项属于后者，应计入当期损益。

小鱼点　见 DAY9 单选题第 22 题。

11. 【答案】ABC

【解析】纳税调整增加额主要包括税法和会计法都规定可调减，但会计上调减多了的以及会计允许抵扣但税法不允许的。纳税调整减少额主要包括税法规定允许弥补的亏损和准予免税的项目。前 5 年内未弥补的亏损属于纳税调减项，应调整减少，D 选项错误。

小鱼点　见 DAY9 单选题第 16 题。

12. 【答案】ABCD

13. 【答案】BCD

【解析】所得税费用 = 当期所得税 + 递延所得税，因此 B、C、D 三项都会影响本期所得税费用。

14. 【答案】BCD

【解析】A 选项，记入"营业外收入"科目，只影响利润总额。

15. 【答案】BCD

【解析】A 选项，所得税费用影响企业的净利润。

16. 【答案】CD

【解析】营业外支出是指企业发生的与其日常活动无直接关系的各项损失。主要包括：非流动资产毁损报废损失、捐赠支出、盘亏损失、非常损失、罚款支出等。出售固定资产、无形资产的净损失属于资产处置损益。

17. 【答案】ABCD

小鱼点　利润分配的二级科目，除了"利润分配——未分配利润"，其他科目无余额。因此，要将所有的利润分配二级科目都转入"利润分配——未分配利润"科目，前面分配利润时，借记"利润分配——提取盈余公积／应付现金股利"等科目"切蛋"是为了让这些二级科目无余额，即

借：利润分配——未分配利润

贷：利润分配——提取法定盈余公积
　　　　　　——提取任意盈余公积
　　　　　　——应付现金股利

结转完毕后，"利润分配——未分配利润"科目表示全部切完"利润蛋"后，剩下的历年累积未分配利润余额。

18.【答案】AB

【解析】C选项，小规模纳税人应交的增值税记入"应交税费——应交增值税"科目；D选项，自产自用应税产品应交的资源税计入生产成本。

小鱼点 普通企业转让房地产缴纳的土地增值税记入"固定资产清理"科目，表示卖房子要少挣钱。房地产企业卖固定资产是卖存货，不计入固定资产清理，房地产开发企业缴纳的土地增值税影响的是当期损益，是营运成本的一部分，计入税金及附加。

19.【答案】BD

【解析】2021年6月1日甲公司应确认的收入=5×5 000×（1−20%）=20 000（万元）。包含可变对价的交易价格，应当不超过在相关不确定性消除时，累计已确认的收入可能不会发生重大转回的金额。

20.【答案】ABCD

【解析】因折扣、价格折让、返利、退款、奖励积分、激励措施、业绩奖金、索赔等因素导致的价格变化为可变对价。

三　判断题

1.【答案】×

【解析】收入类账户的增加额在贷方登记，会计期末，应当从借方转出。

小鱼点 见DAY8单选题第9题。

2.【答案】√

【解析】企业在资产负债表日提供劳务交易的结果不能可靠估计的，不能采用完工百分比法确认提供劳务收入。此时，企业应当正确预计已经发生的劳务成本能否得到补偿的，分下列两种情况处理：

（1）已经发生的劳务成本预计全部能够得到补偿，应按已收或预计能够收回的金额确认提供劳务收入，并结转已经发生的劳务成本。

（2）已经发生的劳务成本预计部分能够得到补偿的，应按能够得到部分补偿的劳务成本金额确认劳务收入，并结转已经发生的劳务成本。

3.【答案】√

【解析】山洪暴发属于自然灾害，因自然灾害造成的损失应记入"营业外支出"科目。

4.【答案】×

【解析】营业利润＝营业收入－营业成本－税金及附加－销售费用－管理费用－研发费用－财务费用＋其他收益＋投资收益（－投资损失）＋净敞口套期收益（－净敞口套期损失）＋公允价值变动收益（－公允价值变动损失）－信用减值损失－资产减值损失＋资产处置收益（－资产处置损失）。因此，本题所述资产处置收益会导致企业当期营业利润增加。

5.【答案】×

【解析】如果企业售出商品不符合销售商品收入确认条件，则不应确认收入，通过"发出商品"科目反映已经发出但尚未确认销售收入的商品成本，借记"发出商品"科目，贷记"库存商品"科目。

（小鱼点）见 DAY9 单选题第 20 题。

6.【答案】√

（小鱼点）见 DAY9 单选题第 23 题。

7.【答案】√

（小鱼点）见 DAY8 单选题第 9 题。

8.【答案】√

（小鱼点）股票股利就是"逗你玩"。听说"发股利"应该是赚了，但实际上你持有的股票价值总额不变，只不过数量变多，股票价格下降。

比如，企业宣告发放股票股利，原来持有股票的股东，每一股都发放一股股票股利。原本股票价格为 10 元一股，发放股票股利后，持有的股票数量由一股变成两股，股票价格变为 5 元一股。企业发放股票股利的实质，就是把"利润"切出一部分转为资本，也就是企业盈利资本化。

9.【答案】√

（小鱼点）见 DAY9 多选题第 17 题。

10.【答案】×

【解析】企业采用支付手续费方式委托代销商品的，支付的手续费用计入销售费用。

小鱼点 "手续费"的不同处理：

对于委托方来说，手续费计入销售费用，表示为了销售而付出的成本。

对于受托方来说，手续费计入其他业务收入，受托方销售代售商品是一项代销服务。

11.【答案】×

【解析】在对可变对价进行估计时，企业应当按照期望值或最可能发生金额确定可变对价的最佳估计数。

12.【答案】√

13.【答案】√

14.【答案】×

【解析】对于某一时段内履行的履约义务，在资产负债表日，当期收入 = 合同总价 × 履约进度 − 以前会计期间累计已确认的收入。

15.【答案】√

16.【答案】×

【解析】最可能发生金额是一系列可能发生的对价金额中最可能发生的单一金额，即合同最可能产生的单一结果。当合同仅有两个可能结果时，通常按照最可能发生金额估计可变对价金额。

17.【答案】×

【解析】所得税费用 = 当期应交所得税 + 递延所得税；当期应交所得税 = 应纳税所得额 × 所得税税率。

18.【答案】×

【解析】年度终了，应将"本年利润"账户的本年累计余额转入"利润分配——未分配利润"账户，结转后，本账户无余额。

19.【答案】×

【解析】所有者凭借所有者权益能够参与企业利润的分配。

四 不定项选择题

第1题

1.【答案】BD

【解析】采用支付手续费委托代销方式下，委托方在发出商品时，商品所有权上的主要风险和报酬并未转移给受托方，委托方在发出商品时通常不应确认销售商品收入：

借：委托代销商品	120 000
贷：库存商品	120 000

2.【答案】ABCD

【解析】委托方应在收到受托方开出的代销清单时确认销售商品收入，同时将应支付的代销手续费计入销售费用，相关账务处理为：

借：应收账款	113 000
贷：主营业务收入	100 000[1 000×100]
应交税费——应交增值税（销项税额）	13 000
借：主营业务成本	60 000[1 000×60]
贷：委托代销商品	60 000
借：销售费用	10 000[100 000×10%]
贷：应收账款	10 000

根据分录可知，确认的应收账款的金额=113 000–10 000=103 000（元）。

3.【答案】ACD

【解析】10日，甲公司销售M商品并应在办妥托收手续时确认收入：

借：应收账款	565 000
贷：主营业务收入	500 000
应交税费——应交增值税（销项税额）	65 000
借：主营业务成本	350 000
贷：库存商品	350 000

15日发生销售折让，属于已确认销售收入的售出商品发生销售折让，应在发生时冲减当期销售商品收入：

借：主营业务收入	25 000[500 000×5%]
应交税费——应交增值税（销项税额）	3 250[25 000×13%]

贷：应收账款		28 250
20 日收到货款：		
借：银行存款		536 750[565 000−28 250]
贷：应收账款		536 750

4. 【答案】AD

【解析】以经营租赁方式出租设备取得的收入属于企业让渡资产使用权收入，租金收入确认为其他业务收入，设备的折旧确认为其他业务成本：

借：银行存款		22 600
贷：其他业务收入		20 000
应交税费——应交增值税（销项税额）		2 600
借：其他业务成本		12 000
贷：累计折旧		12 000

5. 【答案】C

【解析】营业收入包括主营业务收入与其他业务收入。

资料（1），发出代销商品不确认收入，对营业利润无影响；资料（2），收到代销清单时确认主营业务收入 100 000 元；资料（3），办妥托收手续时确认主营业务收入 500 000 元，发生销售折让冲减主营业务收入 25 000 元；资料（4），出租设备取得租金时确认其他业务收入 20 000 元。因此 7 月份利润表中受到影响的营业收入 = 100 000 +（500 000 − 25 000）+ 20 000 = 595 000（元）。

第 2 题

1. 【答案】CD

【解析】根据资料（1），上月收到预收货款时：

借：银行存款		30
贷：合同负债		30
1 日发出商品收到余款时：		
借：合同负债		30
银行存款		60.4
贷：主营业务收入		80
应交税费——应交增值税（销项税额）		10.4
借：主营业务成本		64
贷：库存商品		64

2. 【答案】A

【解析】应确认的提供服务收入 =225×20%＝45（万元）。

3. 【答案】CD

【解析】甲公司应确认收入金额 =75×（1－2%）=73.5（万元），资料（3）中业务的会计分录：

5 日，向丁公司销售 M 产品时：

借：应收账款　　　　　　　　　　　　　　　　　83.25

　　贷：主营业务收入　　　　　　　　　　　　　　　　　73.5

　　　　应交税费——应交增值税（销项税额）　　　　　　9.75（75×13%）

借：主营业务成本　　　　　　　　　　　　　　　60

　　贷：库存商品　　　　　　　　　　　　　　　　　　　60

10 日，收到款项时：

借：银行存款　　　　　　　　　　　　　　　　　83.25

　　贷：应收账款　　　　　　　　　　　　　　　　　　　83.25

4. 【答案】BD

【解析】31 日收取出租设备租金时，确认其他业务收入 2 万元，计提折旧计入其他业务成本的金额 =60÷10÷12×1=0.5（万元）。

5. 【答案】AD

【解析】营业收入 =80[资料（1）]+45[资料（2）]+73.5[资料（3）]+2[资料（4）]=200.5(万元)；营业成本 =64 [资料（1）]+ [（32+128）×20%] [资料（2）]+60 [资料（3）]+0.5 [资料（4）]=156.5（万元）。

微信扫码，听基础课程

单项选择题：
1~5：AACBD   6~10：BDDCD   11~15：CBCDA   16~20：ADABC
21~25：DADAD   26~28：BAD

多项选择题：
1.ABCD 2.ABCD 3.BD 4.AB 5.ABC 6.ABC 7.ABCD 8.ABD 9.ACD
10.ABCD

判断题：
1.√ 2.× 3.√ 4.× 5.√ 6.√ 7.√ 8.× 9.√ 10.× 11.× 12.×
13.× 14.√

一、单项选择题

1.【答案】 A

【解析】 在所有者权益变动表上，企业至少应当单独列示反映下列信息的项目：（1）综合收益总额；（2）会计政策变更和差错更正的累积影响金额；（3）所有者投入资本和向所有者分配利润等；（4）提取的盈余公积；（5）实收资本、其他权益工具、资本公积、盈余公积、未分配利润的期初和期末余额及其调节情况。

2.【答案】 A

【解析】 A 选项，"固定资产"项目应根据"固定资产"科目的期末余额，减去"累计折旧"科目和"固定资产减值准备"科目的期末余额后的金额，加上"固定资产清理"科目的期末余额填列；B 选项，"短期借款"项目根据总账科目的余额直接填列；C 选项，"开发支出"项目根据"研发支出"科目中所属的"资本化支出"明细科目期末余额计算填列；D 选项，"货币资金"科目根据"库存现金""银行存款""其他货币资金"三个总账科目的期末余额的合计数填列。

（小鱼点）这是初级会计考试中常考的知识点，按照总账科目余额直接填列的项目是"短期借款"。

3.【答案】C

【解析】"应收账款"项目应根据"应收账款"科目和"预收账款"科目所属各明细科目的期末借方余额合计数,减去"坏账准备"科目中相关坏账准备期末余额后的净额分析填列。因此"应收账款"项目余额 = 60+20−30 = 50(万元)。

> 小鱼点 根据"收对收,付对付",如果企业不设置"预付账款"科目,可以记入"应付账款"科目。"应付账款"表示"该给没给",是负债,而预付账款是资产,因此要记入"应付账款"科目的借方。
>
> 在资产负债表中,"应收账款"科目作为资产科目,余额如果在借方就表示"应收",在贷方就表示"预收",而"预收账款"科目的借方也表示"应收",贷方表示"预收"。
>
> 因此,"应收账款"项目余额 = "应收账款"科目期末借方余额 + "预收账款"科目期末借方余额 − "坏账准备"。

4.【答案】B

【解析】期末应收账款账面价值高于预计未来可收回金额的差额,应计提坏账准备,借记"信用减值损失"科目,贷记"坏账准备"科目。

5.【答案】D

【解析】资产负债表中"应付账款"项目应该根据"应付账款"科目所属各明细科目期末贷方余额 + "预付账款"科目所属各明细科目期末贷方余额填列。本题中"应付账款"期末明细科目的贷方余额为 40 000 元,"预付账款"期末明细科目的贷方余额为 6 000 元。因此"应付账款"项目期末余额 = 40 000+6 000 = 46 000(元)。

> 小鱼点 预付账款的贷方余额就是应付账款。

6.【答案】B

【解析】工程物资单独在资产负债表中反映,不计入存货项目,题目中其他账户余额均会影响存货项目金额的计算。"存货"项目的金额 = 1 700+500+200+40 − 80=2 360(万元)。

7.【答案】D

【解析】A 选项,"在建工程"项目根据有关科目余额减去其备抵科目余额后的净额填列;B 选项,"资本公积"项目根据总账科目余额填列;C 选项,"长期借款"项目根据总账科目和明细账科目余额分析计算填列;D 选项,"应付职工薪酬"项目根据明细科目余额计算填列,故 D 选项正确。

8. 【答案】D

【解析】当年应计提的坏账准备＝当期按应收款项计算的坏账准备金额－（或＋）"坏账准备"账户的贷方（或借方）余额。2021年年末该公司应计提的坏账准备金额＝320－300－（3＋10）＝7(万元)。

9. 【答案】C

【解析】"预付款项"项目应根据"预付账款"科目和"应付账款"科目所属明细科目的期末借方余额合计数，减去"坏账准备"有关预付账款计提的坏账准备期末余额后的净额填列。若"预付账款"科目所属明细科目期末余额在贷方，应在"应付账款"项目内填列。本题"预付款项"项目期末余额＝20＋20－2＝38（万元）。

(小鱼点) 根据"收对收，付对付"，如果企业不设置预付账款，可以记入"应付账款"科目。"应付账款"表示"该给没给"，是负债类科目，而"预付账款"是资产类科目，因此要记入"应付账款"科目的借方。

10. 【答案】D

【解析】A、B、C三项均属于流动负债；D选项，递延收益属于非流动负债。

(小鱼点) 非流动负债是指时间在一年以上的负债。

11. 【答案】C

【解析】未分配利润是资产负债表的填列项目。

12. 【答案】B

【解析】A、C两项，"无形资产"和"投资性房地产"项目，应根据相关科目余额减去其备抵科目余额后的净额填列；B选项，"短期借款"项目根据总账科目余额直接填列；D选项，"固定资产"项目根据"固定资产"科目的期末余额，减去"累计折旧"科目和"固定资产减值准备"科目的期末余额后的金额，加上"固定资产清理"科目的期末余额填列。

(小鱼点) 见DAY10单选题第2题。

13. 【答案】C

【解析】A选项，计提行政管理部门使用无形资产的摊销额计入管理费用；B选项，计提由行政管理部门负担的工会经费计入管理费用；C选项，计提专设销售机构固定资产的折旧费计入销售费用；D选项，发生的不符合资本化条件的研发费用记入"研发支出——费用化支出"科目，期末转入管理费用，在利润表"研发费用"项目列示。

14.【答案】D

【解析】A 选项,"开发支出"项目根据明细账科目余额计算填列;B 选项,"在建工程"根据有关科目余额减去其备抵科目余额后的净额填列;C 选项,"应付账款"项目根据有关明细科目的余额计算填列。

15.【答案】A

【解析】A 选项,销售材料取得的收入计入其他业务收入;B 选项,接受捐赠收到的现金计入营业外收入;C 选项,出售专利权取得的净收益计入资产处置损益;D 选项,出售自用房产取得的净收益计入资产处置损益。

(小鱼点) 营业收入包括主营业务收入和其他业务收入。

16.【答案】A

【解析】利润表,又称损益表,是反映企业在一定会计期间的经营成果的报表。

(小鱼点) 利润表反映了经营成果,资产负债表反映了财务状况。

17.【答案】D

【解析】每股收益是利润表反映的项目,不属于所有者权益变动表列示的项目。在所有者权益变动表上,企业至少应当单独列示反映下列信息的项目:(1)综合收益总额;(2)会计政策变更和差错更正的累积影响金额;(3)所有者投入资本和向所有者分配利润等;(4)提取的盈余公积;(5)实收资本、其他权益工具、资本公积、盈余公积、未分配利润的期初和期末余额及其调节情况。

18.【答案】A

【解析】附注是财务报表的重要组成部分。

(小鱼点)(1)附注不是可有可无的,而是一套完整的财务报表所必备的部分;(2)报表中没有的一些重要信息,都需要在附注中披露。

19.【答案】B

【解析】工程物资不属于存货,在资产负债表中记入"在建工程"项目列示;"存货"项目应根据"原材料""发出商品""库存商品"等科目的期末余额合计数,减去"存货跌价准备"等科目期末余额后的净额填列,材料采用计划成本核算的企业,还应按加或减材料成本差异后的金额填列。在本题中,"材料成本差异"科目的贷方余额表示节约差,则"存货"项目的期末余额 = 40 + 70 − 5 = 105(万元)。

(小鱼点) 工程物资未来是要成为固定资产的:工程物资→在建工程→固定资产。

原材料未来是要变成库存商品的：原材料→生产成本→库存商品。

20.【答案】C

【解析】A、D 两项，根据有关科目余额减去其备抵科目余额后的净额填列；B 选项，根据明细账科目余额计算填列。

21.【答案】D

【解析】该企业当月利润表"营业成本"项目填列的本期金额 = 10+2+1 = 13（万元）。固定资产报废净损失记入"营业外支出"科目。

22.【答案】A

23.【答案】D

【解析】D 选项属于利润表的阅读与应用的内容。

24.【答案】A

【解析】"直接法"与"间接法"是针对经营活动的现金流量而言的。

25.【答案】D

【解析】A 选项是现金内部的增减变动，现金流量净额不变；B、C 两项不涉及现金收支，不影响现金流量净额。

26.【答案】B

【解析】A 选项，2 个月内到期的债券投资属于现金等价物，不涉及现金流量净额的变动；C 选项，银行活期存款属于现金，不涉及现金流量净额的变动；D 选项，不涉及现金流量净额变动。

27.【答案】A

【解析】购买固定资产，属于投资活动产生的现金流量（A 选项正确）；发行股票，属于筹资活动产生的现金流量（B 选项不正确）；销售商品收到现金，属于经营活动产生的现金流量（C 选项不正确）；向银行借入款项收到现金，属于筹资活动产生的现金流量（D 选项不正确）。

28.【答案】D

【解析】间接法是以净利润为起算点，调整不涉及现金的收入、费用、营业外收支等有关项目，剔除投资活动、筹资活动对现金流量的影响，据此计算出经营活动产生的现金流量。

二、多项选择题

1.【答案】 ABCD

【解析】利润表包括的项目主要有营业收入、营业成本、税金及附加、销售费用、管理费用、财务费用、研发费用、资产减值损失、信用减值损失、其他收益、投资收益、公允价值变动收益、资产处置收益、营业利润、营业外收入、营业外支出、利润总额、所得税费用、净利润、其他综合收益的税后净额、综合收益总额和每股收益等。

2.【答案】 ABCD

【解析】根据企业会计准则的规定，企业应按照如下顺序披露财务报表附注的内容：

（1）企业的基本情况。

（2）财务报表的编制基础。

（3）遵循企业会计准则的声明。

（4）重要会计政策和会计估计。

（5）会计政策和会计估计变更以及差错更正的说明。

（6）报表重要项目的说明。

（7）或有和承诺事项、资产负债表日后非调整事项、关联方关系及其交易等需要说明的事项。

（8）有助于财务报表使用者评价企业管理资本的目标、政策及程序的信息。

（小鱼点）见 DAY10 单选题第 18 题。

3.【答案】 BD

【解析】根据总账的科目余额和明细账的科目余额分析计算填列的有"长期借款""其他非流动资产""其他非流动负债"等项目。"货币资金"项目应根据"库存现金""银行存款""其他货币资金"科目期末余额的合计数填列；"资本公积"应根据总账的科目余额直接填列。

（小鱼点）见 DAY10 单选题第 12 题。

4.【答案】 AB

【解析】A 选项计入其他应收款，属于流动资产；B 选项计入预付账款，属于流动资产；C 选项计入无形资产，属于非流动资产；D 选项计入固定资产，属于非流动资产。

5.【答案】 ABC

【解析】A 选项，赊购材料应支付的货款计入应付账款，属于流动负债；B 选项，销售应税消费品应缴纳的消费税计入应交税费，属于流动负债；C 选项，收取客户的购货定金计入预收账款，属于流动负债；D 选项，本期从银行借入的三年期借款计入长期借款，属于非流动负债。

小鱼点 企业的流动负债是指偿还期在一年以内的负债。

6.【答案】ABC

【解析】在所有者权益变动表上，企业至少应当单独列示的项目包括：（1）综合收益总额；（2）会计政策变更和差错更正的累积影响金额；（3）所有者投入资本和向所有者分配利润等；（4）提取的盈余公积；（5）实收资本、其他权益工具、资本公积、其他综合收益、专项储备、盈余公积、未分配利润的期初和期末余额及其调节情况。会计估计变更不在其中。

7.【答案】ABCD

8.【答案】ABD

【解析】购买一吨原材料属于经营活动产生的现金流量。

9.【答案】ACD

【解析】利润总额 = 营业利润 + 营业外收入 - 营业外支出，净利润 = 利润总额 - 所得税费用。A 选项计入营业外支出；C 选项计入营业外支出；D 选项计入资产处置损益。故 A、C、D 三项都影响利润总额，而 B 选项计入所得税费用，只影响净利润。

10.【答案】ABCD

【解析】根据会计准则的规定，各项资产减值准备在资产负债表中均不单独列示。

三、判断题

1.【答案】√

【解析】资产负债表"货币资金"项目需要根据"库存现金""银行存款""其他货币资金"三个科目的期末余额合计数填列。

2.【答案】×

【解析】尽管企业没有设置"预付账款"科目，也应该根据"应付账款"科目所属明细科目的期末借方余额在资产负债表"预付款项"项目填列。

小鱼点 企业不设置"预付账款"科目，主要是因为预付款不多，所以通过"应付账款"科目核算，但是填列资产负债表的时候，还是要按正常情况填列。

3.【答案】√

【解析】"一年内到期的非流动负债"项目，反映企业非流动负债中将于资产负债表日后一年内到期部分的金额，如将于一年内偿还的长期借款。

4. 【答案】×

【解析】企业出售生产经营用固定资产实现的净收益计入资产处置损益，不属于"营业收入"项目。

> 小鱼点 营业收入＝主营业务收入＋其他业务收入。

5. 【答案】√

> 小鱼点 应付账款＝应付账款的贷方＋预付账款的贷方。

6. 【答案】√

7. 【答案】√

【解析】"在建工程"根据"在建工程"科目的期末余额减去"在建工程减值准备"科目的期末余额后的金额，以及"工程物资"科目的期末余额减去"工程物资减值准备"科目的期末余额后的金额填列。

8. 【答案】×

【解析】"预付款项"项目需要根据"应付账款"和"预付账款"两个科目所属的相关明细科目的期末借方余额减去与"预付账款"有关的坏账准备贷方余额计算填列。

9. 【答案】√

10. 【答案】×

【解析】现金流量表应当按照收付实现制编制，其他财务报表按照权责发生制编制。

11. 【答案】×

【解析】处置固定资产产生的现金流量属于投资活动产生的现金流量，分配利润产生的现金流量属于筹资活动产生的现金流量。

12. 【答案】×

【解析】一套完整的财务报表至少应当包括资产负债表、利润表、现金流量表、所有者权益（股东权益）变动表以及附注（四表一注）。

13. 【答案】×

【解析】对于财务报表中的项目是单独列报还是汇总列报，应当依据重要性原则来判断。

14. 【答案】√

【解析】财务报表附注是对资产负债表、利润表、现金流量表和所有者权益变动表等报表中列示项目的文字描述或明细资料，以及对未能在这些报表中列示项目的说明等。可以使报表使用者全面了解企业的财务状况、经营成果和现金流量以及所有者权益的情况。

微信扫码，听基础课程

单项选择题：

　　1~5：DABDB　　6~10：DBBCB　　11~15：DCCBB　　16~20：ACCBC

多项选择题：

　　1.ACD　2.ABCD　3.AB　4.ABCD　5.BD　6.ABD　7.BD　8.ABCD　9.ABCD
　　10.ACD

判断题：

　　1.×　2.×　3.√　4.√　5.×　6.√　7.√　8.√　9.√　10.×

不定项选择题：

　　第1题　1.BCD　2.D　3.CD　4.B　5.AB
　　第2题　1.ABCD　2.A　3.AD　4.C　5.A
　　第3题　1.AD　2.CD　3.AB　4.CD　5.B

一、单项选择题

1.【答案】 D

【解析】看到关于股票的题，一定要分清是发行股票还是购买股票。发行的手续费通常涉及所有者权益类科目，如"资本公积"科目；购买股票的手续费一般涉及损益类科目，如"投资收益"科目。

发行股票时：

借：银行存款	60 000 000	
贷：股本		20 000 000
资本公积——股本溢价		40 000 000

支付手续费时：

借：资本公积——股本溢价	600 000	
贷：银行存款		600 000

以上两个分录也可以合并成一个：

借：银行存款	59 400 000	
贷：股本		20 000 000
资本公积		39 400 000

2.【答案】A

【解析】计职业道德的主要内容可概括为爱岗敬业、诚实守信、廉洁自律、客观公正、坚持准则、提高技能、参与管理、强化服务八个方面。

3.【答案】B

【解析】营业利润＝营业收入－营业成本－税金及附加－销售费用－管理费用－研发费用－财务费用＋其他收益＋投资收益（－投资损失）＋净敞口套期收益（－净敞口套期损失）＋公允价值变动损益（－公允价值变动损失）－信用减值损失－资产减值损失＋资产处置损益（－资产处置损失）。所得税费用影响的是净利润，不影响营业利润。

4.【答案】D

【解析】营业外支出是指企业发生的与其日常活动无直接关系的各项损失，主要包括非流动资产毁损报废损失、捐赠支出、盘亏损失、非常损失、罚款支出、债务重组损失等。A 选项记入"销售费用"科目，B 选项记入"管理费用"科目，C 选项记入"应交税费"科目，D 选项属于非常损失，天灾导致的毁损记入"营业外支出"科目。

5.【答案】B

【解析】建立有效的内部控制，至少应当考虑内部环境、风险评估、控制活动、信息与沟通和内部监督五项基本要素。

6.【答案】D

【解析】政府决算报告的编制方法是汇总，政府综合财务报告的编制方法是合并，故选 D。

政府决算报告与政府综合财务报告的主要区别

项目	政府决算报告	政府综合财务报告
编制主体	各级政府财政部门、各部门、各单位	各级政府财政部门、各部门、各单位
反映的对象	一级政府年度预算收支执行情况的结果	一级政府整体财务状况、运行情况和财政中长期可持续性
编制基础	收付实现制	权责发生制
数据来源	以预算会计核算生成的数据为准	以财务会计核算生成的数据为准
编制方法	汇总	合并
报送要求	本级人民代表大会常务委员会审查和批准	本级人民代表大会常务委员会备案

7.【答案】B

【解析】委托代销手续费支付的目的是销售，应记入"销售费用"科目。

8.【答案】B

【解析】本题已知所有者权益期初余额为1 200万元,求本年年末余额,意思就是问当年发生事项对所有者权益变动产生影响的金额有多少,其加上期初余额即为本年年末余额。

当年实现综合收益总额300万元,使所有者权益增加;盈余公积转增资本使留存收益减少,实收资本增加,属于所有者权益内部的增减变动,不影响所有者权益总额;向所有者分配现金股利,使留存收益减少,导致所有者权益减少。因此,所有者权益本年年末余额 = 1 200 + 300 − 50 = 1 450(万元)。

9.【答案】C

【解析】企业签发的银行承兑汇票由银行作为承兑人。当汇票到期,企业无力支付时,银行将钱兑给收款人,此时企业不再欠收款人的钱,而是欠垫款人银行的钱,相当于向银行借了一笔短期借款。所以当汇票到期,企业无力支付票款时,需要将应付票据转入短期借款。

10.【答案】B

【解析】财务费用是指筹集生产经营所需资金等发生的筹资费用,大多与银行业务挂钩;而财务部门是企业为组织和管理生产经营设立的,属于管理岗位,财务部门人员薪酬应记入"管理费用"科目。

11.【答案】D

【解析】管理会计工具方法是实现管理会计目标的具体手段,是单位应用管理会计时所采用的战略地图、滚动预算、作业成本法、本量利分析、平衡计分卡等模型、技术、流程的统称。

12.【答案】C

【解析】年数总和法计提折旧时需要考虑预计净残值,所以2019年计提的折旧额 = (60 000 − 3 000) × 4 ÷ 10 = 22 800(元),2020年计提的折旧额 = (60 000 − 3 000) × 3 ÷ 10 = 17 100(元),固定资产的账面价值 = 固定资产的原价 − 累计折旧 − 固定资产减值准备,因此2020年12月31日该设备的账面价值 = 60 000 − 22 800 − 17 100 = 20 100(元)。

13.【答案】C

【解析】回购库存股并注销时,股票价值高于股票面值的,差价冲减资本公积;低于股票面值的,差额计入资本公积。

本题回购时:

借:库存股

　　贷:银行存款

注销时:

借：股本
　　贷：库存股
　　　　资本公积——股本溢价

14.【答案】B

【解析】专设销售机构使用的固定资产折旧应记入"销售费用"科目。

15.【答案】B

【解析】企业申领的信用卡属于其他货币资金。
借：其他货币资金——信用卡
　　贷：银行存款

16.【答案】A

【解析】本题不涉及纳税调整事项，净利润＝800－800×25%＝600（万元），未分配利润增加，导致留存收益增加。提取法定盈余公积和任意盈余公积属于留存收益内部的增减变动，不影响留存收益总额。盈余公积转增资本和发放现金股利都会导致盈余公积减少，从而导致留存收益减少。A企业留存收益年末余额＝120＋600－50－30＝640（万元）。

17.【答案】C

【解析】个人所得税、企业所得税、增值税均通过"应交税费"统一核算，只有应缴纳的城市维护建设税记入"税金及附加"科目。

18.【答案】C

【解析】委托加工物资收回后用于连续生产应税消费品，按规定准予抵扣的，应按已由受托方代收代缴的消费税，借记"应交税费——应交消费税"科目，贷记"应付账款""银行存款"等科目，待用委托加工的应税消费品生产出应纳消费税的产品销售时，再缴纳消费税并扣减之前已被代扣代缴的消费税部分。

19.【答案】B

【解析】资产负债表中存货期末余额＝材料采购＋原材料＋库存商品＋周转材料＋委托加工物资＋发出商品＋生产成本＋受托代销商品－受托代销商品款－存货跌价准备＋材料成本差异（超支差）－材料成本差异（节约差）±商品进销差价。本题存货期末余额＝80＋20＋55＋50＝205（万元）。

20.【答案】C

【解析】本题指的是同一企业不同时期的可比性。可比性还包括另一层含义：不同企业相同会计期间可比。目的是确保会计信息口径一致，相互可比。

二、多项选择题

1.【答案】ACD

【解析】存货的确认通常是以是否拥有实际控制权作为判断标准。A 选项，准备出售说明控制权没有转移；B 选项，已完成销售手续说明产品控制权发生转移，即便采购方没有及时提取，也只能作为本企业代为保管的商品，不属于本企业的库存商品；C、D 两项，企业接受来料加工的代制品和为外单位加工修理的代修品，制造和修理完成后，视同企业的产成品（视同企业的产成品，即企业为加工或修理产品发生的材料、人工费等作为受托企业存货核算）。

2.【答案】ABCD

【解析】原始凭证的审核内容包括：原始凭证的真实性（D 选项）；原始凭证的合法性、合理性（A 选项）；原始凭证的完整性（B 选项）；原始凭证的正确性（C 选项）。

3.【答案】AB

【解析】支付的加工费（B 选项）及应负担的运杂费（A 选项）应计入委托加工物资成本。可抵扣的增值税（C 选项）为价外税，不计入资产成本。支付的消费税（D 选项）分两种情况，加工回收后用于直接对外出售的，计入资产成本；用于连续生产的，记入"应交税费——应交消费税"科目。

4.【答案】ABCD

5.【答案】BD

【解析】政府会计要素包括预算会计要素和财务会计要素。预算会计要素包括预算收入（B 选项）、预算支出和预算结余（D 选项）；财务会计要素包括资产、负债、净资产（A 选项）、收入和费用（C 选项）。

6.【答案】ABD

【解析】C 选项属于利润表的项目。

7.【答案】BD

【解析】盘盈固定资产计入以前年度损益调整；转让商品使用权相当于出租，使用费收入计入其他业务收入。

8.【答案】ABCD

9.【答案】ABCD

【解析】企业的周转材料包括包装物和低值易耗品。A、D 两项属于包装物，B、C 两项属于低值易耗品，均通过"周转材料"科目进行核算。

10.【答案】ACD

【解析】B 选项应记入"应收账款"科目。

三、判断题

1.【答案】×

【解析】管理会计指引体系包括基本指引、应用指引和案例库，用以指导单位管理会计实践。

2.【答案】×

【解析】"短期借款"项目应根据"短期借款"总账科目的期末余额填列。

3.【答案】√

4.【答案】√

【解析】企业财产清查中盘亏的固定资产在报批前记入"待处理财产损溢"科目，盘盈的固定资产记入"以前年度损益调整"，注意区分。

5.【答案】×

【解析】企业应将已达到预定可使用状态但尚未办理竣工决算的固定资产，按照估计价值确定其成本并计提折旧。

6.【答案】√

【解析】账簿有误、凭证无误采用划线更正法处理。

7.【答案】√

【解析】非正常停工应计入当期损益，包括原材料或工具等短缺停工、设备故障停工、电力中断停工、自然灾害停工等。

8.【答案】√

【解析】事业单位的固定资产一般分为六类：房屋及构筑物；专用设备；通用设备；文物和陈列品；图书、档案；家具、用具、装具及动植物。单位价值虽未达到规定标准，但是使用年限超过1年（不含1年）的大批同类物资，如图书、家具、用具等，应当确认为固定资产。

9.【答案】√

【解析】企业生产车间（部门）和行政管理部门的固定资产发生不可资本化的后续支出，比如固定资产日常修理费用及其可抵扣的增值税进项税额，应计入管理费用。

10.【答案】×

【解析】实质重于形式要求企业应当按照交易或者事项的经济实质进行会计确认、计量和报告，不应仅以交易或者事项的法律形式为依据。注意，是"不应仅以"而不是"不应该以"，因为在多数情况下，企业发生交易或者事项的经济实质和法律形式是一致的。

四 不定项选择题

第1题

1.【答案】BCD

【解析】增值税一般纳税人取得增值税专用发票，视为公司的一项资产，确认为"应交税费——应交增值税（进项税额）"科目。按合同约定，X公司在M公司注册资本中享有的份额为300万元，投入资本额＝400+52＝452（万元），超出部分152万元（452–300）应记入"资本公积——资本溢价"科目。

借：固定资产　　　　　　　　　　　　　　　　400
　　应交税费——应交增值税（进项税额）　　　 52
　　贷：实收资本——X公司　　　　　　　　　　　　　　300
　　　　资本公积——资本溢价　　　　　　　　　　　　 152

2.【答案】D

【解析】处置固定资产的所有环节均通过"固定资产清理"科目汇总。

固定资产报废时：
借：累计折旧　　　　　　　　　　　　　　　　76
　　固定资产清理　　　　　　　　　　　　　　　4
　　贷：固定资产　　　　　　　　　　　　　　　　　　80

收回残料价值时：

借：原材料	0.4	
贷：固定资产清理		0.4

结转清理净损益时，要区分是"卖"还是"坏"，"卖"计入资产处置损益，"坏"计入营业外收支。本题固定资产报废属于"坏"，会计分录为：

借：营业外支出	3.6	
贷：固定资产清理		3.6

3.【答案】CD

【解析】非专利技术入账成本为90万元，增值税为价外税，不计入成本。当月摊销额 = 90÷5÷12 = 1.5（万元）。

4.【答案】B

【解析】管理用非专利技术的摊销额应计入管理费用，列报在"管理费用"项目中，每月计提1.5万元。

5.【答案】AB

【解析】固定资产当月增加当月不计提，从下月计提；当月减少当月计提，下月不再计提。因此固定资产账面余额 = 400 - 80 = 320（万元）。无形资产当月增加当月计提，账面价值 = 90 - 1.5 = 88.5（万元）。

第2题

1.【答案】ABCD

【解析】本月初"应付职工薪酬"科目贷方余额为234万元，说明上月已计提，本月发放。发放分录为：

借：应付职工薪酬	234	
贷：银行存款		200
其他应收款		12
应交税费——应交个人所得税		22

2.【答案】A

【解析】分配职工薪酬应写计提分录，其中车间管理人员薪酬应计入制造费用。

借：生产成本	150（基本生产车间生产工人）
制造费用	50（车间管理人员）

管理费用	30（企业行政管理人员）
销售费用	20（专设销售机构人员）
贷：应付职工薪酬	250

3.【答案】AD

【解析】将自产产品发放给员工作为福利，视同销售，看作以售价卖给员工，但是收不到钱，等于用员工的工资抵。有收入就要结转销售成本。收入计入主营业务收入，成本计入主营业务成本。

计提时，因为发放给车间生产工人，要按受益对象计入生产成本。为什么一定要做计提这一步呢？是为了将发放给员工的取暖器按受益对象计入应付职工薪酬，否则真的就是卖，而不是视同销售了。不计提账上体现不出这笔非货币性福利，导致当月全部职工工资总额变少，年末计算企业所得税时，允许税前扣除的员工福利、工会福利等会相应减少，因此必须计提。

计提时：

借：生产成本	5.65
贷：应付职工薪酬	5.65

确认发放时：

借：应付职工薪酬	5.65
贷：主营业务收入	5
应交税费——应交增值税（销项税额）	0.65

结转成本时：

借：主营业务成本	4
贷：库存商品	4

4.【答案】C

【解析】企业应在职工提供了服务从而增加了其未来享有的带薪缺勤权利时，确认与累积带薪缺勤相关的职工薪酬。确认累积带薪缺勤时，根据对象不同，分别记入对应科目，会计分录为：

借：管理费用	2.3
销售费用	2.8
贷：应付职工薪酬	5.1

5.【答案】A

【解析】本小题的关键词是"应计入产品成本的"，因此要寻找与生产成本、制造费用相关的职工薪酬。资料（2）发生生产成本150万元，制造费用50万元。资料（3）发生生产成本5.65万元。因此本题应计入产品成本的职工薪酬＝150+50+5.65＝205.65（万元）。

第 3 题

1.【答案】 AD

【解析】 甲公司出租固定资产，租金一次性收取且提供后续服务的，根据权责发生制，收入不能一次全部确认，要按月确认收入。

收到预收账款时：

借：银行存款	33.9
贷：预收账款	30
应交税费——应交增值税（销项税额）	3.9

确认当月收入时：

借：预收账款	5
贷：其他业务收入	5

结转当月成本时：

借：其他业务成本	4
贷：累计折旧	4

2.【答案】 CD

【解析】 商品收入应按商业折扣后的价格入账：

借：银行存款	1 017
贷：主营业务收入	900
应交税费——应交增值税（销项税额）	117

结转成本时，与商业折扣无关：

借：主营业务成本	800
贷：库存商品	800

3.【答案】 AB

【解析】 随同商品出售单独计价的包装物收入应记入"其他业务收入"科目，对应的成本应记入"其他业务成本"科目。

借：银行存款	2.26
贷：其他业务收入	2
应交税费——应交增值税（销项税额）	0.26
借：其他业务成本	1
贷：周转材料——包装物	1

4. 【答案】CD

【解析】销售原材料的成本计入其他业务成本，取得的收入计入其他业务收入，会计分录如下：

借：银行存款	4.52	
贷：其他业务收入		4
应交税费——应交增值税（销项税额）		0.52
借：其他业务成本	3	
贷：原材料		3

5. 【答案】B

【解析】营业成本＝主营业务成本＋其他业务成本＝4＋800＋1＋3＝808（万元）。

2021年 参考答案速查

单项选择题：
  1~5：BDBAD 6~10：BBCBB 11~15：AABCC 16~20：ABCAA

多项选择题：
  1.ABD 2.ACD 3.CD 4.BC 5.ACD 6.BC 7.CD 8.AC 9.AC 10.ABCD

判断题：
  1.√ 2.× 3.× 4.√ 5.√ 6.√ 7.× 8.√ 9.× 10.×

不定项选择题：
  第1题 1.B 2.A 3.B 4.A 5.CD
  第2题 1.AB 2.AC 3.AC 4.ACD 5.D
  第3题 1.BD 2.BD 3.ABD 4.B 5.B

一、单项选择题

1.【答案】 B

【解析】可靠性要求企业应当以实际发生的交易或者事项为依据进行会计确认、计量和报告，如实反映符合确认和计量要求的会计要素及其他相关信息，保证会计信息真实可靠、内容完整。

2.【答案】 D

【解析】该企业当月利润表中"营业成本"项目的本期金额 =10+2+1=13（万元）。

3.【答案】 B

【解析】编制预算会计分录：

借：资金结存——货币资金   106 000 [100 000+6 000]
 贷：事业预算收入   106 000

4.【答案】 A

【解析】资产负债表"固定资产"项目的期末余额 =2 000-600-400+100= 1 100（万元）。

5. 【答案】D

【解析】2020年12月31日资产负债表"应交税费"项目期末余额 = 72 800－78 000＋8 000＋2 800＝5 600（元）。

6. 【答案】B

【解析】企业为购买材料申请签发银行承兑汇票支付的银行承兑手续费，应计入财务费用。

7. 【答案】B

【解析】注销时会计分录如下：

借：股本	2 000	
资本公积	3 000	（全部冲减）
盈余公积	1 000	(资本公积不足部分，冲减留存收益)
贷：库存股	6 000	[2 000×3]

8. 【答案】C

【解析】无形资产账面价值 = 40－15－4＝21（万元）；转让该项专利权应确认的净损失 = 21－15＝6（万元）。

9. 【答案】B

【解析】A、C、D 三项均通过"资产减值损失"科目核算。

10. 【答案】B

【解析】固定资产账面价值 = 100－30＝70（万元）；该项业务对企业当期营业利润的影响金额 = 50－70－2.5＝－22.5（万元）。

11. 【答案】A

【解析】成本类科目是指对可归属于产品生产成本、劳务成本等的具体内容进行分类核算的项目，主要有"生产成本、制造费用、合同取得成本、合同履约成本、研发支出"等科目。

12. 【答案】A

【解析】预计负债属于企业的负债，应该反映在资产负债表中。

13. 【答案】B

【解析】企业当年实现的净利润＝利润总额－所得税费用＝80+10－（80+10－6）×25%＝69（万元）。

14. 【答案】C

【解析】研发费用是指企业进行研究与开发过程中发生的费用化支出，以及计入管理费用的自行开发无形资产的摊销。

15. 【答案】C

【解析】A选项，借记"银行存款"科目，贷记"预收账款"科目，流动负债增加。B选项，借记"应付账款"科目，贷记"应付票据"科目，流动负债不变；C选项，借记"应付账款"科目，贷记"营业外支出"科目，流动负债减少；D选项，借记"税金及附加"科目，贷记"应交税费——应交城市维护建设税"科目，流动负债增加。

16. 【答案】A

【解析】截至2020年12月31日，履约进度＝800÷2 000×100%＝40%，2020年该企业应确认的收入＝3 500×40%＝1 400（万元）。

17. 【答案】B

【解析】该企业应确认的合同取得成本＝销售人员佣金＝50 000（元）；无论是否取得合同均会发生的差旅费、投标费、为准备投标资料发生的相关费用等，应当在发生时计入当期损益，除非这些支出明确由客户承担。

18. 【答案】C

【解析】A选项计入材料成本；B选项计入制造费用；C选项计入销售费用；D选项影响收入的确认。

19. 【答案】A

【解析】资本公积不可以直接用于企业利润分配；资本公积的用途主要是用来转增资本（或股本）。资本公积不体现各所有者的占有比例，也不能作为所有者参与企业财务经营决策或进行利润分配（或股利分配）的依据。

20. 【答案】A

【解析】企业无力支付到期商业承兑汇票票款时，应将该应付票据的账面余额转入应付账款。

二、多项选择题

1.【答案】 ABD

【解析】转让金融资产当月月末，如产生转让收益，则按应纳税额，借记"投资收益"等科目，贷记"应交税费——转让金融商品应交增值税"科目；如产生转让损失，则按可结转下月抵扣税额，借记"应交税费——转让金融商品应交增值税"科目，贷记"投资收益"等科目。年末，如果"应交税费——转让金融商品应交增值税"科目有借方余额，说明本年度的金融商品转让损失无法弥补，且本年度的金融资产转让损失不可转入下年度继续抵减转让金融资产收益，应将"应交税费——转让金融商品应交增值税"科目的借方余额转出。因此，应借记"投资收益"等科目，贷记"应交税费——转让金融商品应交增值税"科目。

2.【答案】 ACD

【解析】分配现金股利时，借记"利润分配"科目，贷记"应付股利"科目，所有者权益减少、负债增加；支付现金股利时，借记"应付股利"科目，贷记"银行存款"科目，所有者权益不变、资产减少、负债减少。

3.【答案】 CD

【解析】A选项计入应付职工薪酬；B选项计入应付账款。

4.【答案】 BC

【解析】A、D两项计入管理费用。

5.【答案】 ACD

【解析】政府负债的计量属性主要有历史成本、现值和公允价值。

6.【答案】 BC

【解析】A、D两项描述的是会计监督职能。

7.【答案】 CD

【解析】A选项错误，当月报废的非专利技术当月不计提摊销；B选项错误，对外出租使用寿命有限的非专利技术，正常计提摊销，计入其他业务成本。

8.【答案】 AC

【解析】外来原始凭证，是指在经济业务发生或完成时，从其他单位或个人直接取得的原始凭证，如购买原材料取得的增值税专用发票、职工出差报销的飞机票、火车票和餐饮费发票等。

9. 【答案】AC

【解析】A 选项计入销售费用；B 选项计入在建工程；C 选项计入管理费用；D 选项计入制造费用。属于当期损益的是 A、C 两项。

10. 【答案】ABCD

【解析】制造业企业一般可设置"直接材料"（C 选项）、"燃料及动力""直接人工"（D 选项）、"制造费用"等项目，可以根据具体的情况增加设置"废品损失"（B 选项）"停工损失"（A 选项）等项目。

三、判断题

1. 【答案】√

【解析】委托方按合同约定发出商品时，借记"发出商品"科目，贷记"库存商品"科目。

2. 【答案】×

【解析】企业财务部门使用办公设备计提的折旧费用，应该计入管理费用。

3. 【答案】×

【解析】如为现金短缺，属于应由责任方赔偿的部分，计入其他应收款；属于无法查明原因的，计入管理费用。

4. 【答案】√

5. 【答案】√

【解析】政府财务报告应当包括财务报表和其他应当在财务报告中披露的相关信息和资料。财务报表包括会计报表和附注。

6. 【答案】√

【解析】应付利息是指企业按照合同约定应支付的利息，包括预提短期借款利息、分期付息到期还本的长期借款、企业债券等应支付的利息。

7. 【答案】×

【解析】非累积带薪缺勤，是指带薪权利不能结转下期的带薪缺勤，本期尚未用完的带薪缺勤权利将予以取消，并且职工离开企业时也无权获得现金补偿。

8. 【答案】√

【解析】已完成销售手续但购买单位在月末未提取的产品，不应作为企业的库存商品，而应作为代管商品处理，单独设置"代管商品"备查簿进行登记。

9. 【答案】×

【解析】企业在建工程领用自产的应税消费品计提的消费税，应该转入在建工程。

10. 【答案】×

【解析】企业以当年实现的净利润弥补以前年度亏损，无须进行账务处理。

四、不定项选择题

第1题

1. 【答案】B

【解析】甲公司取得乙公司的 20% 股权，能够对乙公司实施重大影响，甲公司应该将其作为权益法核算的长期股权投资进行账务处理；在取得股权日，甲公司按照付出对价的公允价值 2 000 万元确认长期股权投资初始投资成本；初始投资成本 2 000 万元与应享有乙公司可辨认净资产公允价值的份额 2 400 万元（12 000×20%）比较，前者小于后者，因此应按照差额调整长期股权投资账面价值。则取得投资日，甲公司长期股权投资的账面价值是 2 400 万元。相关的账务处理如下：

借：长期股权投资	2 000
贷：股本	1 000
资本公积——股本溢价	1 000
借：长期股权投资	400[12 000×20% − 2 000]
贷：营业外收入	400
借：资本公积——股本溢价	200
贷：银行存款	200

2. 【答案】A

【解析】取得股权日甲公司应确认的"资本公积——股本溢价"科目金额 =2 000−1 000×1−200=800（万元）。

3. 【答案】B

【解析】取得长期股权投资对甲公司损益的影响金额 =12 000×20%−2 000=400（万元）。

4.【答案】A

【解析】甲公司对乙公司的长期股权投资属于对联营、合营企业的投资，后续使用权益法进行核算。

5.【答案】CD

【解析】甲公司对长期股权投资的后续计量采用权益法。2019年乙公司实现净利润200万元，则甲公司应确认的投资收益金额=200×20%=40（万元）。甲公司的账务处理为：

借：长期股权投资——损益调整　　　　　　　　　40
　　贷：投资收益　　　　　　　　　　　　　　　　　　40

第2题

1.【答案】AB

【解析】甲公司开发阶段发生的开发性支出均符合资本化条件，相应金额均记入"研发支出——资本化支出"科目，D选项错误。

每月发生研发人员薪酬时：

借：研发支出——资本化支出　　　　　　　　　60 000
　　贷：应付职工薪酬　　　　　　　　　　　　　　　60 000

每月计提专用设备折旧时：

借：研发支出——资本化支出　　　　　　　　　2 400
　　贷：累计折旧　　　　　　　　　　　　　　　　　2 400

购买原材料时：

借：原材料　　　　　　　　　　　　　　　　　96 000
　　应交税费——应交增值税（进项税额）　　　12 480
　　贷：银行存款　　　　　　　　　　　　　　　　　108 480

领用原材料：

借：研发支出——资本化支出　　　　　　　　　96 000
　　贷：原材料　　　　　　　　　　　　　　　　　　96 000

支付咨询费：

借：研发支出——资本化支出　　　　　　　　　19 600
　　应交税费——应交增值税（进项税额）　　　1 176
　　贷：银行存款　　　　　　　　　　　　　　　　　20 776

2.【答案】AC

【解析】F 非专利技术达到预定用途时,将研发支出中的资本化支出部分转入无形资产,即 470 000+360 000+14 400+96 000+19 600=960 000(元)。

3.【答案】AC

【解析】无形资产当月增加当月开始摊销,6 月 30 日摊销金额 =960 000÷8÷12=10 000(元)。

借:管理费用　　　　　　　　　　　　　　　　　　　　10 000
　　贷:累计摊销　　　　　　　　　　　　　　　　　　　　　　10 000

4.【答案】ACD

【解析】该专利权此时账面价值 =720 000-144 000=576 000(元),故处置损益 =600 000-576 000=24 000(元)。相关会计分录如下:

借:银行存款　　　　　　　　　　　　　　　　　　　　636 000
　　累计摊销　　　　　　　　　　　　　　　　　　　　144 000
　　贷:无形资产——专利权　　　　　　　　　　　　　　　　720 000
　　　　应交税费——应交增值税(销项税额)　　　　　　　　 36 000
　　　　资产处置损益　　　　　　　　　　　　　　　　　　　24 000

5.【答案】D

【解析】"营业利润"项目本期增加额 =24 000-10 000=14 000(元)。

第 3 题

1.【答案】BD

【解析】确认收入的会计处理如下:

借:应收账款　　　　　　　　　　　　　　　　　　　　22.6
　　贷:主营业务收入　　　　　　　　　　　　　　　　　　　 20
　　　　应交税费——应交增值税(销项税额)　　　　　　　　 2.6

结转成本会计处理如下:

借:主营业务成本　　　　　　　　　　　　　　　　　　15
　　贷:库存商品　　　　　　　　　　　　　　　　　　　　　 15

2.【答案】BD

【解析】甲公司收到银行承兑汇票会计处理如下:

借：应收票据　　　　　　　　　　　　　　　　22.6
　　贷：应收账款　　　　　　　　　　　　　　　　　　22.6

3.【答案】ABD

【解析】甲公司销售材料确认收入时：

借：应收账款　　　　　　　　　　　　　　　　5.65
　　贷：其他业务收入　　　　　　　　　　　　　　　　5
　　　　应交税费——应交增值税（销项税额）　　　　0.65

结转成本时：

借：其他业务成本　　　　　　　　　　　　　　3
　　贷：原材料　　　　　　　　　　　　　　　　　　　3

4.【答案】B

【解析】12月初"坏账准备"科目贷方余额为0.2万元，12月31日"坏账准备"科目应保持的贷方余额为0.5万元。那么本期应该计提坏账准备金额=0.5−0.2=0.3（万元）。会计处理为：

借：信用减值损失　　　　　　　　　　　　　　0.3
　　贷：坏账准备　　　　　　　　　　　　　　　　　　0.3

5.【答案】B

【解析】"应收账款"科目的期末余额=10+22.6−22.6+5.65=15.65（万元），"坏账准备"科目期末余额为0.5万元，则2020年12月31日甲公司资产负债表"应收账款"项目的期末余额=15.65−0.5=15.15（万元）。

微信扫码，听基础课程

2022年 参考答案速查

单项选择题：
1~5: BDCCD   6~10: DABCD   11~15: CCBCB   16~20: BBADC

多项选择题：
1.ABC   2.BC   3.BC   4.ACD   5.AB   6.BD   7.BCD   8.ABC   9.AB   10.AD

判断题：
1.×   2.×   3.√   4.×   5.×   6.×   7.√   8.×   9.√   10.√

不定项选择题：
第1题   1.A   2.BCD   3.CD   4.ABC   5.ACD
第2题   1.BD   2.BD   3.ABCD   4.D   5.C
第3题   1.ABC   2.B   3.C   4.C   5.B

一、单项选择题

1.【答案】B

【解析】A 选项，通过应收票据科目核算；C 选项，通过银行存款科目核算；D 选项，通过应付票据科目核算。其他货币资金是指企业除库存现金、银行存款以外的其他各种货币资金，主要包括银行汇票存款、银行本票存款、信用卡存款、信用证保证金存款、存出投资款和外埠存款等。

2.【答案】D

【解析】D 选项表述正确，记账凭证账务处理程序，指对发生的经济业务，先根据原始凭证或汇总原始凭证填制记账凭证，再直接根据记账凭证登记总分类账的一种账务处理程序。

3.【答案】C

【解析】A 选项，采用公允价值模式计量的投资性房地产不提折旧；B 选项，自用房地产转为公允价值模式计量的投资性房地产时，转换日的公允价值大于账面价值的差额计入其他综合收益；D 选项，已采用公允价值模式计量的不得转为成本模式核算。

4.【答案】C

【解析】资产负债表是反映企业在某一特定日期的财务状况的报表，是对企业特定日期的资产、负债和所有者权益的结构性表述。利润表，是反映企业在一定会计期间的经营成果的报表。现金流量表，是指反映企业在一定会计期间现金和现金等价物流入和流出的报表。所有者权益变动表，是指反映构成所有者权益各组成部分当期增减变动情况的报表。

5.【答案】D

【解析】销售设备应分摊的交易价格 = 420×324÷(324 + 108) = 315（万元）。

6.【答案】D

【解析】内部环境是指影响、制约企业内部控制建立与执行的各种内部因素的总称，是整个内部控制体系的基础和环境条件。

7.【答案】A

【解析】存货单位成本 = (2 000×2 + 2 000×2.2)÷(2 000 + 2 000) = 2.1（万元/件），则本月发出存货的成本 = (1 500 + 1 000)×2.1 = 5 250（万元）；本月月末结存存货成本 = (2 000 – 1 500 + 2 000 – 1 000)×2.1 = 3 150（万元）。

8.【答案】B

【解析】盘盈固定资产属于前期差错，应按重置成本确定其入账价值，借记"固定资产"科目，贷记"以前年度损益调整"科目。然后将"以前年度损益调整"结转到留存收益，留存收益包括盈余公积和未分配利润，故调整期初留存收益的金额为 30 000 元。相关会计分录如下：

盘盈固定资产时：
借：固定资产　　　　　　　　　　　　　　30 000
　　贷：以前年度损益调整　　　　　　　　　　　　30 000
结转留存收益时：
借：以前年度损益调整　　　　　　　　　　30 000
　　贷：盈余公积——法定盈余公积　　　　　　　　3 000
　　　　利润分配——未分配利润　　　　　　　　 27 000

9.【答案】C

【解析】固定资产的入账价值 = 600 + 80 = 680（万元）；固定资产应当在 2019 年 9 月开始计提折旧，第一个折旧年度【2019.9.1 – 2020.8.31】应计提的折旧额 = 680×(1 – 5%)×5÷15 = 215.33（万元）；第二个折旧年度【2020.9.1 – 2021.8.31】应计提的折旧额 = 680×(1 – 5%)×4÷15 = 172.27（万

元）；2020 年应当计提的折旧额 =215.33×8÷12 + 172.27×4÷12=200.98（万元）。

10.【答案】D
【解析】A、B、C 三项，属于利润表列示的项目，不在所有者权益变动表列示。

11.【答案】C
【解析】丙投资者投入 240 万元后，该公司的所有者权益总额为 600 万元，所以丙在注册资本中享有的份额 =600×1/3=200（万元），即记入"实收资本"科目的金额为 200 万元，超出的 40 万元应记入"资本公积——资本溢价"科目。

12.【答案】C
【解析】4、5 月按月计提利息费用，会计分录为：

借：财务费用　　　　　　　　　　　　　　5 000　[1 000 000×6%÷12]
　　贷：应付利息　　　　　　　　　　　　　5 000

因为是按月计提，按季支付的，因此要计提两个月的利息费用，应付利息 =5 000×2=10 000（元），所以到第三个月，即 2021 年 6 月末支付时，会计分录为：

借：财务费用　　　　　　　　　　　　　　5 000
　　应付利息　　　　　　　　　　　　　　10 000
　　贷：银行存款　　　　　　　　　　　　15 000

13.【答案】B
【解析】无形资产从取得当月开始摊销，2021 年摊销费用 =600 000÷10=60 000（元）。管理用特许权的摊销计入管理费用，因此对营业利润的影响金额为 60 000 元。

14.【答案】C
【解析】支付价款中包含的已宣告但尚未发放的现金股利应借记"应收股利"科目；另支付相关交易费用应借记"投资收益"科目，均不影响交易性金融资产的入账金额。相关会计分录如下：

借：交易性金融资产——成本　　　　　　　188
　　投资收益　　　　　　　　　　　　　　　1
　　应交税费——应交增值税（进项税额）　　0.06
　　应收股利　　　　　　　　　　　　　　　12
　　贷：其他货币资金——存出投资款　　　　　201.06

15. 【答案】B

【解析】该项销售业务属于在某一时点履行的履约义务，对于商业折扣，从应确认的销售商品收入中予以扣除；对于现金折扣，应按照最可能发生金额预测其有权获取的对价金额。故销售时A公司应确认的收入=（400−20)×300×(1−2%）=111 720（元）。

16. 【答案】B

【解析】发生坏账损失30万元，会导致坏账准备科目贷方余额减少30万元，则期末计提坏账准备前，坏账准备科目贷方余额为50−30=20（万元），期末坏账准备应有余额为80万元，可以得出期末应计提坏账准备80−20=60（万元）。

17. 【答案】B

【解析】A选项不符合题意，被投资单位提取盈余公积，投资方不需要进行账务处理；B选项符合题意，被投资单位实现净利润，增加长期股权投资账面价值与投资收益，借记"长期股权投资——损益调整"科目，贷记"投资收益"科目；C选项不符合题意，收到被投资单位分配的股票股利，不进行账务处理，但应在备查簿中登记；D选项不符合题意，权益法下收到被投资单位分配的现金股利，借记"银行存款"科目，贷记"应收股利"科目。

18. 【答案】A

【解析】"存货"项目期末余额栏的金额=1 000+580+80=1 660（万元）。工程物资在"在建工程"科目中反映。

19. 【答案】D

【解析】A、B两项计入管理费用；C选项计入存货的成本。

20. 【答案】C

【解析】成本法下，被投资单位宣告分配现金股利，投资企业应按享有的份额确认投资收益，会计分录为：

借：应收股利　　　　　　　　　　　　　　　　　250 [500×50%]
　　贷：投资收益　　　　　　　　　　　　　　　　　250

不影响长期股权投资的账面价值，因此2月末长期股权投资账面价值依然是初始入账金额8 000万元。

二、多项选择题

1.【答案】 ABC

【解析】 D 选项,"长期待摊费用"期末余额在借方,反映企业尚未摊销完毕的长期待摊费用。

2.【答案】 BC

【解析】 A 选项错误,积极参与管理,促进企业可持续高质量发展属于参与管理的会计职业道德;B 选项正确,坚持以合法有效的原始凭证为依据进行会计处理属于遵守客观公正的会计职业道德;C 选项正确,在处理社会公众的利益关系时,保持应有的独立性属于遵守客观公正的会计职业道德;D 选项不正确,刻苦钻研,不断提高业务技能水平属于遵守提高技能的会计职业道德。

3.【答案】 BC

【解析】 A 选项错误,计提的生产工人的工会经费应当按照受益对象计入生产成本;B 选项正确,累积带薪缺勤应在提供服务的当期按照预期支付的金额增加职工薪酬;C 选项正确,以自产产品作为非货币性福利发放给职工,应按产品的含税公允价值计入应付职工薪酬;D 选项错误,根据短期利润分享计划支付给管理人员的提成属于短期薪酬核算范围,不属于利润分配。

4.【答案】 ACD

【解析】 A 选项正确,品种法适用于单步骤、大量生产的企业,如发电、供水、采掘等企业;B 选项错误,平行结转分步法主要用于不需分步计算半成品成本的情形;C 选项正确,分批法适用于单件、小批生产的企业,如造船、重型机器制造、精密仪器制造等企业;D 选项正确,逐步结转分步法适用于大量大批次需要计算各步骤半成品成本的企业。

5.【答案】 AB

【解析】 A、B 两项符合题意,生产性生物资产减值准备、无形资产减值准备一经计提,不得转回;C、D 两项不符合题意,坏账准备与存货跌价准备在后续减值因素消失时,可以转回。

6.【答案】 BD

【解析】 选项 A,会计账除需要与外单位核对外,一般不能携带外出,对携带外出的账簿,一般应由经管人员或会计主管人员指定专人负责。选项 C,实行会计电算化的单位,满足《会计档案管理办法》第八条有关规定的,可仅以电子形式保存会计账簿,无须定期打印会计账簿。

7.【答案】 BCD

【解析】 甲公司为制造业企业,其租出的写字楼应确认为投资性房地产,其取得的租金收入确认为其他业务收入，每月计提折旧应确认为其他业务成本。

8.【答案】ABC

【解析】A 选项，宣告发放股票股利，不作账务处理，不会引起所有者权益总额发生增减变动；B 选项，资本公积转增资本，资本公积减少，实收资本增加，属于所有者权益内部增减变动，所有者权益总额不变；C 选项，盈余公积转增资本，盈余公积减少，实收资本增加，属于所有者权益内部增减变动，所有者权益总额不变；D 选项，接受投资者追加投资，资产增加，实收资本增加，引起企业资产与所有者权益总额同时增加。

9.【答案】AB

【解析】A 选项正确，基本生产车间所使用的固定资产计提的折旧计入制造费用；B 选项正确，生产车间管理用具的摊销应计入制造费用；C 选项错误，预计产品质量保证损失应计入销售费用；D 选项错误，管理用固定资产的折旧费应计入管理费用。

10.【答案】AD

【解析】企业将汽车提供给其销售员工使用，计提折旧时应计入销售费用。

三、判断题

1.【答案】×

【解析】企业内部控制的目标包括合理保证企业经营管理合法合规、资产安全完整、财务报告及相关信息真实完整、提高经营效率和效果和促进企业实现发展战略。内部控制是合理保证，而不是绝对保证。

2.【答案】×

【解析】确认收入后发生的销售折让，且其不属于资产负债表日后事项的，销售折让形成的损失应冲减发生当期的销售收入。

3.【答案】√

【解析】企业为取得合同发生的增量成本预期能够收回的，应作为合同取得成本，确认为一项资产。

4.【答案】×

【解析】企业在现金清查中发现的未查明原因的现金溢余，应支付给有关人员或单位的金额计入其他应付款，无法查明原因的金额计入营业外收入。

5.【答案】×

【解析】企业以租赁方式租入的使用权资产发生的改良支出,应直接计入长期待摊费用。

6.【答案】×

【解析】企业报废无形资产形成的净损失计入营业外支出。

7.【答案】√

【解析】投资性房地产采用公允价值模式计量,企业应设置"投资性房地产——成本"科目和"投资性房地产——公允价值变动"科目及"公允价值变动损益——投资性房地产"科目,分别核算投资性房地产的成本,后续计量中公允价值的变动及由公允价值变动而产生的损益。采用公允价值模式进行后续核算,投资性房地产不应计提折旧或摊销。故本题表述正确。

8.【答案】×

【解析】权益法下,被投资单位宣告发放现金股利时,应将本企业分得的部分借记"应收股利",贷记"长期股权投资——损益调整"。成本法下才确认为投资收益。

9.【答案】√

【解析】溢价发行股票的交易费用首先冲减本次发行溢价收入,仍不足冲减的,依次冲减资本公积、盈余公积和未分配利润。

10.【答案】√

【解析】相关会计分录如下:

借:盈余公积

　　贷:利润分配——盈余公积补亏

四 不定项选择题

第1题

1.【答案】A

【解析】甲公司购入 M 设备的入账价值 ＝500 000＋40 000＝540 000(元),取得的增值税专用发票上注明的增值税税额作为进项税额可以抵扣,应当计入应交税费科目。

2.【答案】BCD

【解析】固定资产当月购入(1月),次月开始计提折旧(2月),A 选项错误,C 选项正确。2021年计提折旧额 ＝(540 000－30 000)÷5×11÷12＝93 500(元),月折旧额 ＝93 500÷11＝

8 500（元）。

3.【答案】CD

【解析】行政管理部门设备的修理费为 30 000 元，计入管理费用；销售部门设备修理费为 10 000 元，计入销售费用。

4.【答案】ABC

【解析】甲公司报废 N 设备的会计处理如下：

借：固定资产清理　　　　　　　　　　　　　　40 000
　　累计折旧　　　　　　　　　　　　　　　　760 000
　　　贷：固定资产　　　　　　　　　　　　　　　　　800 000
借：固定资产清理　　　　　　　　　　　　　　　6 000
　　　贷：银行存款　　　　　　　　　　　　　　　　　　6 000
借：银行存款　　　　　　　　　　　　　　　　22 600
　　　贷：应交税费——应交增值税（销项税额）　　　　　2 600
　　　　　固定资产清理　　　　　　　　　　　　　　　20 000

固定资产清理余额 = 40 000 + 6 000 - 20 000 = 26 000（元），记入借方余额。

结转分录如下：

借：营业外支出　　　　　　　　　　　　　　　26 000
　　　贷：固定资产清理　　　　　　　　　　　　　　　26 000

5.【答案】ACD

【解析】M 设备期末计提减值前账面价值 = 540 000 - 93 500 = 446 500（元），期末设备可收回金额为 440 000 元，因此设备计提减值准备金额 = 446 500 - 440 000 = 6 500（元），且一经计提，以后期间不得转回。期末 M 设备在资产负债表"固定资产"项目填列的金额为固定资产计提减值后的账面价值，即为 440 000 元。

第 2 题

1.【答案】BD

【解析】A 选项表述错误，D 选项表述正确，企业为取得合同发生的增量成本预期能够收回的，应当作为合同取得成本确认为一项资产，增量成本是指企业不取得合同就不会发生的成本，也就是企业发生的与合同直接相关，但又不是所签订合同的对象或内容（如建造商品或提供服务）本身所直接发生的费用，如销售佣金等；B 选项表述正确，C 选项表述错误，企业发生合同取得成本时应借记"合同取得成本"科目。

2.【答案】BD

【解析】B 选项表述正确，C 选项表述错误，投标费、投标人员差旅费均不属于合同取得成本，即不是为取得合同所发生的增量成本，应在发生时直接计入当期损益（管理费用）。D 选项表述正确，销售佣金属于为取得合同所发生的增量成本，应在发生时计入合同取得成本。A 选项表述错误，因订立该合同增加期间费用 = 2 + 1 = 3（万元）。

3.【答案】ABCD

【解析】A、B、C、D 四项均正确，2021 年 12 月 31 日，合同履约进度 = 120÷（120 + 480）= 20%，应确认主营业务收入 = 1 000×20% = 200（万元），收到合同工程款 250 万元，其中 200 万元确认为主营业务收入，50 万元确认为合同负债，主营业务成本增加 120 万元。

4.【答案】D

【解析】合同取得成本按照履约进度进行摊销，2021 年应摊销的合同取得成本 = 6×20% = 1.2（万元）。会计分录为：

借：销售费用　　　　　　　　　　　　　　　　　　12 000
　　贷：合同取得成本　　　　　　　　　　　　　　　　　　12 000

5.【答案】C

【解析】影响"营业利润"的金额 = −3 + 200 − 120 − 1.2 = 75.8（万元）。

第 3 题

1.【答案】ABC

【解析】A、C 项符合题意，现金是指企业库存现金以及可以随时用于支付的存款，库存现金和银行存款属于现金；B 选项符合题意，现金等价物是指企业持有的期限短、流动性强、易于转换为已知金额现金、价值变动风险很小的投资，三个月内到期的债券投资属于现金等价物；D 选项不符合题意，权益性投资变现的金额通常不确定，所以不属于现金等价物。故选 A、B、C。

2.【答案】B

【解析】本期销售商品、提供劳务收到的现金金额 = 3 000 + 50 − 20 = 3 030（万元）。

3.【答案】C

【解析】本期购买商品、接受劳务支付的现金金额＝750＋2 100＋2 400＝5 250（万元）。

4.【答案】C

【解析】本期购建固定资产、无形资产和其他长期资产支付的现金金额＝300＋450＋200＝950（万元）。

5.【答案】B

【解析】经营活动产生的现金流量净额＝3 030－5 250－600＝－2 820（万元）。

微信扫码，听基础课程